Sportpraxis

Die Buchreihe Sportpraxis informiert in praxisorientierten und wissenschaftlich fundierten Einzelbänden über die Ausführung gängiger Sportarten. Jeder Reihentitel greift eine spezifische Sportart auf und beantwortet die übergeordnete Frage: „Wie wird diese Sportart in der Praxis ausgeführt?".

Die Bücher sind didaktisch-methodisch ausgelegt, enthalten viele Beispiele und überzeugen durch eine kompakte und übersichtliche Aufmachung. Zahlreiche Fotos und Abbildungen erleichtern den Transfer in die praktische Anwendung. Die Mehrzahl der Einzelbände enthält zudem Videoausschnitte – beispielsweise von Technik- oder Taktikelementen – die mithilfe der kostenlosen SN More Media App gestreamt werden können.

Die Reihe richtet sich insbesondere an Sport-Studierende mit Praxismodulen, Trainer*innen im Vereinssport und Freizeitsportler*innen. Die Autorinnen und Autoren der Reihentitel lehren und forschen an Universitäten, sind selbst als Trainer*in aktiv oder engagieren sich in den Dachverbänden der jeweiligen Sportarten.

Maike Elbracht

Schwimmen – Vom Anfänger bis zum Schwimmer

Das Praxisbuch für Studierende, Lehrkräfte, Trainer und Freizeitsportler

Maike Elbracht
Universität Münster
Münster, Nordrhein-Westfalen, Deutschland

Die Online-Version des Buches enthalt digitales Zusatzmaterial, das durch ein Play-Symbol gekennzeichnet ist. Die Dateien konnen von Lesern des gedruckten Buches mittels der kostenlosen Springer Nature „More Media" App angesehen werden. Die App ist in den relevanten App-Stores erhaltlich und ermoglicht es, das entsprechend gekennzeichnete Zusatzmaterial mit einem mobilen Endgerat zu offnen.

ISSN 2662-9542   ISSN 2662-9550   (electronic)
Sportpraxis
ISBN 978-3-662-67197-9   ISBN 978-3-662-67198-6   (eBook)
https://doi.org/10.1007/978-3-662-67198-6

Die Deutsche Nationalbibliothek verzeichnet diese Publikation in der Deutschen Nationalbibliografie; detaillierte bibliografische Daten sind im Internet über http://dnb.d-nb.de abrufbar.

Einbandabbildung: © Monkey Business / Stock.adobe.com

Planung/Lektorat: Ken Kissinger
Springer Spektrum ist ein Imprint der eingetragenen Gesellschaft Springer-Verlag GmbH, DE und ist ein Teil von Springer Nature.
Die Anschrift der Gesellschaft ist: Heidelberger Platz 3, 14197 Berlin, Germany

Das Papier dieses Produkts ist recyclebar.

Springer Nature More Media App

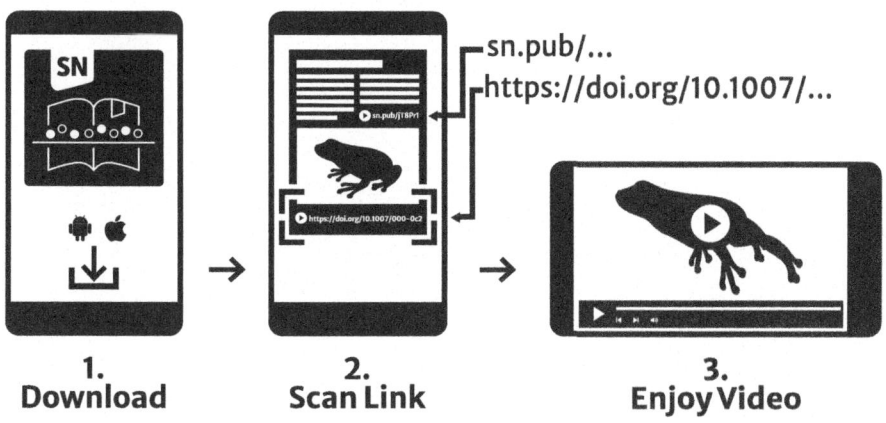

sn.pub/...
https://doi.org/10.1007/...

1.
Download

2.
Scan Link

3.
Enjoy Video

Support: customerservice@springernature.com

Vorwort

Aufgrund der immer höher werdenden Anzahl an Nichtschwimmern und den nicht immer einfachen Rahmenbedingungen, die im Schwimmunterricht/-training zu bewältigen sind, ist es mir ein Anliegen, mein Wissen und meine Erfahrung in diesem Bewegungsbereich weiterzugeben, um vielen Menschen diesen Bewegungsraum als positives und sicheres Erlebnis zu ermöglichen. Zudem kommt das theoretische Wissen über und um diese Sportart Schwimmen nicht zu kurz.

Daher wird dieser Bewegungsbereich mit seinen vielen Facetten in Theorie und Praxis miteinander verknüpft und dem Studierenden, der Lehrkraft, dem Trainer und dem Freizeitsportler ein Umsetzen in diesem Bereich sofort und absolut anwendungsbezogen ermöglicht.

Grundlage für das sichere Schwimmen ist neben dem Erfahren und Erleben dieses Bewegungsraumes auch das Wissen und Verstehen bzgl. der Eigenschaften des Wassers und ihren Möglichkeiten. Die theoretische Darstellung erfolgt über Infoboxen, um die Zusammenhänge auf einem Blick zu erkennen und wird verknüpft mit Praxisbeispielen (Kap. 1).

Der theoretische Hintergrund und die umfangreiche Übungssammlung im Bereich des Anfängerschwimmens (Kap. 2) soll deutlich machen, wie wichtig die Wassergewöhnung und -bewältigung ist und welcher hohe zeitliche Umfang eingeplant werden sollte, bevor es zur Einführung der ersten Schwimmtechnik kommt. Auch organisatorische und methodische Sicherheitsaspekte für den Bereich des Wasserspringens und Tauchens vervollständigen dieses Kapitel.

Im den Kap. 3, 4 und 5 sind alle vier Schwimmtechniken im methodischen Vorgehen so aufgebaut, dass es vom Anfänger über den Fortgeschrittenen bis zum Vereinsschwimmer ein Repertoire an Übungsformen bietet. Ebenso soll das Verstehen der Techniken über die didaktisch reduzierten Bewegungsmerkmale und deren Abweichungen erkannt und verbessert werden. Diese Struktur findet sich bei den Starts und Wenden auch wieder.

Da der Bewegungsraum Wasser eine Fülle an Bewegungsmöglichkeiten bietet, wird sich hier auf das Anfängerschwimmen und Schwimmen an sich fokussiert – erweitert durch theoretisches Hintergrundwissen, Tipps zu koordinativen Fähigkeiten und den Beginn ins schwimmsportliche Training (Kap. 6, 7).

In allen Kapiteln stehen Videos zur Verfügung, sodass einzelne Übungen, aber vor allem die einzelnen methodischen Schritte mit Video- bzw. Bildmaterial den Lernprozess unterstützen. Der Leser erhält eine visuelle Hilfe beim eigenen Umsetzten als auch in der Vermittlung. Elektronisches Zusatzmaterial gibt weitere Hilfen.

Viel Freude beim Lesen, Erproben und Umsetzen.

Aus Gründen der besseren Lesbarkeit wird nachfolgend nur die maskuline Form gewählt.

Maike Elbracht

Danksagung

An dieser Stelle möchte ich meinen Dank aussprechen an:

Prof. Dr. Michael Krüger (Universität Münster), der mir den Kontakt zum Springer-Verlag herstellte und damit dieses Schreibprojekt ermöglichte.

Philipp Schankin, Caroline Otte, Larissa Thien und Kersti Spikermann (AG-Kräften für Schwimmen/Wasserspringen/Tauchen der Universität Münster), die mir für das entsprechende Bildmaterial zur Verfügung standen.

Juliane Schlechter, meiner lieben Freundin und ehemaligen Kollegin, die mir beim Korrekturlesen viele wertvolle inhaltliche und strukturelle Hinweise gegeben hat.

Tom, meinem Sohn, der mich beim Erstellen von Zeichnungen und Abbildungen unterstützt hat.

Harry und Ron, meinem Mann und Sohn, die mich immer unterstützt und mir den Rücken freigehalten haben, um diesen Schreibprozess zu vollenden und Scotty, Miley und Mercy, unsere Hunde, die für den passenden Ausgleich gesorgt haben.

Bielefeld   Maike Elbracht
im Winter 2022

Inhaltsverzeichnis

Abkürzungsverzeichnis

AA	Armbewegung/Armarbeit
ATM	Atmung
B	Brustschwimmen
BA	Beinbewegung/Beinarbeit
BL	Bauchlage
D	Delfinschwimmen
GS	Koordination/Gesamtkoordination
HWS	Halswirbelsäule
K	Kraulschwimmen
L	Lernende
LK	Lehrkraft
LWS	Lendenwirbelsäule
R	Rückenschwimmen
RL	Rückenlage
WL	Wasserlage

Eigenschaften des Wassers

1

1.1 Physikalischer und physiologischer Einfluss auf den menschlichen Körper

Um zu verdeutlichen, mit welchen Phänomenen des Wassers ein Anfänger und später ein Schwimmer (Kap. 2) sich beim Schwimmen auseinandersetzen muss, um z. B. voranzukommen (Vortrieb/Antrieb) bzw. sich effektiv fortzubewegen, werden hier zum Verständnis die Dichte, der Auftrieb (statisch/dynamisch), der Wasserwiderstand, der Druck und die Temperatur unter physikalischen und physiologischen Gesichtspunkten kurz erläutert. Dies erfolgt in Form von Infokästen (Abb. 1.1, 1.2, 1.3, 1.4 und 1.5) und soll als Arbeitsmedium verstanden werden.

Um viele Phänomene bewusst zu erfahren, kann auf die Praxisbeispiele des Abschn. 2.2 zurückgegriffen werden. Wahrnehmungsaufträge dienen dazu, die Eigenschaften des Wassers und ihre Funktion gezielt in den Fokus zu nehmen und langsam in das Bewusstsein der Lernenden zu bringen und die Eigenschaften so zu verstehen.

Die Tab. 1.1 zeigt eine Zusammenfassung der Eigenschaften des Wassers in Bezug auf die physiologischen Wirkungen auf den Körper, den Vor- und Nachteilen und die Bedeutung für die Praxis im Bewegungsraum Wasser.

Ebenso werden die veränderten Sinneswahrnehmungen (Abb. 1.6) und die Reflexe (Abb. 1.7), die im Wasser auftreten und mit denen sich ein Anfänger bis hin zum Schwimmer auseinandersetzen lernen muss, kurz beschrieben.

Ergänzende Information Die elektronische Version dieses Kapitels enthält Zusatzmaterial, auf das über folgenden Link zugegriffen werden kann https://doi.org/10.1007/978-3-662-67198-6_1. Die Videos lassen sich durch Anklicken des DOI Links in der Legende einer entsprechenden Abbildung abspielen, oder indem Sie diesen Link mit der SN More Media App scannen.

Infobox   Dichte

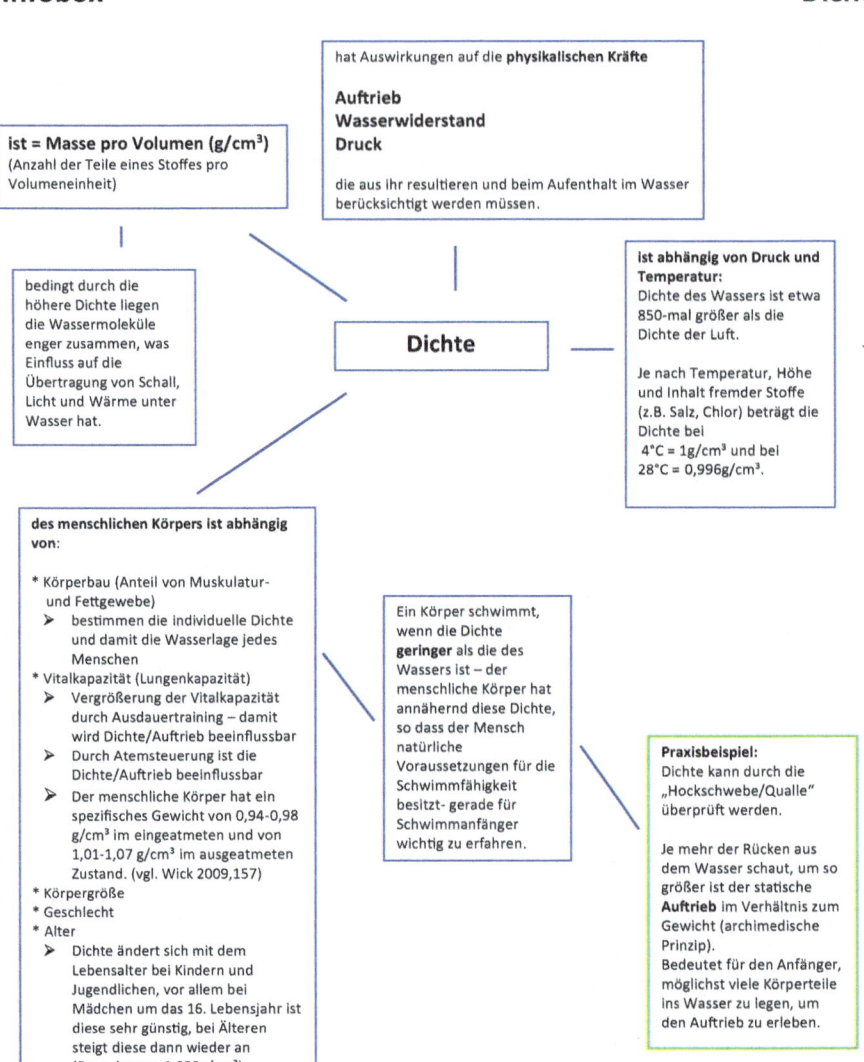

hat Auswirkungen auf die **physikalischen Kräfte**

Auftrieb
Wasserwiderstand
Druck

die aus ihr resultieren und beim Aufenthalt im Wasser berücksichtigt werden müssen.

ist = Masse pro Volumen (g/cm³)
(Anzahl der Teile eines Stoffes pro Volumeneinheit)

ist abhängig von Druck und Temperatur:
Dichte des Wassers ist etwa 850-mal größer als die Dichte der Luft.

Je nach Temperatur, Höhe und Inhalt fremder Stoffe (z.B. Salz, Chlor) beträgt die Dichte bei
4°C = 1g/cm³ und bei 28°C = 0,996g/cm³.

bedingt durch die höhere Dichte liegen die Wassermoleküle enger zusammen, was Einfluss auf die Übertragung von Schall, Licht und Wärme unter Wasser hat.

Dichte

des menschlichen Körpers ist abhängig von:

* Körperbau (Anteil von Muskulatur- und Fettgewebe)
  ➤ bestimmen die individuelle Dichte und damit die Wasserlage jedes Menschen
* Vitalkapazität (Lungenkapazität)
  ➤ Vergrößerung der Vitalkapazität durch Ausdauertraining – damit wird Dichte/Auftrieb beeinflussbar
  ➤ Durch Atemsteuerung ist die Dichte/Auftrieb beeinflussbar
  ➤ Der menschliche Körper hat ein spezifisches Gewicht von 0,94-0,98 g/cm³ im eingeatmeten und von 1,01-1,07 g/cm³ im ausgeatmeten Zustand. (vgl. Wick 2009,157)
* Körpergröße
* Geschlecht
* Alter
  ➤ Dichte ändert sich mit dem Lebensalter bei Kindern und Jugendlichen, vor allem bei Mädchen um das 16. Lebensjahr ist diese sehr günstig, bei Älteren steigt diese dann wieder an (Erwachsener 1,055g/cm³).

Ein Körper schwimmt, wenn die Dichte **geringer** als die des Wassers ist – der menschliche Körper hat annähernd diese Dichte, so dass der Mensch natürliche Voraussetzungen für die Schwimmfähigkeit besitzt- gerade für Schwimmanfänger wichtig zu erfahren.

Praxisbeispiel:
Dichte kann durch die „Hockschwebe/Qualle" überprüft werden.

Je mehr der Rücken aus dem Wasser schaut, um so größer ist der statische **Auftrieb** im Verhältnis zum Gewicht (archimedische Prinzip).
Bedeutet für den Anfänger, möglichst viele Körperteile ins Wasser zu legen, um den Auftrieb zu erleben.

Abb. 1.1 Dichte (Eigene Darstellung)

Infobox   Auftrieb

hydrostatisch:
Die **Auftriebskraft (F_A)** des Wassers wirkt der **Schwerkraft** (Gewichtskraft **(F_G)**) **entgegen**, die den Körper nach unten zieht. Aus diesen beiden Kräften entsteht eine Art Schwebezustand im Wasser.

Der Auftrieb ist abhängig von der im Wasser eingetauchten Körpermasse (d.h. er ist volumenabhängig).

Körper **schwimmt** ($F_A > F_G$)
Körper **schwebt** ($F_A = F_G$)
Körper **sinkt** ($F_A < F_G$)

= Prinzip von Archimedes
Die Größe der Auftriebskraft entspricht der Gewichtskraft der verdrängten Wassermasse. (vgl. Ungerechts 2002)
Ein in Flüssigkeit getauchter Körper verliert scheinbar so viel an Gewicht, wie die von ihm verdrängte Flüssigkeit wiegt.

physiologischer Einfluss auf den Körper
* gesamter Bewegungsapparat wird entlastet
* Muskulatur kann entspannen
* Wirbelsäule ist in waagerechter Position gestreckt

Auftrieb

hydrodynamisch:
entsteht, wenn ein Körper, deren Längsachse gegen die Bewegungsrichtung geneigt ist, sich in Bewegung befindet.

Durch den Wasserwiderstand erhält der Körper Auftrieb. Es baut sich ein Überdruck an der Körperunterseite auf (Wasser wird gebremst), der Körper weicht in Richtung Druckgefälle aus (senkrecht zur Fortbewegung und Widerstand): Lift-Effekt.

hydrdynamischer Auftrieb ist **abhängig** von:
* Angriffsfläche (Querschnittsfläche)
* Anstellwinkel
* Geschwindigkeit

statischer Auftrieb greift am **Volumenmittelpunkt (VMP)** an, dieser befindet sich ca. auf Brusthöhe
Schwerkraft greift am **Körperschwerpunk (KSP)** an, dieser befindet sich ca. unterhalb des Bauchnabels.

Stabiler Gleichgewichtszustand bedeutet:
VMP und KSP liegen übereinander, dabei befindet sich der KSP unter dem VMP.

Praxisbeispiel:
In Rückenlage auf das Wasser legen - was passiert?

Es entsteht ein Drehmoment in Richtung Füße (Senkrechte), da die beiden Punkte (VMP und KSP) zu weit auseinander liegen.

Im eingeatmeten Zustand vergrößert sich das Drehmoment, da der VMP und der KSP sich weiter entfernen.

Eine stabilere Lage wird erreicht durch Streckung der Arme in der Hochhalte, dadurch nähern sich VMP und KSP an
Ausatmung = Drehmoment kleiner
Einatmung = Drehmoment größer.

Praxisbeispiel:
Hockqualle in Rückenlage – was passiert?

In dieser Position liegt der VMP unter dem KSP, d.h., um diese labile Position in eine stabile Position zu bringen, erfährt der Körper einen Drehimpuls und dreht sich in die Hockqualle in Bauchlage. Jetzt ist der VMP oberhalb des KSP.

Praxisbeispiel:
Gleiten mit Abstoß in Bauch- und Rückenlage von der Wand – was passiert?

Gleitgeschwindigkeit reduziert sich, die Beine sinken ab.
Bei flacher (Anstellwinkel) und widerstandsarmer (Körperform) Gleitposition kann das Absinken der Beine hinausgezögert werden.

Abb. 1.2   Auftrieb (Eigene Darstellung)

Infobox   # Wasserwiderstand

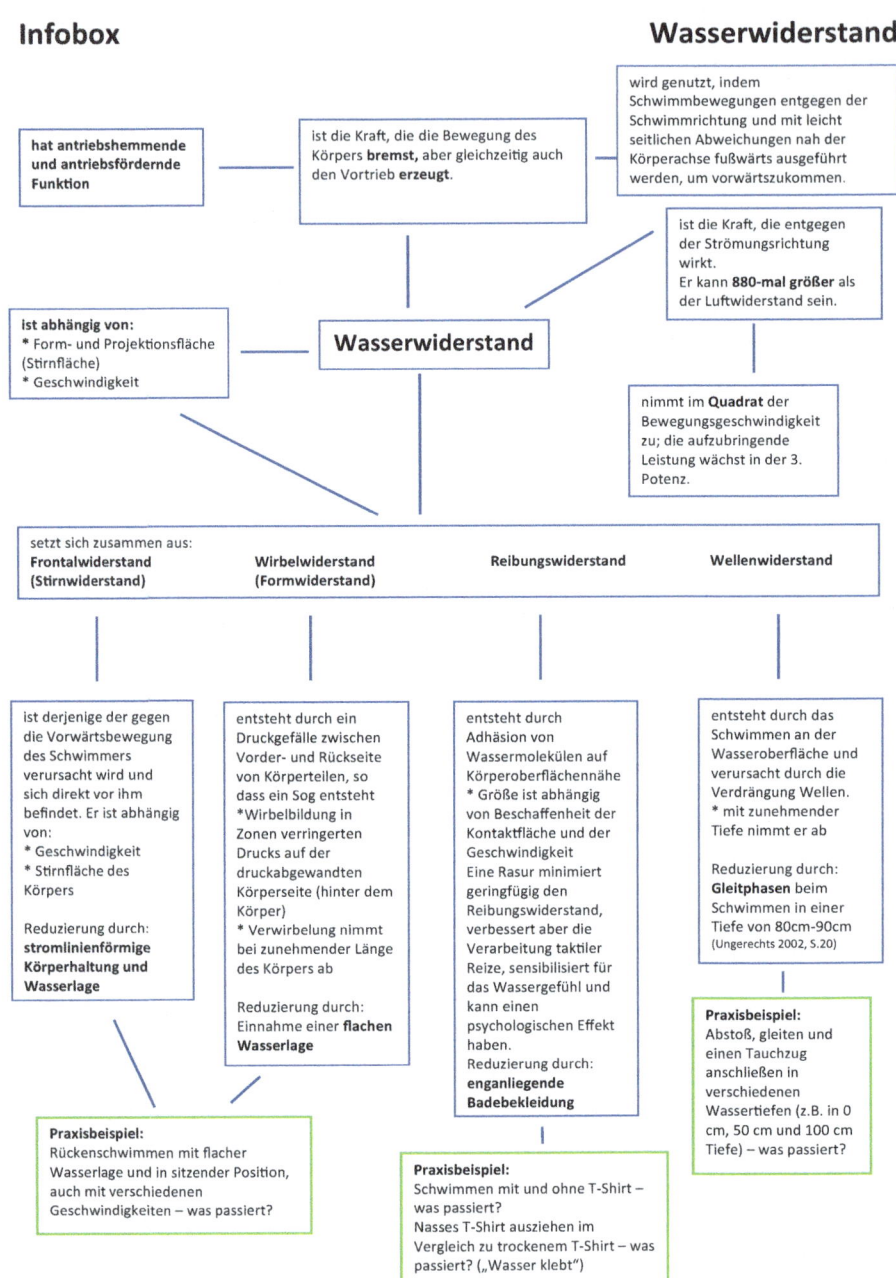

Abb. 1.3 Wasserwiderstand (Eigene Darstellung)

Infobox   Druck

trifft **von allen Seiten** auf den eingetauchten Körper die seitlichen Kräfte heben sich gegenseitig auf, der Druck unter dem Körper ist höher als über ihm. Druck ist für das Zustandekommen des Auftriebs verantwortlich.

Gesetz von Boyle-Mariotte
(Druck x Volumen = const.)
Das Volumen eines Gases verhält sich im umgekehrten Verhältnis zu seinem Druck.

Wassertiefe (m)	0	10	20	30	40
Umgebungsdruck (bar)	1	2	3	4	5
Volumen (l)	1	0,5	0,33	0,25	0,2

Druck

Luftgefüllte Hohlräume
Druck erfordert Gegendruck. Bei Druckdifferenzen (luftgefüllte Körperhöhlen und Umgebungsdruck) können Druckverletzungen (**Barotraumata**) entstehen. Schädigungen können schon bei Tauchtiefen von 1-3m auftreten.

im Wasser, hierbei wirkt auf den Schwimmer neben dem atmosphärischen Druck (1 bar) zusätzlich der hydrostische Druck ein. Alle **10m Wassertiefe** nimmt der Druck um **1 bar** zu, d.h. je tiefer der Körper eintaucht, desto höher ist der Druck, der auf den gesamten Körper wirkt. Er beeinflusst das **Herz-Kreislauf-System**, die **Atemtätigkeit** und aktiviert die Druckrezeptoren der **Haut**. Besonders wahrgenommen wird er nur in den starren abgeschlossenen **luftgefüllten Hohlräumen** wie Mittelohr, Stirn, Nasen-, Neben-, Kieferhöhlen und Lunge (wenn offenes System bei Atmung).

Barotrauma Mittelohr
Um Trommelfellverletzungen zu vermeiden, ist ein **Druckausgleich** notwendig. Dies kann erfolgen über
* das Valsalva-Manöver (Daumen und Zeigefinger halten die Nase zu und Luft wird aus dem Nasen-Rachen-Raum über die Ohrtrompete (Eustachische Röhre) ins Mittelohr gegen das Trommelfell gepresst (schnupfen wollen), eine Überdehnung des Trommelfells nach innen wird dadurch vermieden)
* Kau-und Schluckbewegungen
* Gähnen.
Erkältungskrankheiten führen dazu, dass die Schleimhäute der Nase, in der Ohrtrompete und den Nebenhöhlen angeschwollen sind und so den Druckausgleich verhindern.
Barotrauma Auge:
Beim Tauchen mit Schwimmbrille entsteht ein relativer Unterdruck, der um so größer wird, je tiefer getaucht wird. Diese Unterdruckwirkung kann zu Austritten von Gewebsflüssigkeit und Blut in den Innenraum der Schwimmbrille führen, eine Rotfärbung des Auges geht damit einher. Deshalb nur mit Tauchmaske mit Nasenerker in entsprechender Tiefe tauchen, damit der Druckausgleich durch Einblasen von Atemluft in das Maskeninnere erfolgen kann und die Unterdruckwirkung und damit die Schädigung des Auges verhindert wird.

Atmung:
höherer Druck auf Thorax
* Einatmung benötigt mehr Kraft um Brustkorb gegen Wasserdruck anzuheben
* Ausatmung wird durch Wasserdruck erleichtert
Positiver Effekt:
Kräftigung der Atemmuskulatur

Hyperventilation
Aus- und Einatmung mit erhöhter Atemfrequenz und größerer Atemtiefe. Sie bewirkt eine erhebliche Absenkung des Kohlendioxidgehaltes im Blut, über den im Gehirn die Atmung gesteuert wird. Der herabgesetzte CO_2-Gehalt hat zur Folge, dass bei zunehmendem O_2-Mangel im Blut der Atemreiz verspätet einsetzt. Die Atemreizschwelle wird nicht mehr erreicht, es erfolgt ein schlagartiger Bewusstseinsverlust (**Schwimmbad-Blackout**). Dies erfolgt oft ohne körperliche Warnsignale, was im Wasser zum Ertrinken führen kann, wenn der Schwimmer/Taucher nicht frühzeitig aus dem Wasser geholt wird. Die Apnoezeit kann zwar durch Hyperventilation deutlich verlängert werden (beginnend mit einer Dauer von 10 Sekunden), aber die Regler werden getäuscht und das Risiko eines Schwimmbad-Blackouts wächst.

Herz-Kreislauf-System und Haut:
durch druckbedingte Kompression und temperaturbedingte Vasokonstriktion der oberflächlichen Gefäße (Blutvolumenverschiebung) wird der Blutrückfluss zur rechten Herzhälfte (um ca. 20%) verstärkt.
* größeres Schlagvolumen bei gleichbleibendem Herzzeitvolumen
* reflektorische Senkung der Herzfrequenz (10-15 Schläge)
* ökonomischer Vorgang bei gesunden Menschen, problematisch bei Koronarpatienten

Tauchreflex (Schutzreflex)
erfolgt beim Eintauchen ins Wasser von lungenatmenden Lebewesen und er wird durch Rezeptoren auf der Haut (Nasendreieck) ausgelöst
* wirkt mit Blutvolumenverschiebung zusammen
* Bradykardie als „Sauerstoffsparmechanismus" (Herzfrequenzverlangsamung in Ruhe und unter Belastung)

Gauer-Henry-Reflex
Dehnungsrezeptoren des rechten Vorhofes lösen ihn aus.
* Durch den erhöhten Umgebungsdruck im Wasser und damit Blutrückfluss in die Körpermitte wird das Hormon Adiuretin (ADH) gehemmt. Die Folge ist ein vermehrter Harndrang.

Häufige Unfallgefahren bzw. Sicherheitsrisiken beim Tauchen

Abb. 1.4 Druck (Eigene Darstellung)

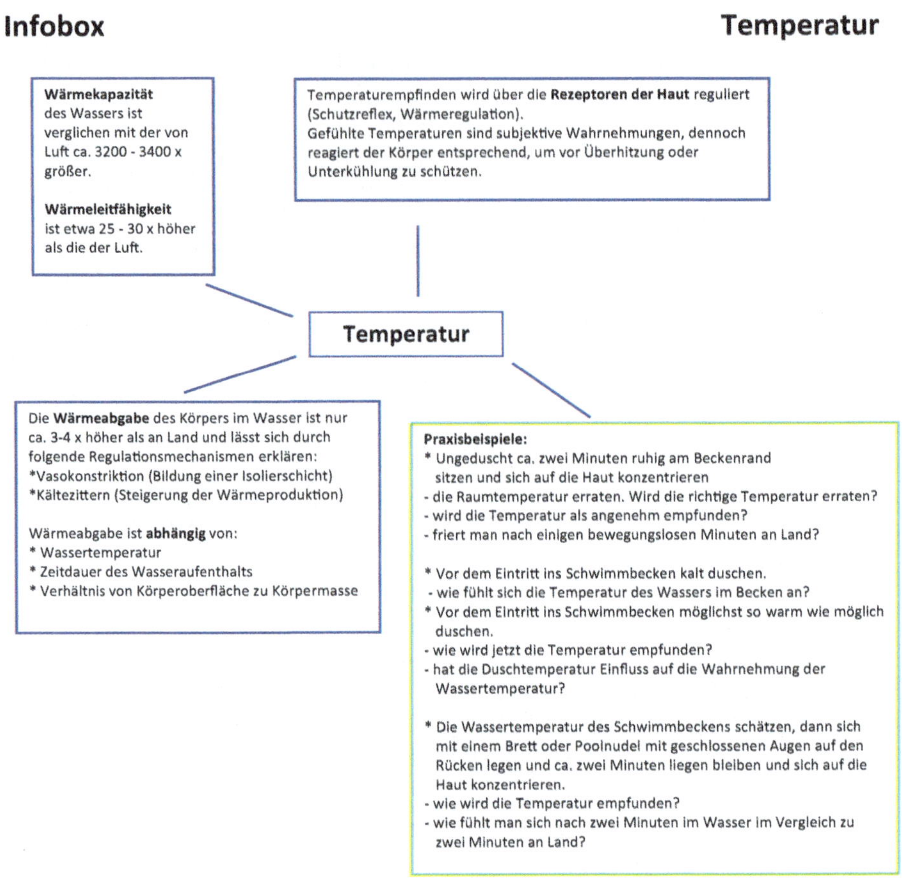

Infobox   Temperatur

Wärmekapazität
des Wassers ist
verglichen mit der von
Luft ca. 3200 - 3400 x
größer.

Wärmeleitfähigkeit
ist etwa 25 - 30 x höher
als die der Luft.

Temperaturempfinden wird über die **Rezeptoren der Haut** reguliert
(Schutzreflex, Wärmeregulation).
Gefühlte Temperaturen sind subjektive Wahrnehmungen, dennoch
reagiert der Körper entsprechend, um vor Überhitzung oder
Unterkühlung zu schützen.

Temperatur

Die **Wärmeabgabe** des Körpers im Wasser ist nur
ca. 3-4 x höher als an Land und lässt sich durch
folgende Regulationsmechanismen erklären:
*Vasokonstriktion (Bildung einer Isolierschicht)
*Kältezittern (Steigerung der Wärmeproduktion)

Wärmeabgabe ist **abhängig** von:
* Wassertemperatur
* Zeitdauer des Wasseraufenthalts
* Verhältnis von Körperoberfläche zu Körpermasse

Praxisbeispiele:
* Ungeduscht ca. zwei Minuten ruhig am Beckenrand
  sitzen und sich auf die Haut konzentrieren
- die Raumtemperatur erraten. Wird die richtige Temperatur erraten?
- wird die Temperatur als angenehm empfunden?
- friert man nach einigen bewegungslosen Minuten an Land?

* Vor dem Eintritt ins Schwimmbecken kalt duschen.
- wie fühlt sich die Temperatur des Wassers im Becken an?
* Vor dem Eintritt ins Schwimmbecken möglichst so warm wie möglich
  duschen.
- wie wird jetzt die Temperatur empfunden?
- hat die Duschtemperatur Einfluss auf die Wahrnehmung der
  Wassertemperatur?

* Die Wassertemperatur des Schwimmbeckens schätzen, dann sich
  mit einem Brett oder Poolnudel mit geschlossenen Augen auf den
  Rücken legen und ca. zwei Minuten liegen bleiben und sich auf die
  Haut konzentrieren.
- wie wird die Temperatur empfunden?
- wie fühlt man sich nach zwei Minuten im Wasser im Vergleich zu
  zwei Minuten an Land?

Abb. 1.5   Temperatur (Eigene Darstellung)

Tab. 1.1 Eigenschaften des Wassers und ihre physiologischen Wirkungen auf den Körper, die Vor- und Nachteile und die Konsequenzen für die Praxis (Eigene Darstellung)

	Temperatur	Widerstand	Auftrieb	Druck
physikalisch	▪ Wärmeleitfähigkeit ist 25-30x mal größer als die der Luft	▪ Reibungswiderstand ist fast 800x größer als an Land nimmt im Quadrat der Bewegungsgeschwindigkeit zu	* entspricht dem Gewicht der vom Körper verdrängten Wassermenge (Archimedes) * jeder Körper erfährt im Wasser eine Auftriebskraft, ist diese > als Gewichtskraft dann schwimmt Körper = als Gewichtskraft dann schwebt Körper < als Gewichtskraft dann sinkt Körper	▪ wirkt von allen Seiten auf den Körper ▪ vergrößert sich mit zunehmender Wassertiefe ▪ kann nur in luftgefüllten Räumen wahrgenommen werden (Ohr/Brustkorb)
Wirkungen auf den Körper	▪ 3-4x schnellere Wärmeabgabe des Körpers (Kältereiz), d.h. erhöhte Wärmeproduktion durch Steigerung des Energie-Grundumsatzes bzw. Senkung des Muskeltonus ▪ Verkrampfung der Muskulatur ▪ Unterkühlung ▪ Überbelastung bei zu hohen Temperaturen ▪ Reduzierung der maximalen O_2-Aufnahme und der Muskelarbeit bei kaltem Wasser ▪ Blutdrucksteigerung durch kältereiz möglich ▪ Ökonomisierung der Herzarbeit	▪ verlangsamt alle Bewegungen ▪ Stoffwechselsteigerung durch Reibung der Hautoberfläche	▪ Gefühl der Schwerelosigkeit (1/10 des Körpergewichtes) ▪ Entlastung des Halte- und Bewegungsapparates ▪ Dämpfung der Abwärtsbewegungen ▪ Unterstützung langsamer Aufwärtsbewegungen ▪ fördert Lockerung und Entspannung der Muskulatur ▪ quasi-belastungsfreie Knorpelernährung	▪ Verbesserung des Blutrückflusses aus der Peripherie ▪ Herzminutenvolumen bleibt gleich ▪ Aktivierung des Lymphsystems ▪ Erschwerung der Einatmung/ Vertiefung der Ausatmung ▪ Verringerung der Vitalkapazität um 10% ▪ Senkung HF um 10-15 Schläge in Ruhe ▪ Anstieg des Herzschlagvolumens um ca. 20% ▪ verringt Brust- u. Bauchumfang ▪ Unterstützung des Stoffaustausches im Gewebe
Vorteile (+) Nachteile (-)	+ Stärkung des Immunsystems + Erhöhung des Stoffwechsels (insbesondere Fettstoffwechsel) + Belastungs- u. Nachbelastungspuls sind verringert + Entspannungsfähigkeit und Beweglichkeit sind gesteigert bzw. - Verkrampfung und Bewegleichkeitseinschränkung - Minderung der körperlichen Leistungsfähigkeit (zu kaltes Wasser) - Gefahr der Unterkühlung (bes. ältere Menschen) - Kreislaufüberbelastung bei über 30° C und körperlicher Anstrengung	+ Bewegungen können deutlicher wahrgenommen werden + Kräftigung der Muskulatur durch Bewegungen gegen den Widerstand + isokinetische Bewegungen Verhindern Verletzungen und Belastungen der Gelenke + Förderung der Durchblutung + Massage	+ Verringerung von Rücken- und Gelenkbeschwerden + Erweiterung der Bewegungsmöglichkeiten + reduzierte Verletzungsgefahr + Steigerung von Wohlbefinden und Bewegungsaktivität + Schulung des Gleichgewichtes + Vermeidung von Überbelastung des Halte- u. Bewegungsapparates - verursacht ev. Unsicherheit	+ Ökonomisierung der Herzarbeit + Erniedrigte Trainings- u. Erholungs-HF + Entlastung der Venen + Verbesserung der Atemökonomie + Kräftigung der Einatemmuskulatur - Herzrhythmusstörungen (bei Neigung dazu) - Kontraindikation für Hypertoniker
Bedeutung für die Praxis	➤ Training (Art, Intensität, Dauer, Ziel) auf Wassertemperatur abstimmen (optimale Leistung bei 27°C, Sprinter tendieren zu wärmerem Wasser bis 32°C) ➤ Abnahme der Oberflächenspannung und Viskosität bei zunehmender Temperatur ➤ beim Training von einer Stunde bei einer Wassertemperatur von 20-23 Grad sinkt die Körpertemperatur um 1 Grad	➤ individuelle Steuerung der Belastungsintensität durch: * Bewegungsgeschwindigkeit * Größe der Widerstandsfläche (unterschiedliche Anstellwinkel/ verschieden große Übungsgeräte)	➤ Auftriebskraft ermöglicht verletzten/eingeschränkten zu trainieren	➤ keine Erkältungskrankheiten ➤ Druckausgleich muss gekonnt sein

Infobox   Einfluss von Reflexen im Wasser

Atemreflex
Der CO_2-Gehalt stimuliert bei zunehmendem O_2-Mangel im Blut den Atemreiz.

Warum sollte man den Reflex im Wasser überwinden lernen?
Ziel:
* bewusst Luft anhalten mit Verschluss des Mundes, um ein Eindringen von Wasser in die Atemwege zu vermeiden und einem Verschlucken/Ertrinken vorzubeugen.
* Gesicht ins Wasser legen für stromlinienförmige Wasserlage beim Schwimmen.
* Länge des Luftanhaltens steuern lernen, um Tief- und Streckentauchen zu können.

Lidschlussreflex
Dieser Reflex ist ein Schutz für das Auge und reagiert mit dem reflektorischen Schließen des Lids. Er wird ausgelöst aufgrund von Einwirkungen auf die Hornhaut und die nähere Augenumgebung durch z.B. Fremdkörper und **Wasser**. Zudem schützt er vor Austrocknung, Schädigung des Augapfels, bei starker Lichtreizung oder erfolgt auch als Folge eines Schrecks durch einen akustisch auftretenden Reiz.

Warum sollte man den Reflex im Wasser überwinden, lernen?
Ziel:
* Orientierung zu jeder Zeit im Raum haben z.B. beim Tauchen, beim Eintauchen im Springen, bei Rollwenden, beim Schwimmen....
* Sicherheit haben im Hinblick auf Selbstrettung

Tauchreflex
Rezeptoren lösen bei Berührung der oberen Nasenschleimhäute mit Wasser einen kurzfristigen Atmungsstopp aus. (vgl. auch Infobox Druck)

Warum sollte man den Reflex im Wasser überwinden lernen?
Je nach Ausprägung kann es zu stoßweisem Atmen oder einer totalen Atemblockade kommen. Bei zunehmendem Atemreiz kann eine reflexartige Einatmung durch die Nase erfolgen. Das eindringende Wasser bewirkt einen Hustenreiz ggf. sogar Erstickungspanik.
Ziel:
* Ausatmung besonders durch Nase und Mund muss sicher im Wasser beherrscht werden.

Reflex wird neuronal übermittelt und erfolgt schnell, unwillkürlich und gleichartig auf einen bestimmten Reiz hin.

Kopfstellreflex
Er bewirkt, dass wir unsere Augen in der Horizontalen halten können, um das Bild auf der Netzhaut nicht verdreht abzubilden. Zudem wird beim nach vorn Fallen des Körpers der Kopf in den Nacken genommen, um ihn zu schützen.

Warum sollte man den Reflex im Wasser überwinden lernen?
Diese horizontale Position ist ständig beim Schwimmen gegeben
Ziel:
* Der Kopf muss zwischen die Arme genommen werden für eine widerstandsarme Körperlage beim Schwimmen und Gleiten.
* Eine gezielte Kopfsteuerung aus der Horizontalen heraus ist für das Eintauchen und Abtauchen kopfwärts wichtig.

Abb. 1.6 Einfluss von Reflexen im Wasser (Eigene Darstellung)

Infobox   Sinneswahrnehmung unter Wasser

Hören unter Wasser
Aufgrund der ca. 800-fachen höheren Dichte des Wassers im Verhältnis zur Luft, ist die
Schallübertragung 4,5mal schneller.
Die unzureichende Differenzierungsfähigkeit des Ohrs ermöglicht kein Richtungshören.
Tiefe Schallfrequenzen und seitlicher Schalleinfall sind noch eher ortbar als *hohe*
Schallfrequenzen und als von vorne oder hinten kommender Schall.
Schall im Wasser wird durch die geringe Schallabsorption über weitere Strecken übertragen als
in der Luft, was das Schätzen der Entfernung der Schallquelle erschwert.
Geräuschquellen mit Ausgangspunkt unter der Wasseroberfläche werden näher und lauter
wahrgenommen. Auch der Schallübertritt von Luft zu Wasser und umgekehrt ist erschwert und
Geräusche kaum hörbar.

Praxisbeispiel:
* unter Wasser Geräusche/
Wörter/Lieder erkennen
auch mit Bezug auf Richtung
- wann und wo kann ich noch
etwas verstehen?

Sehen und hören unter Wasser

Fällt Licht über die Hornhaut ins Auge, wird es von der
Linse so gebrochen, dass das Bild auf der Netzhaut
abgebildet wird und das Gehirn ein scharfes Bild
übermittelt.

So funktioniert der Ablauf beim **Sehen unter Wasser** auch,
* aber beim Übergang von Luft zu Wasser werden die
Lichtstrahlen stärker gebrochen (Dichte von Wasser >
Luft), so dass die Lichtbrechung vom Wasser zur
Hornhaut geringer ist und so die Lichtstrahlen hinter der
Netzhaut gebündelt werden.
* dadurch ist der Tauchende weitsichtig (ca. 50 Dioptrien)
Und ein scharfes Sehen ist nicht möglich.
* eine Schwimmbrille/Tauchmaske schafft zwar wieder
eine Luftschicht zwischen Wasser und Hornhaut,
allerdings führt die Lichtbrechung im Übergang von Luft
zu Wasser dazu, dass Gegenstände/Objekte zu 25%
näher erscheinen und zu ca. 33% größer
* Farben sehen: die langwelligen Anteile des sichtbaren
Lichtes (rot, orange) werden stärker als die kurzwelligen
blauen Anteile absorbiert. Daher hat Wasser auch die
Farbe Blau.
Die Lichtschwächung ist bei Rot nach ca. 1m – Orange
nach ca. 4m - Grün nach ca. 5m und Blau nach ca. 20m
Wassertiefe. Ab einer Wassertiefe von 100m herrscht
Dunkelheit.

Praxisbeispiel:
* unter Wasser verschiedene Gegenstände/Mimik/Gestik
ohne Schwimmbrille/Tauchmaske erkennen

* unter Wasser verschiedene Gegenstände/Mimik/Gestik
mit Schwimmbrille/Tauchmaske erkennen

* Wie kann man ohne Schwimmbrille unter Wasser klarsehen?
Mit den Handinnenkannten werde die Augen und die Nase
umschlossen. Wichtig ist, dass die beiden Daumen ganz an
den Nasenflügeln anliegen und die Mittelfinger an den Bereich
oberhalb der Augenbrauen gepresst werden. Sobald sich der
Kopf unter Wasser befindet (Gesicht parallel zum Boden), mit
dem Ausblasen von Luft beginnen. Mit etwas Übung sieht man
so gut wie durch eine Taucherbrille.
Wie ist dies nun möglich? Die ausgeatmete Luft wird durch die
an das Gesicht gepressten Hände daran gehindert, an die
Wasseroberfläche zu steigen. Dadurch wird das Wasser
verdrängt und es entsteht um Auge und Nase ein Hohlraum –
wie bei einer Taucherbrille.

Abb. 1.7 Sinneswahrnehmung unter Wasser (Eigene Darstellung)

1.2   und ihr Nutzen sich im Wasser optimal fortzubewegen (Biomechanik des Schwimmens)

Mithilfe der folgenden beiden zusammenfassenden Infoboxen soll theore-
tisch deutlich werden, wie Antrieb funktioniert und im Schwimmen erklärt wird
(Abb. 1.8) und welche Bewegungsmerkmale bei den Schwimmtechniken essenziell sind, um sich im Wasser schnell fortzubewegen (Abb. 1.9).

Die Videos zu den Abb. 1.10, 1.11 und 1.12 zeigen klassische Abweichungen
von drei Schwimmtechniken (Brust-, Rücken- und Kraulschwimmen) hinsichtlich
ihrer Bewegungsmerkmale. Ein schnelles Schwimmen in dieser Form ist hierbei

Infobox Antrieb

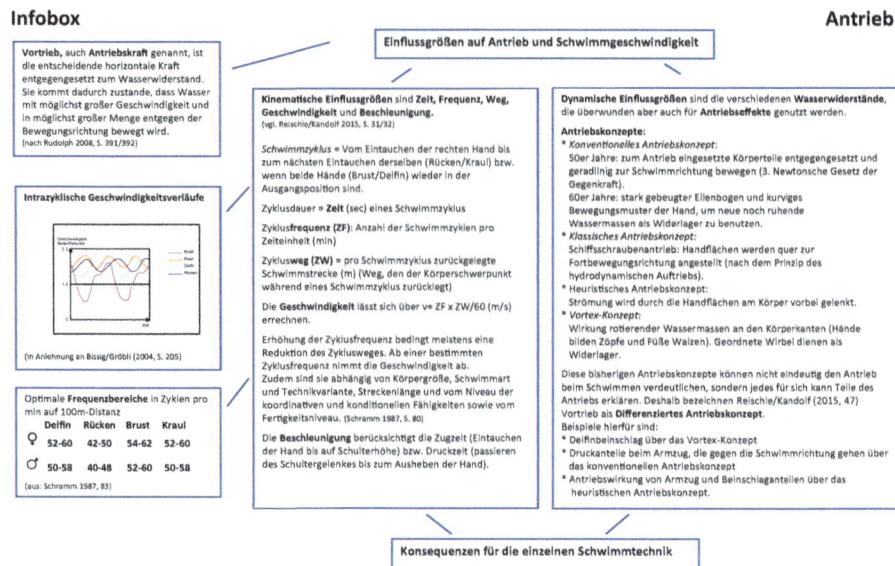

Vortrieb, auch **Antriebskraft** genannt, ist die entscheidende horizontale Kraft entgegengesetzt zum Wasserwiderstand. Sie kommt dadurch zustande, dass Wasser mit möglichst großer Geschwidigkeit und in möglichst großer Menge entgegen der Bewegungsrichtung bewegt wird. (nach Rudolph 2008, S. 391/392)

Intrazyklische Geschwindigkeitsverläufe

(in Anlehnung an Bissig/Gröbli (2004, S. 205)

Optimale Frequenzbereiche in Zyklen pro min auf 100m-Distanz

	Delfin	Rücken	Brust	Kraul
♀	52-60	42-50	54-62	52-60
♂	50-58	40-48	52-60	50-58

(aus: Schramm 1987, 83)

Einflussgrößen auf Antrieb und Schwimmgeschwindigkeit

Kinematische Einflussgrößen sind **Zeit, Frequenz, Weg, Geschwindigkeit** und **Beschleunigung.** (vgl. Reischle/Kandolf 2015, S. 31/32)

Schwimmzyklus = Vom Eintauchen der rechten Hand bis zum nächsten Eintauchen derselben (Rücken/Kraul) bzw. wenn beide Hände (Brust/Delfin) wieder in der Ausgangsposition sind.

Zyklusdauer = **Zeit** (sec) eines Schwimmzyklus

Zyklusfrequenz (**ZF**): Anzahl der Schwimmzyklen pro Zeiteinheit (min)

Zyklusweg (**ZW**) = pro Schwimmzyklus zurückgelegte Schwimmstrecke (m) (Weg, den der Körperschwerpunkt während eines Schwimmzyklus zurücklegt)

Die **Geschwindigkeit** lässt sich über v= ZF x ZW/60 (m/s) errechnen.

Erhöhung der Zyklusfrequenz bedingt meistens eine Reduktion des Zyklusweges. Ab einer bestimmten Zyklusfrequenz nimmt die Geschwindigkeit ab. Zudem sind sie abhängig von Körpergröße, Schwimmart und Technikvariante, Streckenlänge und vom Niveau der koordinativen und konditionellen Fähigkeiten sowie vom Fertigkeitsniveau. (Schramm 1987, S. 80)

Die **Beschleunigung** berücksichtigt die Zugzeit (Eintauchen der Hand bis auf Schulterhöhe) bzw. Druckzeit (passieren des Schultergelenkes bis zum Ausheben der Hand).

Dynamische Einflussgrößen sind die verschiedenen **Wasserwiderstände**, die überwunden aber auch für **Antriebseffekte** genutzt werden.

Antriebskonzepte:
* *Konventionelles Antriebskonzept:*
50er Jahre: zum Antrieb eingesetzte Körperteile entgegengesetzt und geradlinig zur Schwimmrichtung bewegen (3. Newtonsche Gesetz der Gegenkraft).
60er Jahre: stark gebeugter Ellenbogen und kurviges Bewegungsmuster der Hand, um neue noch ruhende Wassermassen als Widerlager zu benutzen.
* *Klassisches Antriebskonzept:*
Schiffsschraubenantrieb: Handflächen werden quer zur Fortbewegungsrichtung angestellt (nach dem Prinzip des hydrodynamischen Auftriebs).
* *Heuristisches Antriebskonzept:*
Strömung wird durch die Handflächen am Körper vorbei gelenkt.
* *Vortex-Konzept:*
Wirkung rotierender Wassermassen an den Körperkanten (Hände bilden Zöpfe und Füße Walzen). Geordnete Wirbel dienen als Widerlager.

Diese bisherigen Antriebskonzepte können nicht eindeutig den Antrieb beim Schwimmen verdeutlichen, sondern jedes für sich kann Teile der Antriebs erklären. Deshalb bezeichnen Reischle/Kandolf (2015, 47) Vortrieb als **Differenziertes Antriebskonzept**. Beispiele hierfür sind:
* Delfinbeinschlag über das Vortex-Konzept
* Druckanteile beim Armzug, die gegen die Schwimmrichtung gehen über das konventionellen Antriebskonzept
* Antriebswirkung von Armzug und Beinschlaganteilen über das heuristischen Antriebskonzept.

Konsequenzen für die einzelnen Schwimmtechnik

Abb. 1.8 Infobox Antrieb (Eigene Darstellung)

Infobox Konsequenzen für die einzelnen Schwimmtechniken

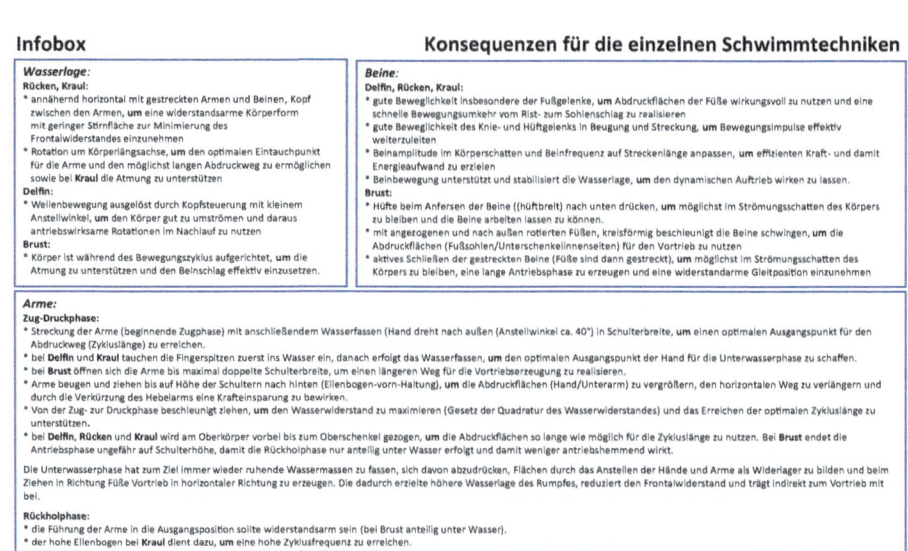

Wasserlage:
Rücken, Kraul:
* annähernd horizontal mit gestreckten Armen und Beinen, Kopf zwischen den Armen, **um** eine widerstandsarme Körperform mit geringer Stirnfläche zur Minimierung des Frontalwiderstandes einzunehmen.
* Rotation um Körperlängsachse, **um** den optimalen Eintauchpunkt für die Arme und den möglichst langen Abdruckweg zu ermöglichen sowie bei **Kraul** die Atmung zu unterstützen
Delfin:
* Wellenbewegung ausgelöst durch Kopfsteuerung mit kleinem Anstellwinkel, **um** den Körper gut zu umströmen und daraus antriebswirksame Rotationen im Nachlauf zu nutzen
Brust:
* Körper ist während des Bewegungszyklus aufgerichtet, **um** die Atmung zu unterstützen und den Beinschlag effektiv einzusetzen.

Beine:
Delfin, Rücken, Kraul:
* gute Beweglichkeit insbesondere der Fußgelenke, **um** Abdruckflächen der Füße wirkungsvoll zu nutzen und eine schnelle Bewegungsumkehr vom Rist- zum Sohlenschlag zu realisieren
* gute Beweglichkeit des Knie- und Hüftgelenks in Beugung und Streckung, **um** Bewegungsimpulse effektiv weiterzuleiten
* Beinamplitude im Körperschatten und Beinfrequenz auf Streckenlänge anpassen, **um** einen effizienten Kraft- und damit Energieaufwand zu erzielen
* Beinbewegung unterstützt und stabilisiert die Wasserlage, **um** den dynamischen Auftrieb wirken zu lassen.
Brust:
* Hüfte beim Anfersen der Beine ((hüftbreit) nach unten drücken, **um** möglichst im Strömungsschatten des Körpers zu bleiben und die Beine arbeiten lassen zu können.
* mit angezogenen und nach außen rotierten Füßen, kreisförmig beschleunigt die Beine schwingen, **um** die Abdruckflächen (Fußsohlen/Unterschenkelinnenseiten) für den Vortrieb zu nutzen
* aktives Schließen der gestreckten Beine (Füße sind dann gestreckt), **um** möglichst im Strömungsschatten des Körpers zu bleiben, eine lange Antriebsphase zu erzeugen und eine widerstandsarme Gleitposition einzunehmen

Arme:
Zug-Druckphase:
* Streckung der Arme (beginnende Zugphase) mit anschließendem Wasserfassen (Hand dreht nach außen (Anstellwinkel ca. 40°) in Schulterbreite, **um** einen optimalen Ausgangspunkt für den Abdruckweg (Zykluslänge) zu erreichen.
* bei **Delfin** und **Kraul** tauchen die Fingerspitzen zuerst ins Wasser ein, danach erfolgt das Wasserfassen, **um** den optimalen Ausgangspunkt der Hand für die Unterwasserphase zu schaffen.
* bei **Brust** öffnen sich die Arme bis maximal doppelte Schulterbreite, um einen längeren Weg für die Vortriebserzeugung zu realisieren.
* Arme beugen und ziehen bis auf Höhe der Schultern nach hinten (Ellenbogen-vorn-Haltung), **um** die Abdruckflächen (Hand/Unterarm) zu vergrößern, den horizontalen Weg zu verlängern und durch die Verkürzung des Hebelarms eine Krafteinsparung zu bewirken.
* Von der Zug- zur Druckphase beschleunigt ziehen, **um** den Wasserwiderstand zu maximieren (Gesetz der Quadratur des Wasserwiderstandes) und das Erreichen der optimalen Zykluslänge zu nutzen.
* bei **Delfin, Rücken** und **Kraul** wird am Oberkörper vorbei bis zum Oberschenkel gezogen, **um** die Abdruckflächen so lange wie möglich für die Zykluslänge zu nutzen. Bei **Brust** endet die Antriebsphase ungefähr auf Schulterhöhe, damit die Rückholphase nur anteilig unter Wasser erfolgt und damit weniger antriebshemmend wirkt.

Die Unterwasserphase hat zum Ziel immer wieder ruhende Wassermassen zu fassen, sich davon abzudrücken, Flächen durch das Anstellen der Hände und Arme als Widerlager zu bilden und beim Ziehen in Richtung Füße Vortrieb in horizontaler Richtung zu erzeugen. Die dadurch erzielte höhere Wasserlage des Rumpfes, reduziert den Frontalwiderstand und trägt indirekt zum Vortrieb mit bei.

Rückholphase:
* die Führung der Arme in die Ausgangsposition sollte widerstandsarm sein (bei Brust anteilig unter Wasser).
* der hohe Ellenbogen bei **Kraul** dient dazu, **um** eine hohe Zyklusfrequenz zu erreichen.

Atmung:
Delfin, Kraul, Brust:
* koordinierte Kopf- Armbewegung, **um** geringe intrazyklische Geschwindigkeitsschwankungen zu erzielen.
* vollständige Ausatmung durch Mund und Nase bis zur nächsten Einatmung, **um** nicht zu schnell zu übersäuern.
Rücken:
* regelmäßige Ein- und Ausatmung innerhalb eines Zyklus, **um** nicht zu schnell zu übersäuern.

Koordination:
* gut abgestimmte Koordination der Teilkörperbewegungen mit gleichbleibender Geschwindigkeit, **um** intrazyklische Geschwindigkeitsschwankungen zu minimieren.

Abb. 1.9 Konsequenzen für die einzelnen Schwimmtechniken (Eigene Darstellung)

Abb. 1.10 Abweichung vom Brustschwimmen (Eigene Darstellung) URL:
▶ https://doi.org/10.1007/000-aq6

Abb. 1.11 Abweichung vom Rückenschwimmen (Eigene Darstellung) URL:
▶ https://doi.org/10.1007/000-aq5

Abb. 1.12 Abweichung vom Kraulschwimmen (Eigene Darstellung) URL:
▸ https://doi.org/10.1007/000-aq7

kaum zu realisieren und soll auch die Konsequenze für eine gute Schwimmtechnik deutlich machen.

Elektronisches Zusatzmaterial

- Alle Infoboxen und Übersicht zu Eigenschaften des Wassers und ihre Wirkung auf den Körper.

Das elektronische Zusatzmaterial finden Sie auf https://link.springer.com/10.1007/978-3-662-67198-6_1.

Literatur

Bissig M, Gröbli C (2008) SchwimmWelt. Schulverlag. Blmv, Bern
Deutsche Gesetzliche Unfallversicherung (2019) Schwimmen Lehren und Lernen in der Grundschule. Bewegungserlebnisse und Sicherheit am und im Wasser. DGUV Informationen 202–107, Berlin
De Marres H (2003) Sportphysiologie. Tropon, Köln
Elbracht M (1996–1999). Schwimmen. In: Sahre E (Hrsg.) Fertig ausgearbeitete Unterrichtsbausteine für das Fach Sport. Eine Ideenbörse für alle Pflicht- und Wahlthemen in der Sekundarstufe I und II, Kapitel 4/4. Losebl.-Ausg. Weka-Verlag, Kissing
Elbracht M (2003) Aquafitness-Eigenschaften des Wassers und Wirkungen auf den Körper. Bewegung im Wasser-Schwimmen. Sport unterrichten: motivierend, lebendig, methodisch vielfältig! (Kapitel 4/5, S. 1–10) Sekundarstufe I und II. Grundwerk. WEKA, Kissing
Elbracht M, Schnittger R (2003) Bewegen im Wasser – Schwimmen. Sport unterrichten. WEKA, Kissing
Fahrner M, Moritz N (2009) Doppelstunde Schwimmen. Hofmann, Schorndorf
Küchler J (2015) Physikalische Grundlagen des Schwimmens – Trainerhandmaterial. In: Freitag W (Hrsg.) Schwimmen. Lernen und optimieren, 37 (S 7–20). DSTV, Rüsselsheim
Madsen, Reischle, Rudolph, Wilke (Hrsg.) (2015) Wege zum Topschwimmer. Hochleistungstraining Bd 3. Hofmann Verlag, Schorndorf

Reichle C (1993) Aquatraining. Deutsche Vereinigung für Gesundheitssport (DVGS) (Hrsg.) Gymnastik in der Therapie (S 189–197). Sport Consult, Waldenburg

Reischle K, Kandolf W (2015) Schwimmarten lernen. Grundlagen trainieren. In: Madsen, Reischle, Rudolph & Wilke K (Hrsg.) Wege zum Topschwimmer, Bd 1. Hofmann Verlag, Schorndorf

Ritzmann R (2012) Schwimmen mit Wellenbewegungen. Neue Schwimmstile und eine neue Wendetechnik. Praxis Ideen. Hofmann, Schorndorf

Rudolph K (Hrsg.) (2008) Lexikon des Schwimmtrainings. Präzi-Druck, Hamburg

Schnittger R (2007) Schwimmen - Theoriegeleitete Praxis – Hydrodynamik erleben, Lehrhilfen. Sportunterricht 56(6):1–3

Schramm E (1987a) Sportschwimmen (S 79–80). Sportverlag, Berlin

Schramm E (1987b) Sportschwimmen. Sportverlag, Berlin

Strass D, Hahn A (2009) Biomechanik des Schwimmens. In: Gollhofer A, Müller E (Hrsg.) Handbuch Biomechanik (S 364–389). Hofmann, Schorndorf

Ungerechts B, Volck G, Freitag W (2009) Lehrplan Schwimmsport: Technik. Schwimmen – Wasserball – Wasserspringen – Synchronschwimmen (2., überarbeitete Aufl., Bd 1). Hofmann, Schorndorf

Völker K, Madsen O, Lagerstrom D (1993) Fit durch Schwimmen (S 13–28). Perimed-Verlag, Erlangen

Wick D (2009) Biomechanik im Sport. Lehrbuch der biomechanischen Grundlagen sportlicher Bewegung (2. Aufl., S 155–166). Spitta-Verlag, Balingen. https://www.tauchclub-extertal.de/waser-nase-reflex.html. Zugegriffen: 9. Okt 2022

Anfängerschwimmen

2

2.1 Anfängerschwimmen theoretisch

Die Abb. 2.1 stellt die Vielfalt an Bewegungsfeldern und die Vielzahl an Bewegungsmöglichkeiten, sich im Bewegungsraum Wasser aufzuhalten, dar.

Um diese vielen verschiedenen Bewegungsfelder nutzen und erleben zu können, ist eine Voraussetzung essenziell, und zwar ein **sicherer Schwimmer** zu sein.

Konzept: Wann ist ein Kind ein sicherer Schwimmer?
Auf der Grundlage neuerer Anfängerschwimmkonzepte wird deutlich, dass nicht nur schwimmen können, sondern **sicher** schwimmen können noch mehr in den Fokus gerückt ist und klarer definiert wurde. Dies zeigt sich auch in der aktuell angepassten deutschen Prüfungsordnung Schwimmen (2020).

Neben Anfängerschwimmkonzepten von Wilke (1988, 2014, 2020), Rheker (2011), dem Deutschen Schwimmverband (2015) und der Deutschen Gesetzlichen Unfallversicherung (DGUV) (2019) wird in dem Konzept von Elbracht (2015) neben der motorischen bzw. körperlichen Ebene auch die sozial-emotional-kognitive Ebene vertiefend in den Fokus der Anfängerschwimmausbildung genommen und der methodische Weg des Anfängers zum sicheren Schwimmer thematisiert.

Die Abb. 2.2 stellt den Weg des Anfängers zu einem sicheren Schwimmer dar, wobei neben den motorischen Komponenten (Blau) die sozial-emotional-kognitiven Komponenten (Orange) gekennzeichnet sind. Ebenso soll mit dieser Einteilung deutlich werden, wie sich diese beiden Ebenen im Laufe der

---

Ergänzende Information Die elektronische Version dieses Kapitels enthält Zusatzmaterial, auf das über folgenden Link zugegriffen werden kann https://doi.org/10.1007/978-3-662-67198-6_2. Die Videos lassen sich durch Anklicken des DOI Links in der Legende einer entsprechenden Abbildung abspielen, oder indem Sie diesen Link mit der SN More Media App scannen.

M. Elbracht, *Schwimmen – Vom Anfänger bis zum Schwimmer*, Sportpraxis, https://doi.org/10.1007/978-3-662-67198-6_2

Bewegungsraum Wasser

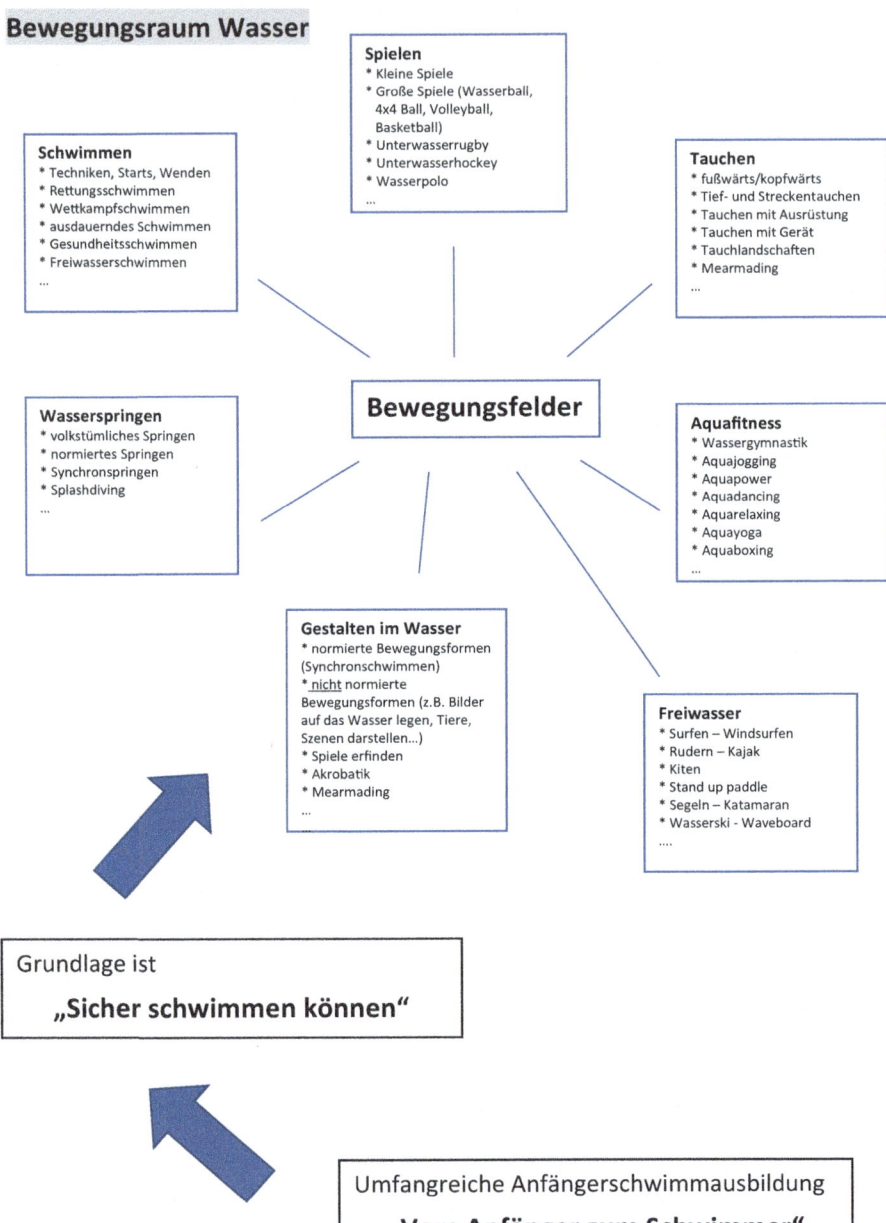

Spielen
* Kleine Spiele
* Große Spiele (Wasserball,
  4x4 Ball, Volleyball,
  Basketball)
* Unterwasserrugby
* Unterwasserhockey
* Wasserpolo
...

Schwimmen
* Techniken, Starts, Wenden
* Rettungsschwimmen
* Wettkampfschwimmen
* ausdauerndes Schwimmen
* Gesundheitsschwimmen
* Freiwasserschwimmen
...

Tauchen
* fußwärts/kopfwärts
* Tief- und Streckentauchen
* Tauchen mit Ausrüstung
* Tauchen mit Gerät
* Tauchlandschaften
* Mearmading
...

Wasserspringen
* volkstümliches Springen
* normiertes Springen
* Synchronspringen
* Splashdiving
...

Bewegungsfelder

Aquafitness
* Wassergymnastik
* Aquajogging
* Aquapower
* Aquadancing
* Aquarelaxing
* Aquayoga
* Aquaboxing
...

Gestalten im Wasser
* normierte Bewegungsformen
  (Synchronschwimmen)
* nicht normierte
Bewegungsformen (z.B. Bilder
auf das Wasser legen, Tiere,
Szenen darstellen...)
* Spiele erfinden
* Akrobatik
* Mearmading
...

Freiwasser
* Surfen – Windsurfen
* Rudern – Kajak
* Kiten
* Stand up paddle
* Segeln – Katamaran
* Wasserski - Waveboard
....

Grundlage ist

„Sicher schwimmen können"

Umfangreiche Anfängerschwimmausbildung

„Vom Anfänger zum Schwimmer"

Abb. 2.1 Bewegungsraum Wasser (Eigene Darstellung)

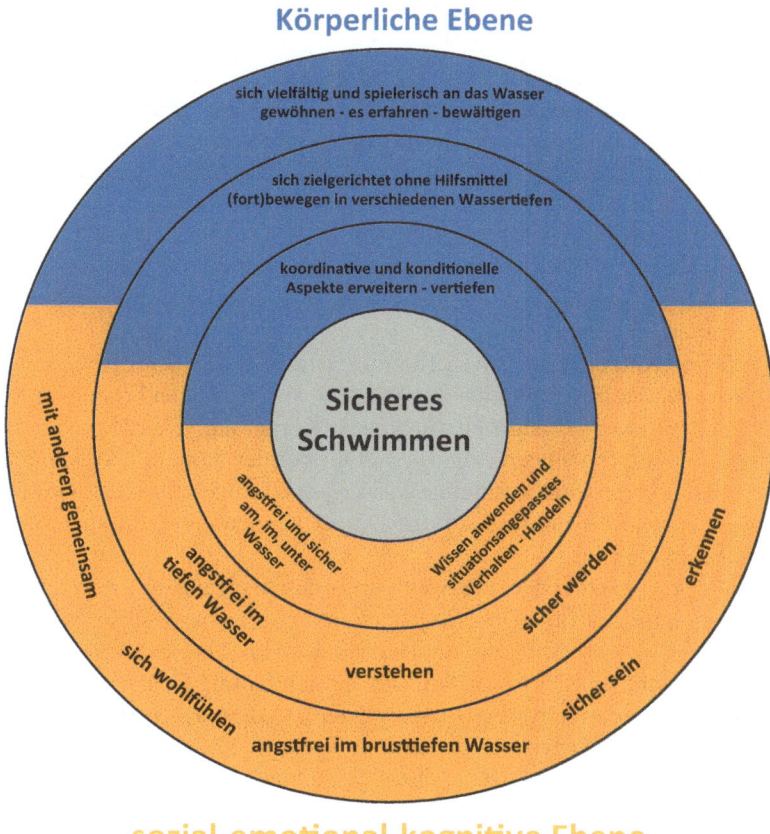

Abb. 2.2 Der Weg vom Anfänger zum sicheren Schwimmer (Zielscheibe; in Anlehnung an Elbracht 2015, 5) (Eigene Darstellung)

Anfängerschwimmausbildung (Ringe von außen nach innen) anteilig und damit den Weg zum sicheren Schwimmer (Ring in der Mitte) verändern.

Äußerer 1. Ring
Der äußere Ring symbolisiert die *Basis* der Ausbildung vom Anfänger zum sicheren Schwimmer.

Auf der **körperlichen** Ebene bedeutet dies:

- *Der Lernende gewöhnt **sich vielfältig und spielerisch an das Wasser***
- Er tastet sich über bekannte Bewegungs- und Spielformen an das unbekannte Medium heran und wird durch diese von ihm erst mal abgelenkt, wie z. B., dass Wasser in Auge, Mund, Nase und Ohren eindringt.

- Um diesen Prozess zu unterstützen, kann in der Praxis (Abschn. 2.2) zurück-gegriffen werden auf
  - das Lauf-ABC,
  - auf die verschiedenen **kleinen Spiele,** wie Kennlern-, Fang- und Abschlag-spiele, Eroberungsspiele, (Partei-)Ballspiele, Sing-, Tanz- und Darstellspiele, Lauf- und Staffelspiele, wie auch kooperative bzw. Kraft und Gewandtheits-spiele,
  - auf **schwimmfähigen Materialien** wie Bällen, Luftballons, Joghurtbecher, Shampooflaschen, Schwämme, Geschirrhandtücher, Waschlappen, Schaum-stoffpuzzle, Strandspielzeug wie Förmchen/Gießkanne und andere Spiel-materialien der Kinder sowie
  - Musik und Kinderlieder/-tänze, Kleidungsstücke wie T-Shirt etc.
- *Er erfährt es*, die Eigenschaften des Wassers wie Widerstand (hemmende bzw. antreibende Wirkung), Auftrieb (hebt den Körper an, Gefühl der Schwere-losigkeit), Druck (ggf. bedrückendes Gefühl bei der Atmung, Atmen erfordert größere Kraft bereits im brusttiefen Wasser) und Temperatur (z. B. Gewöhnung an Kältereiz) und ihr Einfluss auf den Körper kennen und lernt auch mit ihnen umzugehen. (Abschn. 1.1).
- *Er bewältigt* (Abschn. Wasserbewältigung) den Umgang mit der veränderten Sinneswahrnehmung (unter Wasser sehen und hören) bzw. sensorischen Wahr-nehmung (Taktil, kinästhetisch und vestibulär) im Vergleich zum Land und entwickelt damit ein Wassergefühl und lernt folgende Grundfertigkeiten wie **Atmen, Tauchen, Schweben (Auftreiben), Gleiten, Springen, Drehen, Rollen** und **Fortbewegen** mit der **ersten Technik** im Medium Wasser. Diese Grundfertigkeiten sollten nicht isoliert betrachtet werden, da sie miteinander verknüpft bzw. verzahnt sind.

Als erste Orientierung, ob der Anfänger im Prozess von der Gewöhnung in das Bewältigen kommt, zeigt sich daran, dass der Schwimmanfänger im hüft-tiefen Wasser ohne Schwierigkeiten hüpft und läuft, das Gesicht gestreckt in horizontaler Lage (mit Festhalten am Beckenrand) ins Wasser legt (Lidschluss- und Kopfstellreflex überwunden) und den Atem anhält (Atemreflex überwunden).

Beim Schwimmenlernen mit *körperlichen Einschränkungen* sollten ein paar Aspekte berücksichtigt werden.

Bei Beeinträchtigungen beim Sehen ist es wichtig, dass die Lernenden Orientierungshilfen erhalten, wie z. B. den Beckenrand, die Schwimmleine, auch ein Seil, um sich beim Tauchen daran entlang hangeln zu können oder auch Kontakt zu einem Partner oder einer Lehrkraft direkt bzw. mit einer Poolnudel, einem Stab oder einem Seil zu haben.

Lernende mit Beeinträchtigungen des Gehörs haben unter und im Wasser eigentlich kaum einen Nachteil, da das Hören für alle Lernenden durch die schnellere Schallübertragung kaum möglich ist. Dennoch sind optische Hilfen wie Zeichen, laminiertes Bildmaterial oder Bewegungsanweisungen wichtig, um mit dem Lernenden gut kommunizieren zu können.

Je nach Stärke der körperlich motorischen Beeinträchtigung haben Lernende im Wasser überhaupt die Möglichkeit, sich selbstständig fortzubewegen, was das Selbstvertrauen und das Gefühl der Gruppenzugehörigkeit stärkt.

Für körperlich eingeschränkte Lernende sind die Grundfertigkeiten Schweben, Atmen und Drehen sowie eine Fortbewegungsform mit ihren Möglichkeiten erst mal wichtig zu erlernen.

Auf der **sozial-emotional-kognitiven** Ebene bedeutet dies, dass der Lernende *sich im Wasser wohl und sicher fühlt sowie sich angstfrei im brusttiefen Wasser bewegt*:

- nur so ist Lernen möglich,
- kann Freude, Motivation und Selbstvertrauen an und in diesem Element entwickelt werden,
- werden die Eigenschaften des Wassers und die veränderten Sinneswahrnehmungen erkannt und
- kann mit anderen im Wasser kommuniziert und kooperiert werden.

An dieser Stelle soll das Thema **Angst** einmal kurz betrachtet werden, da es in der Praxis ein häufiges Phänomen ist und eine **sozial emotionale Beeinträchtigung** darstellt. Um aus diesem Ring in den nächsten Ring zu gelangen, sollte ein Anfänger angstfrei sein.

Das Wort Angst kommt aus dem lateinischen und heißt „Enge". Angst ist ein an sich normales und lebenswichtiges menschliches Gefühl. Angst ist ein Gefühl

- des Bedrücktseins oder der Bedrohung,
- einer belastenden Empfindung,
- ein unangenehmes, diffuses Gefühl,
- der Psyche, des Kopfes,
- das sich oft nicht beschreiben lässt,
- manchmal mit Erfahrungen verbunden ist oder auf einem Mangel an Erfahrungen beruht und
- körperliche Reaktionen auslöst.

Bezogen auf den Bewegungsraum Wasser zeigt Tab. 2.1 Ursachen, Symptome und Lösungsstrategien bei Angst im Wasser.

▶   Für den Basisring (1. Ring) sollte sich **viel Zeit** genommen werden. Je intensiver dieser verläuft, umso einfacher und schneller lernen Kinder die erste Schwimmtechnik und sich mit ihr zielgerichtet fortzubewegen – egal ob im Flach- oder Tiefwasser. Dies bedeutet **keine zu frühe Spezialisierung** auf eine Schwimmtechnik, sondern den Bewegungsraum in vielfältiger Weise erleben und erfahren lassen – und dies auch **ohne** den Gebrauch von **Schwimmbrillen** und möglichst **nur Auftriebshilfen** (Brett, Poolnudel, Pull Buoy) nutzen, um Teilkörperbewegungen zu ermöglichen.

Tab. 2.1 Ursachen, Symptome und Lösungsstrategien bei Angst im Bewegungsraum Wasser. (In Anlehnung an Rehn 2007; Elbracht 2015) (Eigene Darstellung)

Was bereitet Angst? (Ursache)	Wie äußert sich Angst? (Symptome)	Welche Maßnahmen zur Reduktion nutzen? (Lösungsstrategien)
• Wassertiefe und -weite • Angst vor dem Ertrinken, Wasser zu schlucken • Verlassen der senkrechten Position (sicherer Stand, Stütz verlieren) • Auswirkungen der Eigenschaften des Wassers auf den Körper und die veränderte/ eingeschränkte Sinneswahrnehmung • Schmerz beim Springen • Druckausgleich • Negative Erfahrungen aus Kleinkindalter • Versagensangst, Blamage, fehlende Anerkennung, körperliche Einschränkungen	• Hyperventilation, Bauchschmerzen, erhöhte Herzfrequenz, erhöhte Muskelspannung (Verkrampfung), motorische Unruhe (Koordinationsstörungen) • Weinen, Zittern • Aggressives, störendes oder vermeidendes Verhalten, Fluchtverhalten (kein Lösen vom Beckenrand, häufige Toilettengänge, Schwimmzeug vergessen, häufiges Fehlen) • Ambivalenz zwischen Gesagtem und Tun/Verhalten • Rituale: übervorsichtig, Nase zuhalten	• Geduld, Zuhören, Vertrauen schaffen (Ursachenanalyse) • Methodisch kleinschrittiges und konsequentes Vorgehen • Loben und motivieren • Viel Zeit auf eine vielfältige und spielerische Gewöhnung und Bewältigung an das Wasser ermöglichen • Lernaufgaben freiwillig erfüllen können durch zwangloses Lernklima, um sich wohl- und nicht unter Druck gesetzt zu fühlen

Auf die Frage, mit welcher Schwimmtechnik begonnen werden sollte, gibt es hier kein richtig oder falsch. Optimal ist, wenn die erste Technik ganz individuell für den Anfänger ausgewählt wird.

Die Tab. 2.2 zeigt Vor- und Nachteile der Schwimmarten im Hinblick auf die Wahl der ersten Schwimmtechnik. An dieser Stelle wird die Delfintechnik aufgrund des erhöhten Kraftbedarfs, der anspruchsvollen Bewegungskoordination und der stärkeren Belastung der Wirbelsäule im Hals- und Lendenwirbelsäulenbereichs als Wahl zur ersten Technik herausgelassen.

Der 2. Ring

Dieser 2. Ring symbolisiert auf der **körperlichen** Ebene die Vermittlung und Vertiefung *der ersten Schwimmtechnik im tiefer werdenden Wasser ohne Hilfsmittel.*

Um Kindern den Schritt in den tieferen Bereich und die Streckenverlängerung zu erleichtern, bieten sich folgende Strategien an:

- vom tiefen Bereich in den flachen Bereich schwimmen,
- über Eck schwimmen,
- entlang des Beckenrandes schwimmen,
- mit einer vorgehaltenen Rettungsstange oder Poolnudel durch die Lehrkraft schwimmen,
- mit Lehrkraft schwimmen.

Tab. 2.2 Gegenüberstellung der Schwimmarten im Hinblick auf die Wahl der ersten Technik (Eigene Darstellung)

Kriterien	Rücken	Brust	Kraul
Erlernen der Bewegungs-koordination	Leicht und schnell durch bereits bekanntes Bewegungsmuster (gekreuzt) aus Klein-kindalter	Schwer aufgrund der gleichzeitigen Arm- und Beinbewegung in der Horizontalen sowie die Dorsal-flexion im Fußgelenk während des Bein-schlages (richtige Technikausführung benötigt viel Zeit bei der Vermittlung)	Leicht und schnell durch bereits bekanntes Bewegungsmuster (gekreuzt) aus Klein-kindalter
Atmung	Frei	Einfach	Erschwert
Orientierung	Erschwert	Gut	Eingeschränkt
Fortlaufende Bewegung – Antrieb	Ja	Nein	Ja, schnellste Schwimmart
Flosseneinsatz	Ja	Nein	Ja
Kommunikation des Lernenden	Gut möglich	Gut möglich	Kaum möglich
Spätere mögliche Anwendungsbereiche	Selbstrettung, Wasser-ball	Ausdauerndes Schwimmen früh möglich, Wasserball, Streckentauchen, Rettungsschwimmen	Wasserball, Tauchen, Triathlon, Lang-streckenschwimmen
Spätere gesundheit-liche Aspekte	Schonung und Mobilisierung der Wirbelsäule, Belastung der Schulter durch Überkopf-bewegung	Belastung der Wirbel-säule im HWS- und LWS-Bereich sowie der Knie (Innenband und Menisken)	Schonung und Mobilisierung der Wirbelsäule, Belastung der Schulter durch Über-kopfbewegung

Auf der **emotional kognitiven** Ebene zeigen Lernende, dass sie

- sicherer und angstfrei im Tiefwasser werden,
- verstehen, welchen Einfluss das Medium Wasser auf ihren Körper und die Fort-bewegung hat,
- Kenntnisse über Baderegeln und Sicherheitsaspekte haben.

Zur Zwischenbilanz der Lehrkraft/des Trainers und zur Motivation der Lernenden können z. B. das Seepferdchen-Abzeichen, Aufgaben zu motorischen Basis-qualifikationen oder das Kontrollverfahren der DGUV dienen.

Seepferdchen-Abzeichen (BFS 2020, S. 11)
- Sprung vom Beckenrand mit anschließendem 25 m Schwimmen in einer Schwimmart in Bauch- oder Rückenlage (Grobform, während des Schwimmens in Bauchlage erkennbar ins Wasser ausatmen)
- Herausholen eines Gegenstandes mit den Händen aus schultertiefem Wasser (Schultertiefe bezogen auf den Prüfling)
- Kenntnisse von Baderegeln

Motorische Basisqualfiktionen
zur Feststellung im Schwimmen (Aufgabenentwicklung für das Projekt MOBAQ von Kurz und Fritz (2007. S. 26) durch Elbracht/Ungerechts

- Ins Wasser springen und zurückschwimmen
- Schwimmend eine Strecke über 25 m in Rücken- und Bauchlage zurücklegen (Verhältnis 10 m zu 15 m)
- Durch das Wasser gleiten
- Eine vorgegebene Bahn in Form einer Acht ca. 6–8 m ohne Schwimmbrille tauchen
- An der Wasseroberfläche schweben, unter Wasser kontrolliert ausatmen und absinken

Kontrollverfahren – Grundfertigkeiten der DGUV (S. 82–87)
- Abstoßen von der Beckenwand und Gleiten in Bauchlage
- Rolle vorwärts und Einnahme einer senkrechten Körperposition
- Drehen und orientieren
- Fortbewegen an den Beckenrand und Verlassen des Beckens ohne Hilfsmittel
- Fußsprung und widerstandsarmes Eintauchen
- Einnahme der Sitzposition am Beckengrund und Ausatmung
- Aufnahme eines Tauchrings und Auftauchen

Der 3. Ring
Dieser letzte Ring vor dem Ziel, ein sicherer Schwimmer zu sein, symbolisiert auf der **körperlichen** Ebene, dass Lernende

- ihre *koordinativen Fähigkeiten* in Form von Bewegungsvariation bzgl. der Schwimmtechniken oder bzgl. weiterer Bewegungsfelder des Bewegungsraums Wasser erweitern und
- ihre *konditionellen Fähigkeiten,* wie z. B. ökonomisches, ausdauerndes und schnelles Schwimmen, weiter schulen.

Auf der **kognitiv emotionalen** Ebene sollen die Lernenden

- ihr *Wissen* über den Einfluss der Eigenschaften auf den Körper und auf die Fortbewegung anwenden und
- Gefahren erkennen und einschätzen sowie *situationsangepasst handeln*, um im, am und unter Wasser *sicher zu sein.*

Wenn ein Kind alle Ebenen und Ringe des Modells durchlaufen hat, kann man von einem **sicheren Schwimmer** (Ziel: Mitte) sprechen.

Als Orientierung bietet sich das Deutsche Schwimmabzeichen Bronze bzw. Silber (BFS 2020, S. 11/12) an.

Bronze
- Kenntnisse von Baderegeln
- Sprung kopfwärts vom Beckenrand und 15 min Schwimmen. In dieser Zeit sind mindestens 200 m zurückzulegen, davon 150 m in Bauch- oder Rückenlage in einer erkennbaren Schwimmart und 50 m in der anderen Körperlage (Wechsel der Körperlage während des Schwimmens auf der Schwimmbahn ohne Festhalten)
- Einmal ca. 2 m Tieftauchen von der Wasseroberfläche mit Heraufholen eines kleinen Gegenstandes (z. B. kleiner Tauchring)
- Paketsprung vom Startblock oder 1-m-Brett

Silber
- Kenntnis von Baderegeln und Verhalten zur Selbstrettung (z. B. Verhalten bei Erschöpfung, Lösen von Krämpfen)
- Sprung kopfwärts vom Beckenrand und 20 min Schwimmen. In dieser Zeit sind mindestens 400 m zurückzulegen, davon 300 m in Bauch- oder Rückenlage in einer erkennbaren Schwimmart und 100 m in der anderen Körperlage (Wechsel der Körperlage während des Schwimmens auf der Schwimmbahn ohne Festhalten)
- Zweimal ca. 2 m Tieftauchen von der Wasseroberfläche mit Heraufholen je eines kleinen Gegenstandes (z. B. kleinen Tauchringen)
- 10 m Streckentauchen mit Abstoßen vom Beckenrand im Wasser
- Ein Sprung aus 3 m Höhe oder 2 verschiedene Sprünge aus 1 m Höhe

Nun stehen dem Lernenden **alle** sich **bietenden Bewegungsfelder** wie Spielen bzw. Spielsportarten im Wasser, Aquafitness, Gestalten im Wasser, Wasserspringen, Tauchen und Schwimmen etc. **zum intensiven und sicheren Erleben offen.**

2.2   Anfängerschwimmen praktisch

2.2.1   Wassergewöhnung – vielfältig und spielerisch

Wasser dringt in Augen, Mund, Nase und Ohren ein, es spritzt, ist kalt, beeinflusst das Gleichgewicht, das Körpergewicht ist reduziert, fortbewegen ist langsamer, aber ohne ist es nicht möglich, atmen kann sich schwerer anfühlen ....
Diese unbewussten Wahrnehmungen sollen durch vielfältige und spielerische Bewegungsformen erlebt werden (vgl. auch Elbracht 2008-2011).
In der Praxis könnte dies so aussehen.

- Ungeduscht am Beckenrand sitzen und die Raumtemperatur erraten. Circa 2 min ruhig sitzen bleiben und auf die Haut konzentrieren. Wird die richtige Temperatur erraten? Wird die Temperatur als angenehm empfunden? Friert man nach einigen bewegungslosen Minuten an Land?
- Alle Duschen anstellen und unter ihnen hergehen, auch mit unterschiedlichen Temperaturen, und dabei auf die unterschiedlichen Körperhaltungen und die Spannung in der Muskulatur zu achten. Hat die Wassertemperatur Einfluss auf die Muskelspannung und Körperhaltung?
- Vor dem Eintritt ins Schwimmbecken kalt duschen. Wie fühlt sich die Temperatur des Wassers im Becken an? Vor dem Eintritt ins Schwimmbecken möglichst heiß bzw. so warm wie möglich duschen. Wie wird jetzt die Temperatur empfunden? Hat die Duschtemperatur Einfluss auf die Wahrnehmung der Wassertemperatur?
- Erweiterung zum Thema Temperatur: Die Wassertemperatur des Schwimmbeckens erraten, dann sich mit einem Brett oder einer Poolnudel mit geschlossenen Augen auf den Rücken legen und ca. 2 min liegen bleiben und sich auf die Haut konzentrieren. Wie wird die Temperatur empfunden? Wie fühlt man sich nach 2 min im Wasser und nach 2 min an Land?
- Erkunden des Beckens (Rand/Mitte).
- Sich Waschen – Arme, Beine, Körper und Gesicht.
- Regenspiel mit Strampeln der Beine am Rand – von leichtem zu starkem Strampeln in Sitzposition auf Beckenrand, danach in Bauch- und Rückenlage mit Festhalten am Beckenrand. Wer kann am höchsten Spritzen?
- Wasserstraße: Kinder gehen einzeln durch die Gasse und dürfen vorher bestimmen, wie stark die anderen auf das Wasser mit ihren Händen schlagen sollen (Stufe 1: leicht; Stufe 2: mittel, Stufe 3: stark).
- Rakete als Begrüßungs- bzw. Abschlussritual: allein oder als Gruppe im Kreis. Mit den Händen auf die Wasseroberfläche schlagen, lautes Zählen von 10 abwärts (Countdown) und das Schlagen wird bei jeder Stufe stärker und nach der Stufe 1 wird das Wasser in die Luft geworfen („Rakete ist gestartet").
- Verschiedene Wurfgeräte (Schwämme, weiche Bälle bzw. Frisbeescheiben, Waschlappen, Geschirrhandtücher) zuspielen, sodass es beim Aufkommen auf die Wasseroberfläche zu Spritzern kommt.

- Mit Joghurtbecher/Förmchen experimentieren. Den Becher auf Kopf, Hand gefüllt/ungefüllt balancieren. Den Becher mit Wasser füllen und sich das Wasser über den Körper bzw. Kopf gießen. Becher mit Wasser füllen, das Wasser in die Luft werfen und es mit dem Becher/Förmchen wieder auffangen, genauso als Partnerübung. Dabei fängt der Partner dann das Wasser auf und wirft es zurück.
- Mit Joghurtbechern und Tischtennisbällen experimentieren. Tischtennisball mit dem Joghurtbecherboden so lange wie möglich in der Luft halten, ebenso mit Auffangen und Hochwerfen aus dem Becher, Tischtennisball dem Partner zuspielen, dieser fängt mit Becher auf und spielt zurück.

Sicherer Stand: Sobald es mehr und mehr in die Bewegung geht, ist es wichtig, dass der Schwimmanfänger weiß, wenn er am Boden wegrutscht und ins Straucheln kommt, wie er wieder sicher in die gewohnte Senkrechte kommt. Um sich wieder hinstellen zu können, macht man einen Schritt nach vorne und drückt den Körper nach hinten, indem die Hände sich vom Wasser nach vorne abdrücken oder die Knie werden in Richtung Oberkörper gezogen inkl. der Armführung und man kann sich dann wieder hinstellen (Abb. 2.3).

Geübt werden kann dies, indem der Anfänger sich an einer Treppe oder dem Beckenrand in Bauchlage festhält und die Knie zum Oberkörper zieht und die Füße auf den Boden stellt, dann Festhalten mit einer Hand und die andere Hand führt die Gegenbewegung aus. Anschließend das Ganze ohne Kontakt üben.

- Mit verschiedenen Bewegungsformen wie Gehen, Laufen (Anfersen, Skippings…), Hüpfen, Springen (einbeinig, beidbeinig, Hopserlauf, Schlusssprünge, Hocksprünge), Richtungen wie vorwärts, rückwärts-seitwärts, hoch, tief und Wege wie gerade, im Kreis, Zickzack, mit Richtungswechseln mit und ohne Arm- und Handeinsatz…, sich mit einem Partner fortbewegen, Bewegungen erfinden oder als Schattenlauf (ein Partner macht Bewegungen vor, der andere macht sie nach) fortbewegen.

Abb. 2.3 Video: sicherer Stand (Eigene Darstellung) URL: ▸ https://doi.org/10.1007/000-aqd

Kennlernspiele

- Die Gruppe bewegt sich mit den verschiedenen Bewegungsformen des Lauf-ABCs durcheinander, auf ein Zeichen begrüßen sie sich einzeln, indem sie sich mit Handschlag oder Berühren Fuß an Fuß voreinander verbeugen und voreinander stehen und sich im Sprung mit den Händen abklatschen. Dabei nennen sie ihren eigenen Namen und im 2. Schritt den des anderen.
- Die Gruppe bildet einen Kreis und spielt sich weiche Wurfgeräte zu, hierbei wird als Erstes der eigene Name beim Zuspielen genannt, dann der desjenigen, dem der Ball zugespielt wird, und danach läuft man mit seinem Ball hinterher auf die Position des Angespielten.
- Die Gruppe bildet einen Kreis und versucht, einen Luftballon hochzuhalten. Ein Spieler spielt den Luftballon in die Luft und ruft den Namen eines Mitspielers aus der Gruppe, dieser reagiert und spielt den Ballon auch in die Luft und ruft den nächsten Namen.

Fang- und Abschlagspiele

- Die Gruppe bildet eine Reihe und fasst sich an den Schultern (Polonaise). Jetzt versucht der Schlangenkopf den Schwanz zu fangen. Die restlichen Teilnehmer der Schlange versuchen, dem Schwanz (dem letzten Teilnehmer) der Schlange zu helfen, damit er nicht gefangen wird. Gelingt es dennoch, wird der Kopf zum Schwanz und ein neuer Kopf versucht zu fangen.
- Fangspiele wie Brückenfangen: Dabei stellen sich die Abgeschlagenen z. B. wie ein „X" hin, d. h., die Arme werden über Kopf auseinandergehalten und die Beine sind gegrätscht. „Erlöst werden" kann erfolgen, indem z. B. einmal um den denjenigen herumgelaufen wird. Wenn die Lernenden weiter sind, kann unter den in Schulterhöhe gehaltenen Armen drunter hergegangen oder durch die Beine durchtaucht werden.
- Weitere typische Spiele sind Kettenfangen, Minutenfangen, wer abgeschlagen wird, wird neuer Fänger oder Fischer-Fischer: Ein Fänger (Fischer) befindet sich auf einer Beckenseite, alle (Fische) anderen auf der anderen Seite. Alle rufen: „Fischer, Fischer, wie tief ist das Wasser?" Antwort vom Fischer (Fänger; nennt eine Tiefe in Metern). Alle: „Und wie kommen wir da herüber?" Antwort Fischer: (nennt eine beliebige Bewegungsform). Dann starten Fischer und Fische in dieser Bewegungsform und versuchen, auf die andere Seite zu kommen, dabei versucht der Fischer, viele Fische zu fangen. Hat er welche gefangen, werden diese automatisch Fischer.
- Das Meer und die Fische: 4 Ecken des Schwimmbeckens entsprechen 4 Fischnamen (Hering, Scholle, Makrele, Lachs), in der Mitte des Beckens lebt der Hai (Fänger). Die restliche Gruppe wird in die Ecken der Fische aufgeteilt. Ruft der Hai „das Meer ist ruhig", tauchen alle unter, „das Meer ist stürmisch", spritzen und toben die Fische und bei dem Kommando „die Ebbe kommt" laufen die Fische zur gegenüberliegenden Seite oder diagonal und der Hai kann fangen.
- Variation Fänger: Ungeheuer von Loch Ness, hierbei sind die Fänger Huckepack.

Eroberungsspiele

- Diebische Elster: 4 Ecken, in jeder ein Team. In der Mitte befinden sich verschiedene schwimmende Materialien (Bretter, Poolnudeln, Bällebadbälle, Luftballons, Schwämme, ...). Ziel ist es, dass jedes Team so viele Gegenstände wie möglich ergattert, jedes Teammitglied darf nur einen Gegenstand holen und ins eigene Nest bringen. Es darf aber auch aus anderen Nestern ein Teil stibitzt werden. Nach einer gewissen Zeit wird das Spiel gestoppt und die Anzahl der Gegenstände gezählt. Die Nester dürfen nicht bewacht werden.
- Variante: Die Gegenstände haben unterschiedliche Punktzahlen, sodass das Stibitzen noch interessanter wird.

Ballspiele

- Kreisaufstellung der Gruppe. Es wird ein Ball zugespielt, jeder aus der Gruppe sollte ihn einmal erhalten haben und jeder muss sich merken, von wem der Ball zugespielt und an wen der Ball wieder weitergespielt wurde. Dadurch ergibt sich eine feste Reihenfolge. Variation: Reihenfolge andersherum, nach dem Wurf auf der Stelle drehen oder seinem Ball hinterherlaufen oder es werden immer mehr Bälle hereingeben und die Mitspieler sollen diese festgelegte Reihenfolge spielen und möglichst viele Bälle im Spiel halten. Wird ein Ball nicht gefangen, dann einfach liegen lassen, damit der nächste Ball angenommen werden kann.
- Zehnerball: Die Gruppe wird in 2 Teams (Markierung mit und ohne Badekappe, ein Stück von einem Baustellenband um den Arm binden oder Stirnbänder (optimal Leuchtfarben)) aufgeteilt. Innerhalb der Gruppe sollen 10 Pässe ohne Unterbrechung und Rückpass zugespielt werden. Gruppe zählt laut mit. Sind die 10 Pässe geschafft, erhält das Team einen Punkt.
- Ball hochhalten: Innerhalb der Gruppe sollen ein Ball, ein Luftballon oder mehrere Bälle in der Luft gehalten werden, die Gruppe zählt laut mit, wie oft sie es schafft. Fällt der Ball auf die Wasseroberfläche, beginnt das Zählen von Neuem.
- Ball über die Schnur: Jedes Team versucht den Spielball, ohne dass der Ball die Wasseroberfläche berührt, über die Schnur zum gegnerischen Team herüberzuspielen. Landet der Ball auf dem Wasser, bekommt das andere Team einen Punkt.
- In Anlehnung an Wasserball bzw. Basketball kann auch auf Tore bzw. in schwimmende Körbe (Alternative: 2 Poolnudeln mit Verbindungsstück als Korb auf das Wasser legen) ein Ball gespielt werden.

Sing-, Tanz- und Darstellspiele

- Wie bewegen sich Tiere im Wasser? (Zum Beispiel Vogel, Schlange, Affe, Storch, Frosch, Elefant, Pinguin, Krebs, ...). Variation: Verschiedene Tiere werden verschiedenen Farben oder geometrischen Figuren zugeordnet, diese Karten werden einzeln oder auch in Kombination hochgehalten und die Lernenden müssen das entsprechende Tier bzw. die „Tiermutationen" darstellen.
- Zauberspiel: Mehrere Kinder sind Zauberer und haben einen Zauberstab (z. B. gekürzte Poolnudel), die Zauberer berühren die anderen Kinder mit dem Stab und sagen ihnen, in was sie sich verwandeln (Tiere, Gegenstände, X, Blume, ...).

- Lied zu „head, shoulders, knees and toes" nutzen und zu dem Lied die Körperteile berühren.
- Buchstabensuppe: Jeder erhält 1–2 Schaumstoffbuchstaben, die Lernenden laufen durcheinander, bei Nennung des Buchstabens werden entsprechende Buchstaben hochgehalten. Variation: Buchstabenrapp singen und zum entsprechenden Zeitpunkt im Lied wird der Buchstabe hochgehalten oder es werden Wörterkinder gebildet.

Lauf- und Staffelspiele
- Farbenlaufen: Es werden 4 Gruppen gebildet, jeder aus der Gruppe oder nur einer erhält einen Tauchring in der Gruppenfarbe (Rot, Gelb, Grün, Blau) und alle laufen durcheinander. Wird die Farbe Grün hochgehalten, finden sich alle aus der Gruppe Grün zusammen, laufen hintereinander her, solange bis die nächste Farbe angezeigt wird, dann laufen sie wieder durcheinander. Es können auch 2, 3 oder 4 Farben hochgehalten werden, d. h., 2, 3 oder 4 Reihen laufen hintereinander oder es werden Paare aus Farben gebildet oder wenn alle Farben angezeigt werden, müssen sich Schlangen bilden, in denen jede Farbe einmal vertreten ist. Zur Kennzeichnung können auch verschiedenfarbige Wäscheklammern, die im Haar befestigt werden, genutzt werden. Aus 2 Farben sollen Paare gebildet werden.
- Tierspiel: Es werden verschiedene Tiere der Gruppe zugerufen, wenn nichts gesagt wird, bewegen sich die Lernenden frei im Raum. Wird ein Tier gerufen, das fliegen kann, dann schlagen die Lernenden mit den Händen auf das Wasser, bei Tieren, die schwimmen können, wird das Gesicht auf das Wasser gelegt und bei an Land lebenden Tieren laufen die Lernenden zum Beckenrand. Die Aufgaben sind beliebig austauschbar.
- Staffelspiele und dabei ein Bilderpuzzle zusammensetzten, ein ABC-Puzzle in Reihenfolge legen, Wörter schreiben, Aufgaben rechnen oder passende Memorykarten finden. Die Schaumstoffteile schwimmen im Wasser, liegen am gegenüberliegenden Beckenrand oder werden auf eine große Matte gelegt, die sich in der Mitte oder auf der gegenüberliegenden Seite befindet (Abb. 2.4).
- Um die Wette laufen: Allein um die Wette gegeneinander laufen oder die Lernenden gehen paarweise zusammen und stehen am Beckenrand. Die Partner halten sich an den Händen fest und auf Kommando (kann akustisch durch „Hepp" oder optisch durch „Ball berührt Boden" erfolgen) laufen die Paare vorwärts, rückwärts oder einer vorwärts, der andere läuft rückwärts oder sie halten sich an beiden Händen fest und laufen seitwärts.
- Variation: Vierergruppe laufen gegeneinander um die Wette mit oben genannten Fortbewegungsformen.

Kooperative bzw. Kraft- und Gewandtheitsspiele
- Tiere auf dem Bauernhof: Die Gruppe wird in Kleingruppen aufgeteilt, jede Gruppe überlegt sich, welche Tierfamilie (Hühner, Kühe, Schweine, Esel, Pferde, Hunde, Katze, …) sie sein möchte. Jede Tierfamilie gibt es nur einmal. „Die Sonne geht auf und alle Tiere auf dem Bauernhof dürfen sich auf der Weide gemeinsam aufhalten, wenn es allerdings Nacht wird, wollen alle Tiere mit ihrer Familie zusammen sein." Im Moment der Aussage „Es wird

Abb. 2.4 Schaumstoffmaterial und Memory (Eigene Darstellung)

Nacht" schließen die Lernenden ihre Augen und versuchen sich mit dem entsprechenden Tierlaut wiederzufinden. Alternativen zu Tieren auf dem Bauernhof sind wilde Tiere oder Fahrzeuge.

- Hockgang/Stuhlgang/Raupe: Die Lernenden bilden eine Reihe. Der jeweils
  Vordere setzt sich auf die Knie des Hinteren. Gemeinsam versucht die Gruppe,
  sich vorwärts, rückwärts, seitwärts, mit geschlossenen Augen … durch das
  Wasser zu bewegen.
- „Bockspringen" über schwimmende Bretter: Das Brett wird mit den Händen
  unter Wasser gedrückt, sodass darüber gegrätscht werden kann.
- Strudel: Die Gruppe bildet einen Kreis und hält sich an den Schultern fest.
  Die Gruppe bekommt den Auftrag zu laufen und immer schneller zu werden.
  Auf das Kommando „Richtungswechsel" drehen sich die Teilnehmer um und
  laufen so schnell wie möglich in die andere Richtung. Oder sie werden immer
  schneller und lösen gleichzeitig die Schulterfassung und die Füße vom Boden
  (Knie zur Brust).

2.2.2 Wasserbewältigung – Erlernen der Grundfertigkeiten

In Tab. 2.3 werden die Haupt- und Lernziele der einzelnen Grundfertigkeiten im
Rahmen des Anfängerschwimmens bis zum Schwimmer auf der körperlichen
Ebene dargestellt und die Lern- und Materialhilfen genannt, die den Lernprozess
unterstützen (vgl. Rheker 2011; Elbracht 2015 und DGUV 2019).

Der Lernprozess beginnt auf allen Ebenen bereits im Rahmen der Wassergewöhnung und wird hier strukturiert dargestellt.

Tab. 2.3 Haupt- und Lernziele der einzelnen Grundfertigkeiten vom Schwimmanfänger zum Schwimmer inkl. der Lern- und Materialhilfen (modifiziert nach Elbracht (2015)) (Eigene Darstellung)

	ATMEN	TAUCHEN	SCHWEBEN	GLEITEN	SPRINGEN	DREHEN	ROLLEN	FORTBEWEGEN
Hauptziele	• Luft anhalten (Atemreflex überwinden) • ausatmen durch Nase und Mund unter Wasser • bewusstes einatmen über Wasser • regelmäßiger Atemrhythmus	• mit der veränderten Sinneswahrnehmung umgehen (sehen + hören) • Augen unter Wasser öffnen (Lidschlussreflex überwinden) • fußwärts und kopfwärts (Kopfstellreflex überwinden)	• Gleichgewicht halten und bei Verlust wieder herstellen auf der Stelle in Bauch- und Rückenlage • Abtreiben	• widerstandsarm mit Körperspannung in Rücken- und Bauchlage in allen Tiefen	• sicher und kontrolliert in jeglichen Variationen • Körperspannung • Atemsteuerung beim Eintauchen ins und unter Wasser • Augen auf (Orientierung über und unter Wasser)	• Wasserlage widerstandsarm wechseln • Orientierung im Raum • Steuerung der Drehbewegung	• Orientierung im Raum • Steuerung der Rollbewegung und der Atmung	• hemmende und antreibende Wirkung des Wasserwiderstandes erfahren und für die Fortbewegung nutzen bzw. minimieren • Ausdauer-, Kraft- und Koordinationsfähigkeit verbessern und erweitern
Lernziele	• bewusstes Atmen und Luft anhalten an Land • Gesicht in brusttiefem Wasser • Atmen in Wassernähe bis aufs Wasser legen • Kopf unter Wasser • Ausatmen an Wasseroberfläche durch Mund • Kopf unter Wasser, Augen öffnen und ausatmen unter Wasser • Luft anhalten unter Wasser • Ausatmen unter Wasser durch Nase und Mund	• Gesicht mit Wasser berühren • Gesicht in Wassernähe bis aufs Wasser legen • Kopf unter Wasser • Ausatmen an Wasser und Augen öffnen • Kopf unter Wasser, Augen öffnen und ausatmen (fußwärts) • Beine vom Boden lösen und gezielt kopfwärts abtauchen bis zum Tieftauchen • Tief- und Streckentauchen mit Atemsteuerung	• Auftrieb unbewusst erleben • Auftrieb bewusst machen (Gegenstände, Körperteile) • Auftreiben mit Hilfe (Partner/Hilfsmittel) • freies Auftreiben in Rücken- und Bauchlage • Abtreiben (durch sofortiges und zügiges Ausatmen)	• Gleiten in Rückenlage mit Partnerhilfe • Gleiten in Bauchlage mit Partnerhilfe • Gleiten mit Lösen von der Partnerhilfe/Hilfsmittel in Rücken- und Bauchlage • freies Gleiten mit Abstoß vom Becken**boden** in Rücken- und Bauchlage • freies Gleiten mit Abstoß vom Becken**rand** in Rücken- und Bauchlage • Gleiten mit Abstoß vom Becken**rand** in Rücken- und Bauchlage in 50-70cm Tiefe	• Springen im Wasser • Springen vom Beckenrand (fußwärts) mit Hilfe • Springen vom Beckenrand (fußwärts) ohne Hilfe • Springen mit Zusatzaufgaben • Springen mit Partner/Gruppe • Springen kopfwärts • Springen vollständiges Springen (Variationen in Absprung-, Flug- oder Eintauchphase sowie Absprunghöhe)	• Drehen mit Bodenkontakt nach rechts und links • Drehen/Kippen nach rechts und links • Drehen ohne Bodenkontakt nach rechts und links mit Unterstützung von Händen-Hüfte-Rumpf • von Rückenlage in Bauchlage (180°) mit verschiedenen Armpositionen • von Bauchlage in Rückenlage (180°) mit verschiedenen Armpositionen • 360° in horizontaler Lage in beide Richtungen drehen mit verschiedenen Armpositionen • von der Seit- in die Seitlage drehen	• aus der Vertikalen in die Horizontale vorwärts bzw. rückwärts rollen mit verschiedenen Arm- und Paddelaktionen • aus der Horizontale in die Horizontale vorwärts bzw. rückwärts rollen mit verschiedenen Arm- und Paddelaktionen • aus gestreckter Körperlage mit Antrieb über Wechselbeinschlag rollen	• Wasserwiderstand mit/ohne Gegenstände erfahren • Fortbewegen beliebig in verschiedenen Wassertiefen • mit/ohne Hilfsmittel/n in verschiedenen Wassertiefen • Rhythmisches Atmen in der Fortbewegung mit Teilkörperbewegungen in verschiedenen Wassertiefen • Gesamtkoordination (1. Technik) in verschiedenen Wassertiefen • Rhythmisches Atmen in der Gesamtkoordination (1. Technik) in verschiedenen Wassertiefen
Lern-/ Material-hilfe	• Tischtennis-/Ballebadbälle • Korken • Kleine Schiffchen • Schleuderhörner/Heulschlauche • Strohhalme • Füllmaterial von Paketen • „Ufos"	• abgerundete Steine mit Buchstaben/Zahlen bekleben • Wäscheklammern • Wasserbomben • Steine mit Alufolie (Schätze) • Tauchegegenstande (Löffel, Töpfe...) • Tauchringe/-fische/-stäbe/-bänder • Stand-up-Reifen • Tunnel	• Bretter • Poolnudeln • Pull-buoy • Schwimmstange • Matten • Bälle • Schläuche		• Poolnudeln mit Verbindungsstücken • Reifen • große Bretter • Zauberschnur, um Gegenstände zu befestigen, die berührt oder „gepflückt" werden	• Poolnudel	• Stab • Schwimmleine	• Bretter, Pull-buoy, Poolnudeln (Konzentration auf Teilkörperbewegungen) • Flossen

Im Folgenden werden Bewegungsaufgaben und Spielformen zu den einzelnen Lernzielen aufgezeigt, dennoch soll dies nicht bedeuten, dass die Grundfertigkeiten isoliert geschult werden, sondern sie gehen oft fließend ineinander über und werden parallel geschult. Diese Darstellungsform dient nur der Übersichtlichkeit und damit der Struktur.

Bei der Grundfertigkeit Tauchen werden erweiternd noch Tauchtechniken beschrieben und eine mögliche methodische Hinführung aufgezeigt. Sowohl für das Tauchen als auch das Springen wird auf organisatorische und methodische Sicherheitsaspekte eingegangen.

2.2.2.1 Atmen

Für die Schulung der einzelnen Lernziele zum Atmen können folgende Übungsaufgaben genutzt werden:

Bewusstes Atmen und Luftanhalten an Land
Lernende sitzen auf der Wärmebank:

- Atmen bewusst ein und aus. Atmen passiert automatisch (Atemreflex).
- Bewusst Luft anhalten (Atemreflex überwinden).
- Durch Mund ein und durch die Nase ausatmen.
- Durch Mund ein und durch Mund ausatmen.
- Durch Mund ein – Luft anhalten – und durch Mund ausatmen.
- Durch Mund ein – Luft anhalten – und durch Nase ausatmen.
- Durch Mund ein – Luft anhalten – und erst durch Nase, dann durch Mund ausatmen.

Atmen in brusttiefem Wasser
- Langsam in das Wasser hineingehen bis auf Brusthöhe und die Atmung beobachten.
- Die Wirkung des Wassers auf Brustkorb und Bauch spüren.
- Atemübungen (s. o.) vom Land im Wasser wiederholen. Wie fühlt sich das Ein- und das Ausatmen an?
- Atemübungen (s. o.) und mit Unterstützung der Arme durch das Wasser gehen.

Ausatmen an der Wasseroberfläche durch den Mund
- Papierschiffchen basteln und diese durch Pusten vorantreiben oder Tischtennisbälle, Korken, Ufos, Füllmaterial von Paketen nutzen (Abb. 2.5). Beim Zusammentreffen der einzelnen Gruppenmitglieder kann ein Materialtausch stattfinden.

▶ Sollte es für den Lernenden schon zu nah an der Wasseroberfläche sein, kann ein abgeschnittener Strohhalm noch ein wenig Distanz geben.

- Regatta bei Sturm – durch Bewegung Wellen erzeugen – Schiffchen durch Pusten vorantreiben.
- Wettsegeln: Materialien um die Wette pusten (**Achtung:** Nur kurze Distanz, da eine verstärkte Abatmung des CO_2 eintritt und es kann bei zu langer Dauer zu Schwindel führen).

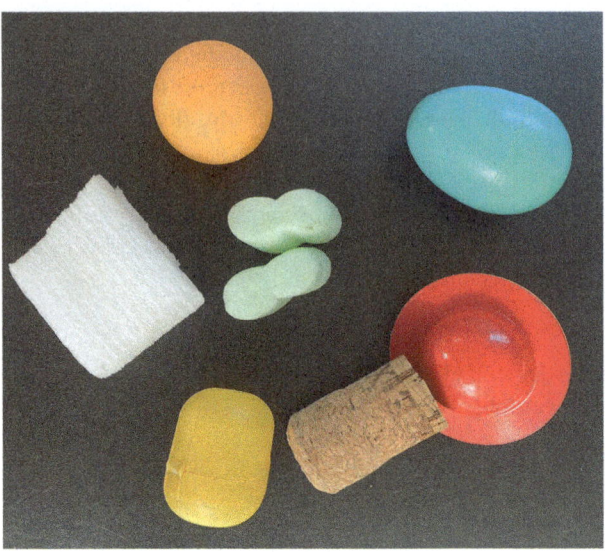

Abb. 2.5 Materialien zur Atemschulung (Eigene Darstellung)

- 2–4 Lernende halten sich an einem Reifen, der auf dem Wasser liegt, fest. In dem Reifen befindet/n sich ein oder mehrere Materialien, welche/was innerhalb des Reifens von den Kindern auf die andere Seite gepustet wird/werden.
- Gruppe bildet eine Gasse (Abstand 1 m):
  - der Erste in der Gasse beginnt seinen Gegenstand durch die Gasse zu pusten und stellt sich am Ende an und dies fortlaufend, bis alle Kinder einmal durch die Gasse gegangen sind.
  - Haltet das Feld frei: Innerhalb der Gasse befinden sich möglichst viele Materialien (Korken, Tischtennisbälle, Bällebadbälle, Ufos). Die Gasse muss gehalten werden und jeder nimmt seine Hände auf den Rücken. Auf Kommando versucht jede Seite die Gegenstände von sich weg auf die andere Seite zu pusten. (**Achtung:** Nur kurze Zeit pusten lassen, auswerten (Pause), danach kann der nächste Durchgang stattfinden).
- Motorboot/wie ein Walross das Wasser voran pusten/ein Loch ins Wasser pusten: ins Wasser blubbern (durch die Nase ein- und durch den Mund ausatmen, um die Blasen zu erzeugen), erst im Stand, dann in der Bewegung:
  - Wer sprudelt am lautesten?
  - Wer sprudelt am längsten?
  - Wer kann beim Sprudeln ein Lied erkennen lassen?
  - Wer kann durch die Nase ausatmen und Blubberblasen erzeugen?
  - Wer kann durch die Nase und den Mund ausatmen und Blubberblasen erzeugen?

Luft anhalten unter Wasser
- Gesicht auf das Wasser legen und die Luft anhalten.
- Auf der Wasseroberfläche liegen Bretter oder jeder hat sein eigenes Brett, taucht unter das Brett ab, hält die Luft an und köpft es in die Luft.
- Am Beckenrand festhalten, in die Hocke gehen und unter Wasser die Luft anhalten.
- Zwerg–Riese: Frei im Wasser, in die Hocke gehen (klein werden, Zwerg), Luft anhalten und sich dann strecken und zum Riesen werden.
- Feuerwehrpumpe – Wechseltauchen mit Partner: Die Partner fassen sich an den Händen, abwechselnd gehen sie in die Hocke unter Wasser und halten die Luft an.
- Fortbewegen über 2 Zyklen mit dem Kopf über dem Wasser, dann mit dem Kopf unter Wasser. Die Phase der Zyklen unter Wasser verlängern.

Ausatmen unter Wasser durch Nase und Mund
- Gesicht im Wasser, das Kinn nach vorne nehmen und durch den Mund kurz einatmen. Das Kinn zurücknehmen und durch den Mund, dann durch die Nase und durch Nase, leicht zeitlich versetzt dann durch den Mund, ausatmen, auch mit langsamem/langem ausatmen.
- Am Beckenrand festhalten, in die Hocke gehen und unter Wasser durch den Mund, dann durch die Nase und durch Nase und Mund ausatmen, langsames/ langes ausatmen
- Zwerg–Riese: Frei im Wasser, in die Hocke gehen (klein werden, Zwerg), unter Wasser durch Mund, dann durch die Nase und im letzten Schritt durch Nase und Mund ausatmen, zum Riesen werden und sich strecken, durch den Mund kurz über Wasser einatmen und wieder zum Zwerg werden.
- Feuerwehrpumpe: Wechseltauchen mit dem Partner. Die Partner fassen sich an den Händen, abwechselnd gehen sie in die Hocke unter Wasser und atmen erst durch Mund, dann durch die Nase und im letzten Schritt durch Nase und Mund aus; auch im langsamen Tempo alle Ausatmungsformen und mit sukzessivem Ausatmen.
- Partner an den Händen fassen, gemeinsam unter Wasser gehen und unter Wasser
  - etwas brüllen, schreien,
  - Namen sagen,
  - Tierlaute erzeugen,
  - Lied singen.
- Jeder versucht zu hören, was der andere sagt, brüllt oder singt. Hier wird zum einen die Ausatmung geschult und zum anderen soll die veränderte Sinneswahrnehmung beim Hören erlebt werden.
- Sofortiges Ausatmen durch Mund und Nase in Schwebelage oder Päckchenposition. Was passiert? Abtrieb. Wassertiefe variieren? Verändert sich etwas mit der Wassertiefe?
  - Tief einatmen und sich ausatmend ins Wasser absinken lassen und auf die Ohren konzentrieren. Am Beckenboden versuchen, einmal zu schlucken. Wie wird das Schlucken unter Wasser in den Ohren empfunden? In welchen Körperteilen kann ich Druck spüren?

- Rhythmisches Atmen: Durch das Wasser mit nach vorne geneigtem Oberkörper und Gesicht im Wasser gehen, dabei die Arme auf den Rücken nehmen. Kinn nach vorne schieben, kurz durch den Mund einatmen und durch Nase und Mund ausatmen und dies regelmäßig.
- Variation: Den Kopf seitlich drehen, beide Seiten schulen.
- Wechselweise unter und über der Wasseroberfläche ausatmen. Was ist leichter?

2.2.2.2 Tauchen

Für die Schulung der einzelnen Lernziele zum Tauchen können folgende Übungsaufgaben genutzt werden.

Gesicht mit Wasser berühren
- Unter der Dusche: Unter die Dusche stellen und das Wasser über den Kopf herunterlaufen lassen und das Gesicht waschen.
- Im Schwimmbecken: Die Hände schöpfen Wasser und das Gesicht wird gewaschen.
- Joghurtbecher/Förmchen mit Wasser füllen, das Wasser über den Kopf gießen und das Gesicht mit dem herunterlaufenden Wasser waschen. Im nächsten Schritt das Wasser nur ablaufen/abtropfen lassen.

Gesicht in Wassernähe bis aufs Wasser legen
- Partnerübung mit Brett: Der Partner hält das Brett in verschiedenen Höhen über der Wasseroberfläche, der andere geht unter dem Brett her, das Brett wird immer näher Richtung Wasseroberfläche gehalten.
- Partnerübung mit Reifen: Durch einen senkrecht ins Wasser gehaltenen Reifen steigen, dieser wird immer weiter unter Wasser gebracht.
- Mit der Stirn einen auf der Wasseroberfläche schwimmenden Luftballon vorantreiben.
- Ball hochwerfen ohne Einsatz der Hände (z. B. mit Fuß, Knie, Schulter oder Kopf).
- Das Gesicht auf das Wasser legen, den Kopf hochnehmen und danach das Wasser abtropfen lassen.
- Das Gesicht im Wasser lassen und durch das Wasser gehen.

Kopf unter Wasser
- Auf der Wasseroberfläche liegen Bretter oder jeder hat sein eigenes Brett, taucht unter das Brett ab und köpft es in die Luft oder geht darunter her.
- Die Gruppe bildet einen Kreis: Die Lernenden halten sich an den Händen fest. Jeder Zweite taucht ab und wieder auf, danach Wechsel. Durch das Festhalten soll das Ausreiben des Wassers aus den Augen unterdrückt werden.

Kopf unter Wasser und Augen öffnen
- Das Gesicht auf das Wasser legen und die Augen öffnen.
- Partner tauchen gemeinsam unter Wasser:
  - Sie schauen sich unter Wasser an.

- Der eine zeigt dem anderen eine Grimasse, sie kommen gemeinsam hoch und derjenige der beobachtet hat, macht die Grimasse über Wasser nach,
- Sie verständigen sich durch Gesten.
- Sie zeigen eine bestimmte Anzahl an Fingern oder zeigen mit den Fingern eine Matheaufgabe (Addition: ein Plus mit den Fingern; Subtraktion: ein Minus; Multiplikation: eine Faust; Division: beide Fäuste übereinanderlegen) Ergebnis wird über Wasser genannt.
- Ein Partner drückt einen Ball unter Wasser und lässt ihn dann los, der andere taucht ab und beobachtet den Weg des Balles.
- Bei dieser Übung soll auch die veränderte Sinneswahrnehmung beim Sehen erlebt werden.
- Eislöcher: Es werden Reifen oder Poolnudeln mit Verbindungsstücken bzw. mit Tauchringen verbunden auf die Wasseroberfläche gelegt. Die Lernenden tauchen vor der Poolnudel ab und tauchen im Eintauchloch mit Blick nach oben wieder auf.

Kopf unter Wasser, Augen öffnen und ausatmen (fußwärts)
- Hockstand unter Wasser, langgezogen ausatmen, Augen öffnen und das Aufsteigen der Luftblasen beobachten.
- Ausatmen, absinken lassen und auf die am Beckenboden befindliche Markierung setzen.
- Am Boden liegt ein 5 kg schwerer Ring oder eine Markierung: Der Lernende springt fußwärts in das Wasser, atmet aus und versucht mit den Füßen die Markierung zu berühren/anzutauchen.

Beine vom Boden lösen und gezielt fortbewegen
- An einem senkrecht ins Wasser gestellten Stab, am Bein eines Partners oder an einer Einstiegsleiter langsam Richtung Beckenboden hinabhangeln und dabei die Füße vom Boden lösen.
- Drüber–Drunter: Poolnudeln werden auf die Wasseroberfläche gelegt und die Lernenden versuchen im brusttiefen Wasser über sie zu springen und bis zum Beckenboden zu tauchen oder unter ihnen her zu tauchen
- Durch die Beine des Partners, durch einen gehaltenen Reifen in unterschiedlichen Tiefen oder durch einen Stand-up-Reifen bzw. Tunnel tauchen.
- Einen Tauchring vom Boden holen.
- Eine Acht durch die gegrätschten Beine eines Partners tauchen oder um 2 Partner, die in einem Abstand von ca. 2 m voneinander entfernt stehen. Der Abstand kann dann auch gesteigert werden (Übergang zum Teillernziel: Streckentauchen).
- Gegenstände aus unterschiedlichen Wassertiefen herausholen (hüft-, brust-, halstief bzw. bis 2 m tief).
- Zum Beckenboden kommen: aus unterschiedlichen Wassertiefen mit der Technik des Abtauchens fußwärts (Abb. 2.6).

2.2.2.2.1 Mögliche Schwierigkeiten und Hinweise beim Tief- und Streckentauchen

Tieftauchen:

- Der Anfänger kommt nicht herunter, da er zu viel Luft mitnimmt, d. h. ausreichend Luft ausatmen, um den Abtrieb zu unterstützen und

- kopfwärts abtauchen fällt schwer, hier immer wieder auf Übungen zurückgreifen, die den Kopfstellreflex überwinden helfen oder Flossen nutzen, um das Abtauchen zu unterstützen.

Streckentauchen:

- Luft anhalten und gleichzeitig schwimmen, d. h. Luft dosieren, langsames und sukzessives ausstoßen der Atemluft und

- zu hektische Bewegungen, d. h. mit ruhigen und gleichmäßigen Bewegungen fortbewegen.

Kopfwärts abtauchen bis zum Tieftauchen
- Delfinsprünge über Poolnudel oder durch Reifen und den Beckenboden mit den Händen berühren (hohe Flugkurve).
- Handstand machen, versuchen zu stehen, dann versuchen, im Handstand zu laufen. Wer steht am längsten im Handstand? Wer kann am weitesten im Handstand laufen?
- Delfinsprünge am laufenden Band.
- An einem Seil entlang hangeln/tauchen, was vom flachen zu tieferem Wasser gespannt ist, oder an einer senkrecht stehenden Wasseralge Wäscheklammern anheften, die dann aus unterschiedlichen Höhen gesammelt werden können, oder Reifen in unterschiedlichen Höhen platzieren, durch die durchgetaucht wird.
- Vier Ecken: Die Lernenden werden gleichmäßig auf die Ecken verteilt, jede Ecke erhält eine Farbe. Im Becken werden so viele Wäscheklammern, Tauchringe und Wasserbomben verteilt, wie Teilnehmer und Tauchgänge vorhanden sind. Aus jeder Ecke startet jeweils einer und es darf nur ein Gegenstand in der entsprechenden Farbe hochgeholt werden. Dann zurück zur Ecke schwimmen und der Nächste ist dran (die Spielform ist in allen Wassertiefen möglich).
- Gezielt Gegenstände z. B. hinsichtlich Farbe und Form oder Gegenstand an sich aus unterschiedlichen Wassertiefen herausholen (hüft-, brust-, halstief und bis 2 m tief).
- Gegenstände aus unterschiedlichen Wassertiefen ohne Bodenkontakt mit Hüftknicktechnik (vgl. Abb. 2.7) heraufholen.

Tief- und Streckentauchen mit Atemsteuerung

- Gegenstände aus unterschiedlichen Wassertiefen (2–3,80 m) herausholen und dabei auf das sukzessive Ausatmen achten, um gegen den Auftrieb bis zum Beckenboden zu kommen.
- Gegenstände aus unterschiedlichen Wassertiefen mit kopfwärts Abtauchen mit Hüftknicktechnik heraufholen oder Aufgaben unter Wasser erledigen:
  - Matheaufgaben lösen, Zahlenreihe legen (Zahlen auf Steinen),
  - Wörter legen, Buchstabenreihe legen (Buchstaben auf Steinen),
  - Memory spielen,
  - bestimmte Ringfarbe heraufholen,
  - Jetons vom Roulette heraufholen oder stapeln,
  - Löffel zu verschiedenen geometrischen Figuren legen,
  - Gegenstände von klein nach groß oder umgekehrt sortieren.

- Tauchkönig/in: Es werden Wäscheklammern in das Becken geworfen und jeder versucht mit einem Tauchgang so viele Klammern wie möglich zu sammeln.
- Vier Ecken: Steigerung, dass der Rückweg zur eigenen Ecke getaucht werden muss oder von der Ecke zum Gegenstand oder beide Wege. (Differenzierung dadurch möglich und innerhalb der Gruppe muss kooperiert bzw. sich abgestimmt werden.)
- Über Eck tauchen: Kurze Distanz immer mehr verlängern.
- Jeder Taucher bestimmt selbst, von wo er bis zum Beckenrand (sicherer Ort) tauchen möchte.
- Tunneltauchen – Steigerung: Durch mehrere Beine oder Reifen tauchen oder die Partner/Reifen stehen zusätzlich noch versetzt (Slalom).
- Jeder Taucher kann selbst die Markierung (Reifen/Partner/Tauchringe für die Weite bestimmen). Um die Strecke zu bewältigen, ist ein sukzessives Ausatmen notwendig und dadurch kann auch die Wassertiefe gehalten werden.
- Parcours zum Tauchen: Hierbei können z. B. Materialien wie Wasseralgen, Stand-up-Reifen, Tunnel, Tauchringe/5-kg-Ringe, die z. B. verschoben werden müssen… das Tauchen interessant und abwechslungsreich gestalten.
- Streckentauchen mithilfe von Tauchzügen.

2.2.2.2.2 Bewegungsbeschreibung und Methodik der Tauchtechniken

Abtauchen fußwärts
Bewegungsbeschreibung (Abb. 2.6)

- Hebe dich aus dem Wasser, indem die weit geöffneten Arme und Beine kräftig schließen.
- Halte die Füße zusammen, um keine Schieflage des Körpers zu bekommen.
- Drücke unter Wasser die am Oberschenkel angelegten Arme und Hände nach oben (Handflächen zeigen nach oben) über Kopf und schiebe dich damit weiter Richtung Beckenboden.
- Dosiertes Ausatmen, um den Absinkvorgang zu unterstützen.

Abb. 2.6 Video: Abtauchen fußwärts (Eigene Darstellung) URL: ▸ https://doi.org/10.1007/000-aq9

- Denke an den Druckausgleich.
- Die Füße berühren zuerst den Boden und im Anschluss kräftig vom Boden abstoßen.

Methodik
- Wassertiefe selbst wählen und Erproben der Abtriebsverstärkung (Ausatmen/ Herausdrücken von Körperteilen/Armbewegung unter Wasser).
- Zieltauchen (1,80 m): Mit den Füßen ein auf dem Boden liegenden Tauchring in gestreckter Körperposition erreichen.
- Tiefwasser:
  - Fußsprung gestreckt mit seitlich angelegten Armen vom Beckenrand. Mit den Füßen den Beckenboden erreichen. Durch Reifen oder 2 Poolnudeln mit Verbindungsstücken bzw. an den Enden mit jeweils 2 Tauchringen verbundenen geformten Kreis gestreckt senkrecht springen.
  - Am 1-m-Brett mit gestrecktem und angespanntem Körper hängen, schnell die Arme seitlich an den Körper nehmen und senkrecht absinken lassen.
  - Partner: Der Partner hält eine Poolnudel (ca. 50–100 cm, je nach Körpergröße des Partners) über Wasser über den Partner, dieser führt einen senkrecht nach oben ausgeführten Brustbeinschlag aus, katapultiert sich aus dem Wasser und versucht, die Poolnudel zu berühren. Der sich im Wasser befindliche Schwimmer nimmt die Arme nach dem Herauskatapultieren schnell seitlich an den Körper und sinkt gestreckt und angespannt ab (mit/ohne Berührung der Poolnudel) wie zuvor. Sobald die Sinkgeschwindigkeit nachlässt, werden die gestreckten Arme mit nach oben zeigenden Handflächen über Kopf zusammengeführt (der Partner beobachtet seinen Partner im Wasser beim Abtauchen).

Abtauchen kopfwärts (Hüftknicktechnik)
Bewegungsbeschreibung (Abb. 2.7)

- Bringe die Arme Richtung Beckenboden.
- Kinn zur Brust (Kopfsteuerung) – Arme gestreckt.

Abb. 2.7 Video: Abtauchen kopfwärts (Eigene Darstellung) URL: ▸ https://doi.org/10.1007/000-aqa

- Beuge die Hüfte (Hüftknicktechnik).
- Beine gestreckt und geschlossen über Wasser bringen (Handstandposition), um so viel Körpermasse wie möglich zu nutzen, um damit schneller und tiefer zu sinken.
- Tauche senkrecht zum Boden und unterstütze ggf. mit zusätzlicher Beinbewegung (Wechsel- oder Brustbeinbewegung).
- Dosiert Ausatmen (Unterstützung des Absinkvorgangs).
- Denke an den Druckausgleich.

Methodik

- Flachwasser:
  - Handstand (Position halten/auf Händen laufen).
  - Delfintauchen: Reifen oder Poolnudel auf das Wasser legen – durch den Reifen/über die Poolnudel zum Beckenboden tauchen. Beachte: Hände hochhalten und entsprechende Wassertiefe wählen.
  - Hüftknick: Abstoßen – gleiten – bewusst das Kinn zur Brust nehmen – Hände steuern (90°) Richtung Beckenboden – Abknicken in der Hüfte (90°) – Arme auf den Beckenboden stellen – Körper strecken, Beine aus dem Wasser und im Handstand stehen.
- Tiefwasser:
  - Dreiergruppe: Zwei Partner halten einen Stab oder eine Poolnudel unter Wasser. Der Dritte schwimmt auf den Stab zu, bis der Stab sich auf Hüfthöhe befindet. Dort wird der Kopf zur Brust genommen, die Arme steuern senkrecht nach unten und der Schwimmende knickt in der Hüfte ab, bringt die Beine nach oben (Handstandposition) und taucht ab.
  - Partner: Der Partner hält vom Beckenrand aus eine Poolnudel über Wasser. Der andere stößt sich vom Beckenrand ab, auf Höhe der Poolnudel wird abgeknickt und der Schwimmende versucht, mit seinen Füßen die Poolnudel zu berühren.

– Aus dem Anschwimmen mit Flossen mit Hüftknicktechnik einen am Boden liegenden Ring ansteuern; Tiefe steigern.

(vgl. Hammer und Mertens 2017, 155–157).

Streckentauchen
Für das Streckentauchen wird der Tauchzug genutzt und um Strecke zu überwinden, werden die Tauchzüge aneinandergereiht. Werden die bewusst gesetzten Gleitphasen genutzt, kann das Tauchen mit Ruhe und weniger Energieverlust vonstattengehen.

Bewegungsbeschreibung (Abb. 2.8)
- Abstoß-, Gleitposition einnehmen (Körper gestreckt – Kopf zwischen den Armen – Arme gestreckt und Hände liegen eng nebeneinander/übereinander).
- **Gleiten**.
- Arme bewegen sich gleichzeitig (Unterwasserphase der Delfinarme):

  – **Ziehen (Zugphase):** Wasserfassen, dabei drehen die Hände nach außen, die Arme öffnen etwas weiter als schulterbreit.
  – Arme beugen und ziehen bis auf Höhe der Schultern nach hinten (Ellenbogen zeigt nach oben).
  – **Drücken (Druckphase):** Unterarme drücken am Körper vorbei bis auf Oberschenkelhöhe.

- **Gleiten**.
- Arme unter dem Bauch nach vorne führen.
- Gleichzeitig und in gleicher horizontaler Ebene beginnen die Unterschenkel/ Fersen mit geöffneten Knien (max. hüftbreit) Richtung Gesäß zu ziehen, die Füße hochziehen und nach außen drehen, kreisförmiges Schwingen der Beine und aktives Schließen der Beine (Brustbeinschlag).
- Arme sind gestreckt (Gleitposition).
- **Gleiten**.

Der oben beschriebene Ablauf wiederholt sich über die Tauchstrecke.

Abb. 2.8 Video: Streckentauchen (Eigene Darstellung) URL: ▸ https://doi.org/10.1007/000-aqb

Abb. 2.9   Video: Tauchzug (Eigene Darstellung) URL: ▸ https://doi.org/10.1007/000-aqc

Methodik

1. Visualisierung (Abb. 2.9)
2. Mit vorgebeugtem Oberkörper, Gesicht im Wasser und gestreckten Armen sich auf die Wasseroberfläche legen, die Unterwasserphase des Delfinarmzugs durchführen und die Arme einen Moment liegen lassen, dann unter dem Oberkörper wieder in die Ausgangsposition bringen.
3. Abstoßen und so weit wie möglich gleiten (optimale Gleitposition einnehmen), die entsprechende Tauchtiefe kann durch Reifen, die senkrecht ins Wasser gestellt werden, geübt werden (auf sukzessives Ausatmen achten).
4. Im nächsten Schritt den Zeitpunkt beobachten und an welcher Markierung (Reifen/Ringe oder Zählzahl (21, 22, 23 zählen) der Geschwindigkeitsverlust nach dem Abstoß beginnt, d. h., dies ist der Zeitpunkt des 1. Armzugs.
5. Abstoßen, **gleiten** und Hilfe der Orientierung (Ring, Reifen, Zählzahl) den Armzug bis zu den Oberschenkeln durchführen.
6. Abstoßen, **gleiten,** Armzug und **gleiten.**
7. Abstoßen, **gleiten,** Armzug, wieder **gleiten** (21, 22 zählen oder einen weiteren Ring/Reifen als visuelle Orientierung wählen), Arme unter der Brust in die Ausgangsposition in Hochhalte (gestreckte Armführung über Kopf) zurückführen und gleichzeitig erfolgt der Brustbeinschlag.
8. Abstoßen, **gleiten**, Armzug, **gleiten**, Arme nach vorne bringen und gleichzeitig erfolgt der Beinschlag und **gleiten.**

Um das individuelle Timing für die Gleitphasen zu setzen, bietet es sich an, an den Stellen Tauchringe zu positionieren, an denen dann die Bewegungsaktionen stattfinden.

Alternativ können als Orientierung auch Bodenmarkierungen genutzt werden oder es werden Reifen positioniert und sobald diese durchtaucht werden, erfolgt die Bewegungsaktion. Die letzten beiden Möglichkeiten sind dann nicht mehr individuell auf den Taucher abgestimmt, können aber aufgrund von Organisation und Anzahl an Material eine gute Alternative sein.

9. Tauchzüge aneinanderreihen.

Videomaterial zu den methodischen Schritten des Tauchzuges ist im elektronischen Zusatzmaterial zu finden.

2.2.2.2.3 Sicherheitsaspekte beim Tauchen
Häufige Unfallgefahren bzw. Sicherheitsrisiken sind:

Schwimmbad-Blackout
Hyperventilation (Aus- und Einatmung mit erhöhter Atemfrequenz und größerer Atemtiefe) bewirkt eine erhebliche Absenkung des Kohlendioxidgehaltes im Blut, über den im Gehirn die Atmung gesteuert wird. Der herabgesetzte Kohlendioxidgehalt hat zur Folge, dass bei zunehmendem Sauerstoffmangel im Blut der Atemreiz verspätet einsetzt. Die Atemreizschwelle wird nicht mehr erreicht, es erfolgt ein schlagartiger Bewusstseinsverlust (**Schwimmbad-Blackout**). Dies erfolgt oft ohne körperliche Warnsignale, was im Wasser zum Ertrinken führen kann, wenn der Taucher nicht frühzeitig aus dem Wasser geholt wird. Die Apnoezeit kann zwar durch Hyperventilation verlängert werden, die Wirkung von Hyperventilation ist zudem abhängig von der Dauer (ab ca. 10 s), dennoch besteht Gefahr, denn die Regler werden getäuscht.

Barotrauma
Barotrauma bezeichnet eine Druckverletzung aufgrund von Druckdifferenzen (luftgefüllte Körperhöhlen und Umgebungsdruck). Störungen und Schädigungen können schon bei Tauchtiefen von 1–3 m auftreten.

des Mittelohrs: Um Trommelfellverletzungen zu vermeiden, ist ein Druckausgleich notwendig. Dies kann über

- das Valsalva-Manöver (Daumen und Zeigefinger halten die Nase zu und Luft wird aus dem Nasen-Rachen-Raum über die Ohrtrompete (eustachische Röhre) ins Mittelohr gegen das Trommelfell gepresst (schnupfen wollen), eine Überdehnung nach innen wird dadurch vermieden),
- Kau- und Schluckbewegungen und/oder
- Gähnen

erfolgen. Erkältungskrankheiten führen dazu, dass die Schleimhäute der Nase, in der Ohrtrompete und den Nebenhöhlen angeschwollen sind und so den Druckausgleich verhindern.

des Auges: Beim Tauchen mit Schwimmbrille entsteht ein relativer Unterdruck, der umso größer wird, je tiefer getaucht wird. Diese Unterdruckwirkung kann zu Austritten von Gewebsflüssigkeit und Blut in den Innenraum der Schwimmbrille

Tab. 2.4 Sicherheitsaspekte beim Tauchen (organisatorisch/methodisch) (Eigene Darstellung)

Organisatorische Sicherheitsaspekte
Tauche nie allein!
Keine Hyperventilation!
Tauche nie mit Schwimmbrille! (max. bis 2 m)
Tauche nie mit Ohrstöpseln oder Nasenklammer!
Tauche nur, wenn du gesund bist und dich fit fühlst!
Überwache deinen Tauchkameraden!
Tauche nicht, wenn bei einem Pressversuch an Land nicht ein deutlicher Druck auf dem Trommelfell zu spüren ist!
Brich einen Tauchversuch ab, wenn sich stechende Schmerzen im Ohr oder im Stirn-Nasen-Bereich einstellen!
Druckausgleich beherrschen und anwenden sobald erforderlich!
Einzelbeaufsichtigung muss beim Tief- und Streckentauchen bis zum Auftauchen erfolgen!
Vorgabe klarer Organisationsformen und deutlich kenntlich gemachter Tauchbereiche!
Außerhalb des Wassers mit Flossen rückwärtsgehen!
Methodische Sicherheitsaspekte
Vermeidung von Überforderung hinsichtlich Tauchtiefe, -strecke und Anzahl der Tauchgänge immer auch in Absprache mit dem Tauchenden.
Allmähliche Steigerung der Anforderungen, Verzicht auf Rekordversuche (Zeit, Länge…).

führen, eine Rotfärbung des Auges geht mit einher. Deshalb nur mit Tauchermaske mit Nasenerker in entsprechender Tiefe tauchen, damit der Druckausgleich durch Einblasen von Atemluft in das Maskeninnere erfolgen kann und die Unterdruckwirkung und damit die Schädigung des Auges verhindert wird.

Die Tab. 2.4 gibt eine Übersicht bzgl. organisatorischer und methodischer Sicherheitsaspekte im Tauchen.

2.2.2.3 Schweben (Auftreiben)

Für die Schulung der einzelnen Lernziele zum Schweben können folgende Übungsaufgaben genutzt werden:

Auftrieb unbewusst erleben

Hierzu gehören alle Aufgaben und Spiele, die im Abschn. Wassergewöhnung bereits beschrieben sind.

- Fangspiele wie z. B.: Wer abgeschlagen wird, ist neuer Fänger; Ungeheuer von Loch Ness, Staffelspiele als Zieh-Schieb-Staffel oder über Bretterbock springen …
- Um die Wette: Kleingruppen stehen nebeneinander, jede Gruppe mit gespreizten Beinen hintereinander. Jede Gruppe erhält einen Ball, dieser wird von vorne über Kopf nach hinten befördert, der hintere nimmt den Ball und läuft nach vorne und übergibt den Ball wieder, solange bis eine vorgegebene Strecke bewältigt wurde.

- Variation:
  - Ball durch die Beine weitergeben,
  - Tauchring einmal über, dann unter Wasser nach hinten transportieren,
  - beide Gegenstände nach hinten befördern, z. B. Ring über Kopf und Ball durch die Beine durch; der Hintere muss beide Gegenstände wieder nach vorne transportieren oder den Ring auf dem Kopf balancieren und den Ball vor sich herschieben,
  - Variation mit Ballgrößen.

Auftrieb bewusst machen (Gegenstände, Körperteile)
- Auftriebsverhalten von Gegenständen (Bälle, Reifen, Bretter, Tauchsteine, Poolnudeln, Wasseralgen, Wasserbomben...) beobachten und bewusst machen. Wovon hängt die Auftriebskraft eines Gerätes ab?
- Auftrieb des menschlichen Körpers – Lernende stehen im Wasser, lassen die Arme locker neben dem Körper hängen und beobachten, was mit den Armen passiert.
- Hocksprünge bei unterschiedlichen Wassertiefen. Ist die Landung härter oder sanfter als an Land?
- Wahrnehmungsschulung, um Eigenschaften des Wassers zu verstehen:
  - Im brusttiefen Wasser den Sitz auf unterschiedlichen Auftriebshilfen vergleichen (Bretter mit verschiedenen Größen, Gymnastikbälle, Poolnudeln ...). Gibt es Unterschiede?
  - Variation: Während des Sitzens tief ein- und ausatmen Was passiert und warum?
  - Im Sitz auf dem Schwimmbrett einen ins Wasser getauchten Gymnastikball vor den Körper halten, dann den Ball über der Wasseroberfläche über den Kopf halten. Was ändert sich, wenn der Ball im Wasser bzw. aus dem Wasser herausgenommen wird?
  - Partnerübung: Beide sitzen auf ihrem Brett und spielen sich einen Gymnastikball unter und über der Wasseroberfläche zu. Was ist einfacher: das Zuspiel über oder unter Wasser?

Auftreiben mit Hilfe (Partner/Hilfsmittel)
- Am Rand in Rückenlage festhalten, sich gestreckt auf das Wasser legen, mit Blick zur Decke – Hände lösen.
- Am Rand in Bauchlage festhalten, sich gestreckt auf das Wasser legen, mit Blick zum Boden – Hände lösen.
- Ein Partner legt sich auf den Rücken, der andere stellt sich seitlich und legt die Hände an die Schulterblätter, danach eine Hand an den hinteren Oberschenkel, die andere in den Bereich der LWS des Partners bzw. 3 Finger oberhalb des Steißbeins und 2 Finger an die Achillessehne. Verändert sich durch die Position der Hände etwas? Auf der Stelle den Partner halten, aber auch „tragend" durch das Becken gehen. Hierbei die Fragen stellen: „Könntest du deinen Partner an Land tragen? Und warum geht das im Wasser?" (Abschn. 1.1).

- Zwei Personen stellen sich im Abstand von 2 m gegenüber, eine 3. Person stellt sich mit überkreuz verschränkten Armen und absoluter Körperspannung mittig entweder frontal oder seitlich zu den beiden anderen auf. Aus dieser Ausgangsposition lässt sich der Mittlere nach vorne bzw. hinten bzw. nach rechts und links fallen. Die Äußeren fangen bzw. halten das Fallen desjenigen in der Mitte auf und geben ihm dann den Impuls wieder in die andere Richtung zu pendeln. Auch versuchen, wenn die mittlere Person die Augen geschlossen hat. Was kann wahrgenommen werden?
  Der Äußere kann den Fallenden halten, allerdings fällt es ggf. schwerer, da der eigene Halt durch den Auftrieb eingeschränkt ist. Falls der Fallende nicht richtig aufgefangen wird, merkt er, dass er nicht zum Boden fällt, sondern durch den Auftrieb an der Wasseroberfläche gehalten wird.
- Den Partner auch in Bauchlage halten (eine Hand am Bauch und die andere am Oberschenkel).
- Versuchen, sich in Rücken- und Bauchlage auf eine Poolnudel zu legen.
- Buchstaben oder Bilder mit Poolnudeln und Körper – allein oder mit mehreren – legen.
- Kreisaufstellung mit Handfassung, jeder Zweite legt sich auf den Rücken.

Freies Auftreiben in Rücken- und Bauchlage
- Seestern in Rücken- und Bauchlage in eingeatmetem Zustand (Abb. 2.10). Variation: Erproben verschiedener Armpositionen (Arme an Hüfte, seitlich in Schulterhöhe und über Kopf), auch mit dem Atemzustand (mehr Bauch- bzw. Brustatmung, wenig und viel Luft in den Lungen).
- Gestreckte und flache Körperlage in Rücken- und Bauchlage einnehmen. Diese Lage mit verschiedenen Armpositionen (Arme an Hüfte, seitlich in Schulterhöhe und über Kopf) und Atemzuständen erproben.
- Können die Beine in der gestreckten Lage in der Waagerechten gehalten werden? Ändert sich die Körperlage mit der Armhaltung bzw. dem Atemzustand?
- Qualle in Bauch- und Rückenlage in eingeatmetem Zustand. Was passiert, wenn man sich in der Qualle erst auf den Rücken legt (Abb. 2.11)?
- Wechsel von Qualle zu Seestern in Bauchlage (Abb. 2.12), dann auch in Rückenlage, beides im eingeatmeten Zustand.
- Aus der Qualle (Hockqualle) in die Streckqualle, wieder in die Hochschwebe und hinstellen.
- Basketballspieler und Ball (Partnerübung): Der eine Partner geht in die Position der Qualle und wird der Ball, der andere (Basketballspieler) legt die Hand auf den Schulterblattbereich und „dribbelt" seinen Ball einmal unter Wasser, lässt los und beobachtet was passiert (Abb. 2.13).
- Astronaut im Weltall: Mit dem Partner gemeinsam schweben, die Partner haben Kontakt an den Händen oder Füßen.
- Auf dem Wasser liegend einen Buchstaben darstellen, der Partner versucht, den Buchstaben zu erkennen. Variation: Eine Buchstabenfolge darstellen, der Partner errät das Wort.
- Der Partner stellt sich gegrätscht hin, der andere hangelt sich am Bein des Partners hinab, lässt das Bein los und treibt nach oben.

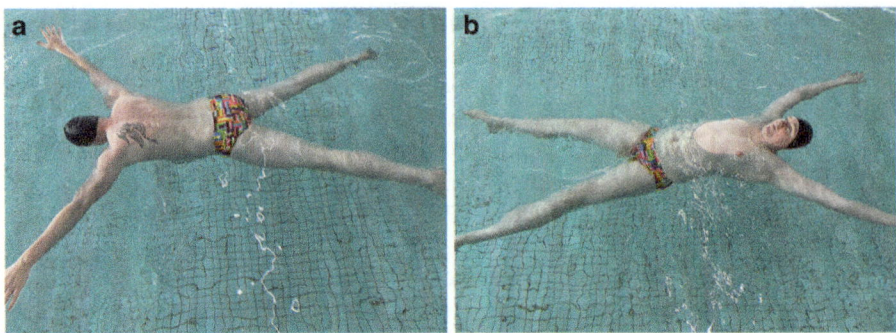

Abb. 2.10 Seestern in **a** Bauch- und **b** Rückenlage (Eigene Darstellung)

Abb. 2.11 Video: Qualle instabile bzw. stabile Lage (Eigene Darstellung) URL:
► https://doi.org/10.1007/000-aq8

Abb. 2.12 Video: Seestern und Qualle im Wechsel (Eigene Darstellung) URL:
► https://doi.org/10.1007/000-aqe

Abb. 2.13 Video: Basketballspieler mit Ball (Eigene Darstellung) URL:
▶ https://doi.org/10.1007/000-aqf

Abtreiben (durch sofortiges und zügiges Ausatmen)

- Einnahme der Quallen- und/oder Seesternposition und durch sofortiges schnelles Ausatmen durch Mund und Nase (Abb. 2.14) erfolgt der Abtrieb des Körpers und der Körper sinkt zum Beckenboden (Erproben in Bauch- und Rückenlage).

Abb. 2.14 Video: Abtreiben (Eigene Darstellung) URL: ▶ https://doi.org/10.1007/000-aqg

2.2.2.4 Gleiten
Für die Schulung der einzelnen Lernziele zum Gleiten können folgende Übungsaufgaben genutzt werden.

Bewegungsmerkmale Gleiten (Abb. 2.15)

- Körperspannung,
- Kopf zwischen den gestreckten Armen in Hochhalte, Hände liegen optimaler-
  weise aufeinander, Blick nach oben bei Rückenlage und entsprechend in
  Bauchlage Blick nach unten,
- Beine geschlossen und Füße gestreckt.

Visuelles Bild: Pfeil, angespitzter Bleistift, Rakete ...
  Diese Körperposition in Rückenlage an Land oder in der Senkrechten im
Wasser erproben.

Gleiten in Rückenlage mit Partnerhilfe
- Den Partner mit Handfassung unter den Achseln durch das Wasser ziehen,
  sodass der Partner erst mal den Kopf gegen die Schultern des Partners legen
  kann, dann am Hinterkopf halten.
- Der Partner legt die Arme am Körper an und wird vom Partner, der die Hände
  auf die Schulterblätter legt, durch das Wasser gezogen. Hierbei sollte der Kopf
  des Partners zwischen den Armen im Wasser liegen können.
- Arme des Helfers sind jetzt gestreckt.

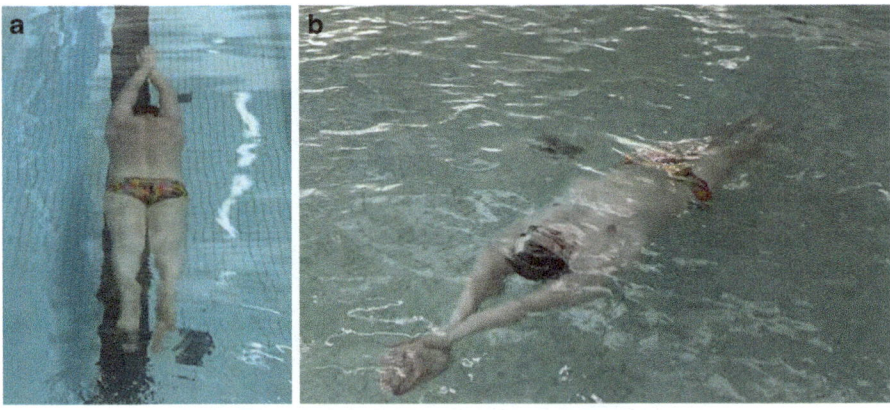

Abb. 2.15 **a** Gleitposition in Bauchlage, **b** Gleitposition in Rückenlage (Eigene Darstellung)

- Partner und Brett oder Poolnudel oder Stange: Der gezogene Partner fasst das Brett, dieses liegt dann quer unter dem Kopf „wie ein Kopfkissen" und der Partner zieht am Brett:
  - Das Brett wird mit gestreckten Armen in Hochhalte geführt und der Partner zieht.
  - Das Brett bleibt mit gestreckten Armen in Hochhalte und der Partner schiebt an den Füßen.

Gleiten in Bauchlage mit Partnerhilfe
- Der Partner hält die Hände und zieht den in Bauchlage Liegenden durch das Wasser. Der Kopf ist zwischen den Armen. Variation: Der Partner hält sich mit gestreckten Armen an der Hüfte seines Helfers fest, dieser läuft dann durch das Wasser. Der Helfer kann die Laufgeschwindigkeit variieren. Der Gezogene nimmt wahr, was mit seinem gestreckten Körper bei unterschiedlichen Geschwindigkeiten passiert.
- Einen LKW ziehen: Der Partner mit Brett oder Poolnudel oder Stange fasst das Brett und zieht den anderen Partner durch das Wasser.
- Der Partner hält das Brett mit gestreckten Armen in Hochhalte und den Kopf zwischen den Armen und wird vom Partner an den Füßen durch das Wasser geschoben.

Gleiten mit Lösen von der Partnerhilfe/Hilfsmittel in Rücken- und Bauchlage
- Der Partner zieht an den Händen, den gestreckt, mit Armen in Hochhalte liegenden Partner in Rückenlage, dann in Bauchlage. Der Partner löst die Handfassung und der Partner gleitet ein Stück weiter, sowohl in Rücken- als auch in Bauchlage.
- Pfeil und Bogen oder Pfeilschießen: Der Partner hält das Brett mit gestreckten Armen in Hochhalte und den Kopf zwischen den Armen, der Partner hält an den Füßen, nimmt etwas Schwung und „schießt seinen Partner mit dem Bogen ab", löst damit die Handfassung und der Partner gleitet (Abb. 2.16).

▶ In Rückenlage bewusst durch die Nase ausatmen!

- Pfeilschießen ohne Brett: Die Arme sind gestreckt, die Hände liegen übereinander, der Kopf dazwischen und mit absoluter Körperspannung.
- Die Gruppe stellt sich in Form einer Gasse auf: Ein Kind ist der Baumstamm und legt sich in Bauch-/Rückenlage mit gestreckten Armen auf das Wasser. Der Baumstamm wird dann durch die Gasse gezogen oder die Teilnehmer der Gasse bewegen das Wasser mit den Händen in Schwimmrichtung und der Baumstamm wird durch die Gasse weiterbefördert.

Abb. 2.16   Video: Pfeilschießen (Eigene Darstellung) URL: ▶ https://doi.org/10.1007/000-aqh

Freies Gleiten mit Abstoßen vom Beckenboden in Rücken- und Bauchlage
- Hockstand, Arme und Gesicht auf das Wasser legen. Blick zum Beckenboden, abstoßen vom Beckenboden, mit gestreckter Körperlage auf den Beckenrand oder den Partner zugleiten, nach und nach die Strecke verlängern.
- Mehrmals hintereinander vom Beckenboden abstoßen, gleiten, wieder hinstellen, abstoßen usw.

Freies Gleiten mit Abstoßen vom Beckenrand mit beiden Füßen in Rücken-und Bauchlage und im Anschluß mit Abstoß unter Wasser in 50-70cm Tiefe
- Erst nur einen Fuß an den Beckenrand stellen, Hockstand, Arme und Gesicht auf das Wasser legen, Blick zum Beckenboden abstoßen und gleiten.
- Hände vom Beckenrand lösen, in die getreckte Position die Arme in Hochhalte führen, abstoßen und gleiten an der Wasseroberfläche.
- Hände vom Beckenrand lösen, in die getreckte Position die Arme in Hochhalte führen, Körper absinken lassen, um sich in entsprechender Tiefe abstoßen und gleiten zu können.

- Beide Füße an den Beckenrand, Arme und Gesicht auf das Wasser legen, Arme stabilisieren die Position durch tellernde Bewegungen der getreckten Arme, Blick zum Beckenboden, absinken und abstoßen.
- Wie zuvor mit deutlichem Raumgewinn.
- Abstoßen und Gleiten erst in optimaler Position (widerstandsarm und damit strömungsgünstig) und dann mit veränderten Körperpositionen:
  - Finger spreizen,
  - Hände nach oben und unten zeigen lassen,
  - Füße hochziehen,
  - Kopf in den Nacken nehmen,
  - Arme öffnen (Weite variieren),
  - Beine öffnen (Weite variieren),
  - Beine anhocken.
- Die unterschiedlichen Gleitstrecken mit Wäscheklammern am Beckenrand verdeutlichen.
- Bietet sich auch als Wahrnehmungsübung zu Wasserwiderstand und optimalem Vortrieb an.
- Unter Wasser abstoßen und während des Gleitens von der Bauch- in die Rückenlage drehen und umgekehrt oder in Seitenlage drehen.
- Boot mit Motor oder Pfeilschießen zu zweit: Einer legt sich gestreckt auf das Wasser, der andere fasst die Füße und stößt sich vom Beckenrand ab, sodass sie gemeinsam gleiten.
- Gleiten in Verbindung mit Wechselbeinschlag und damit die Strecke verbinden.

2.2.2.5 Springen
Für die Schulung der einzelnen Lernziele zum Springen können folgende Übungs-aufgaben genutzt werden:

Springen im Wasser
- Federn, auf- und niederhüpfen mit Griff am Beckenrand, dann nur mit einer Hand,
- jegliche Formen des Springens im hüfttiefen Wasser (einbeinig, beidbeinig, Hocksprünge, Hopserlauf ...),
- von Treppenstufen ins Wasser springen,
- Springen aus dem Stand und mit den Händen zum Boden greifen.

Springen vom Beckenrand (fußwärts) mit Hilfe
- Die Hilfe steht seitlich zum Springer im Wasser, reicht die Hand, einen Ring oder eine Poolnudel (Ausgangsposition des Springers tiefe Hocke bis Stand) oder die Hilfe steht seitlich mit am Beckenrand und hält eine Poolnudel oder eine Rettungsstange. Der Springer kann sich festhalten und springt ins Wasser (Ausgangsposition des Springers: tiefe Hocke bis Stand).
- Aus der Hocke ins Wasser unter Abstützen mit einer Hand auf dem Beckenrand hineinspringen.

Springen vom Beckenrand (fußwärts) ohne Hilfe

*   Ausgangsposition des Springers aus der tiefen Hocke bis zum Stand sowie die Sprunghöhe steigern.
*   Sprünge aus dem Stand und mit beiden Händen den Beckenboden berühren.

▶   Anfänger müssen lernen, dass sie in die Hocke gehen bzw. die Knie beugen müssen, wenn sie Richtung Beckenboden kommen. Zum einen als Schutz vor Stauchung der Wirbelsäule und zum anderen, um sich kraftvoll vom Beckenboden abzustoßen und schneller wieder an die Wasseroberfläche zu kommen

*   In Reifen oder Kreis aus 2 Poolnudeln mit Verbindungsstück springen.
*   Laut und leise ins Wasser eintauchen (Bombe/Kerze).
*   In der Luft verschiedene Bewegungen durchführen (siehe bei Lernziel volkstümliches Springen): Paketsprung, Zappelsprung, mit Drehung, mit in die Hände klatschen, ein X in der Luft …
*   Springen auf Weite oder Höhe, eine Poolnudel kann als Orientierung zum Überspringen dienen.

Springen mit Zusatzaufgaben

Diese Aufgaben können in verschiedenen Sprunghöhen erfolgen (Beckenrand, Startblock, 1-m-Brett, 3-m-Brett).

Während des Sprungs werden Aufgaben erfüllt:

*   Rechenaufgabe wird hereingerufen und beim Auftauchen wird das Ergebnis gesagt,
*   in der Luft ein Tier darstellen, die anderen erraten es,
*   in der Luft einen Buchstaben darstellen, die anderen erraten ihn,
*   Anzahl der Buchstaben 3-7 hereinrufen und ein Wort mit geforderter Anzahl an Buchstaben beim Auftauchen nennen,
*   ein Ball wird in Richtung Springer geworfen und dieser fängt ihn oder der Springer wirft einen Ball zum Partner,
*   ein Ball wird in Richtung Springer gespielt und dieser schießt ihn weg.

Springen mit Partner/Gruppe

*   Die Aufgabe lautet: Haltet Kontakt zu eurem Partner in allen Phasen des Springens (Absprung-, Flug- und Eintauchphase). Überlegt euch verschiedene Varianten des Absprungs, Möglichkeiten in der Luft mit dem Partner zu sein und zum Eintauchen.
    –   Seitlich zur Wasserfläche sitzen, ein Bein im Wasser, mit dem Gesäß auf der Kante sitzen, eine Hand zeigt zur Wasseroberfläche, die andere Hand wird auf die Schulter des Vorderen gelegt, auf Kommando einer Person aus der Mitte oder von vorne/hinten lassen sich alle gleichzeitig ins Wasser fallen (Abb. 2.17).

Abb. 2.17   Gruppensprung im seitlichen Sitz (Eigene Darstellung)

– Variation: Durch die Handfassung an der Schulter gibt es das taktile
  Kommando vom hinteren „Impuls an der Schulter geben" und die Gruppe
  fällt nacheinander im Dominoeffekt ins Wasser.
– Variante: gleichzeitig und Dominoeffekt bleibt.
– Gruppe hockt sich mit dem Rücken zur Wasseroberfläche hin, hält sich an
  den Händen fest und alle fallen dann auf Kommando rückwärts in Wasser.
  Dabei Kinn Richtung Oberkörper nehmen (Abb. 2.18).
– Die Gruppe steht frontal nebeneinander zur Wasseroberfläche, alle beugen
  sich nach vorne, dabei zeigt jeweils der linke Arm zur Wasseroberfläche und
  der andere Arm/die andere Hand fasst den Fußknöchel des rechten Nachbarn.
  Das Kommando erfolgt, um gleichzeitig oder im Dominoeffekt ins Wasser zu
  fallen (Abb. 2.19).

Abb. 2.18 Gruppensprung: rückwärts gehockt (Eigene Darstellung)

Abb. 2.19 Gruppensprung: kopfwärts ins Wasser fallen (Eigene Darstellung)

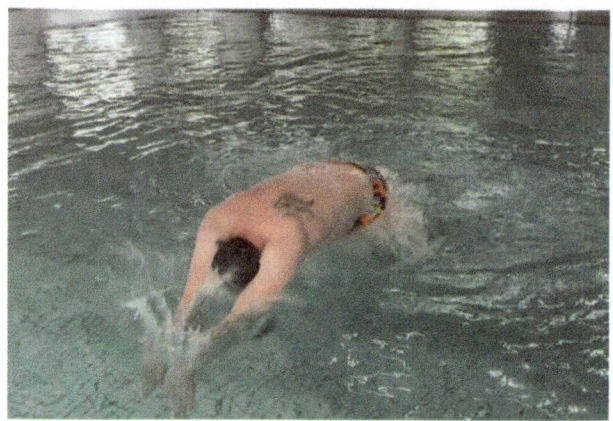

Abb. 2.20 Delfinsprung im Wasser (Eigene Darstellung)

Springen kopfwärts
Lernvoraussetzungen

- Springen ins Wasser fußwärts,
- Atemsteuerung,
- Augen öffnen unter Wasser,
- Gleiten in Bauchlage,
- Körperspannung,
- eine Schwimmtechnik.

▷   Arme strecken, Kopf zwischen die Arme nehmen und Körperspannung haben.

1. Delfinsprünge mit hoher Flugkurve im Flachwasser (schult das kopfwärts Ein-tauchen und das Umlenken zur Wasseroberfläche, Abb. 2.20):
   - Absprung aus dem Stand, eintauchen und bis zum Beckenboden tauchen.
   - Vor dem Partner einen Delfinsprung machen und durch die Beine des Partners tauchen, Kopf leicht in den Nacken und auftauchen.
   - Über einen Stab/eine Poolnudel oder Zauberschnur springen und hinter dem Gerät auftauchen.
   - Fortlaufende Delfinsprünge machen.
2. Tiefwasser (1,80 m):
   - Eine große Matte wird von 2 Partnern am Beckenrand bis zur Hälfte ins Wasser gehalten, der Übende rutscht in Bauchlage mit gestreckten Armen und Kopf zwischen den Armen auf der Matte ins Wasser. Die beiden Haltenden heben den hinteren Teil der Matte oder die Beine an (Abb. 2.21).

Abb. 2.21 Kopfwärts über eine Matte ins Wasser rutschen (Eigene Darstellung)

3. Der Lernende sitzt mit geöffneten Knien am Beckenrand, stellt die Füße in die Beckenrinne nimmt den Kopf zwischen die gestreckten Arme und lässt sich nach vorn ins Wasser fallen, danach mit Abdruck vom Beckenrand. (Abb. 2.22). **Achtung:** Bei einer Überlaufrinne aus der Hocke ins Wasser fallen, da sonst die Gefahr, auf das Gesicht/die Brust zu fallen, gegeben ist.
4. Ausgangsposition „Ritterstand", d. h., ein Bein ist aufgestellt und das andere kniend. Aus dieser Position das Gesäß anheben, den Kopf zwischen die Arme nehmen, nach vorne kippen und ins Wasser eintauchen (Abb. 2.23).
5. Wie zuvor mit Abdruck vom Beckenrand.
6. Erst fallen, dann Abspringen aus halber Hockposition kopfwärts (Abb. 2.24).
7. In leichter Hockstellung, Zehen umgreifen den Beckenrand, abdrücken und Kopfsprung ausführen (Abb. 2.25).
8. Wie 7., zusätzlich werden 2 Poolnudeln, die mit Verbindungsstücken, mit Tauchringen oder auch ohne zusammengehalten werden, aufs Wasser gelegt, um den Eintauchpunkt (Loch/Tunnel) zu markieren. Hinter dem Eintauchpunkt auftauchen, um das Umlenken bewusst zu machen (Abb. 2.26).
9. Die Übungen 4–8 dann vom Startblock üben, die Zehen sollten die Startblockkante umgreifen.

Das Videomaterial zu den methodischen Schritten des kopfwärts Eintauchens ist im elektronischen Zusatzmaterial zu finden.

Volkstümliches Springen (Variationen in Absprung-/ Flug- oder Eintauchphase sowie Absprunghöhe)
In Tab. 2.5 werden Möglichkeiten und Bewegungserfahrungen des volkstümlichen Springens im Hinblick auf Fußsprung und Kopfsprung aufgelistet und in die drei Sprungphasen, wie Absprung-, Flug- und Eintauchhase unterteilt.

   Teile der verschiedenen Sprungformen werden in der folgenden Jump Chart (Abb. 2.27) dargestellt und können als Ideengeber genutzt werden.

Abb. 2.22   Kopfwärts aus der tiefen Hocke eintauchen (Eigene Darstellung)

Abb. 2.23   Kopfwärts aus dem Ritterstand ins Wasser eintauchen (Eigene Darstellung)

Abb. 2.24 Kopfwärts aus halber Hockposition ins Wasser eintauchen (Eigene Darstellung)

Abb. 2.25 Kopfwärts aus leichter Hocke ins Wasser eintauchen (Eigene Darstellung)

Abb. 2.26 Kopfwärts durch das Eintauchloch ins Wasser (Eigene Darstellung)

Tab. 2.5 Volkstümliches Springen. (Modifiziert nach Schlechter und Elbracht 2006, S. 65/66) (Eigene Darstellung)

Fußsprung (fußwärts getauchter Sprung ohne Drehung um die Körperlängsachse)	Bewegungserfahrungen durch volkstümliches Springen	Kopfsprung (nur vorlings vorwärts)
Absprung • vorlings und rücklings • seitwärts • ein- und beidbeinig • Schrittstellung • mit Anlauf • aus Angehen	• Springen von festen und federnden Absprungstellen • Wurfkraft des Federbrettes erfühlen • Abstimmen der Eigenbewegung auf den Brettrhythmus • Auslösen einer Drehbewegung	**Absprung** • ein- und beidbeinig • mit Anlauf • aus Angehen
Flugphase • Strecksprung • Weitsprung • Hochsprung • Schrittsprung/Skip • Hocksprung • Grätschsprung • Hechtsprung • Schafsprung (Anfersen) • Helikopter (Drehung um Längsachse) • über Hindernisse, z.B. Wasserstrahl • mit Zusatzaufgaben, z.B. Zahlen erkennen, Rechenaufgaben erhalten und Ergebnis nach auftauchen nennen oder Ball werfen, fangen, schießen; Tier darstellen; mit zugerufener Zahl (3-7), beim Auftauchen Wort sagen mit der genannten Zahl an Buchstaben • Spread Eagle • Kick-out • Kick-in • Holder • Zappelsprung	• Flugbahn als Resultat des Absprungs erfahren • verschiedene Körperhaltungen in der Flugphase erproben	• Kopfweitsprung • mit offenen und geschlossenen Beinen • gehockt • gehechtet • gegrätscht • gestreckt • ein Bein in anderer Haltung als das andere • über Hindernisse z.B. Wasserstrahl, mit halber Drehung um die Längsachse, mit Zusatzaufgaben wie Zahlen erkennen, Rechenaufgaben erhalten und Ergebnis nach Auftauchen nennen oder Ball fangen
Eintauchphase • in gestreckter Haltung • Paketsprung/Bombe • Flamingo (einbeinig gehockt) • mit geringem und großem Spritzeffekt • mit Durchtauchen zum Beckenboden • mit minimalem Untertauchen • Zielspringen auf Schwimmbretter, durch aufblasbare Schwimmreifen oder durch Poolnudeln mit Verbindungsstücken • Ball zum Beckenboden bringen	• verschiedene Körperstellungen und Körperspannungsgrade beim Eintauchen kennen lernen • verschiedene Eintauchwinkel erfahren	• Ente • Klappmessersprung Katze/Krampe • Engländer (Kopfsprung wird mit Rolle vorwärts unter Wasser weitergeführt) • Kopfzielsprung (durch aufblasbare Schwimmreifen oder durch Poolnudeln mit Verbindungsstücken) • mit Heraufholen von Gegenständen vom Beckenboden

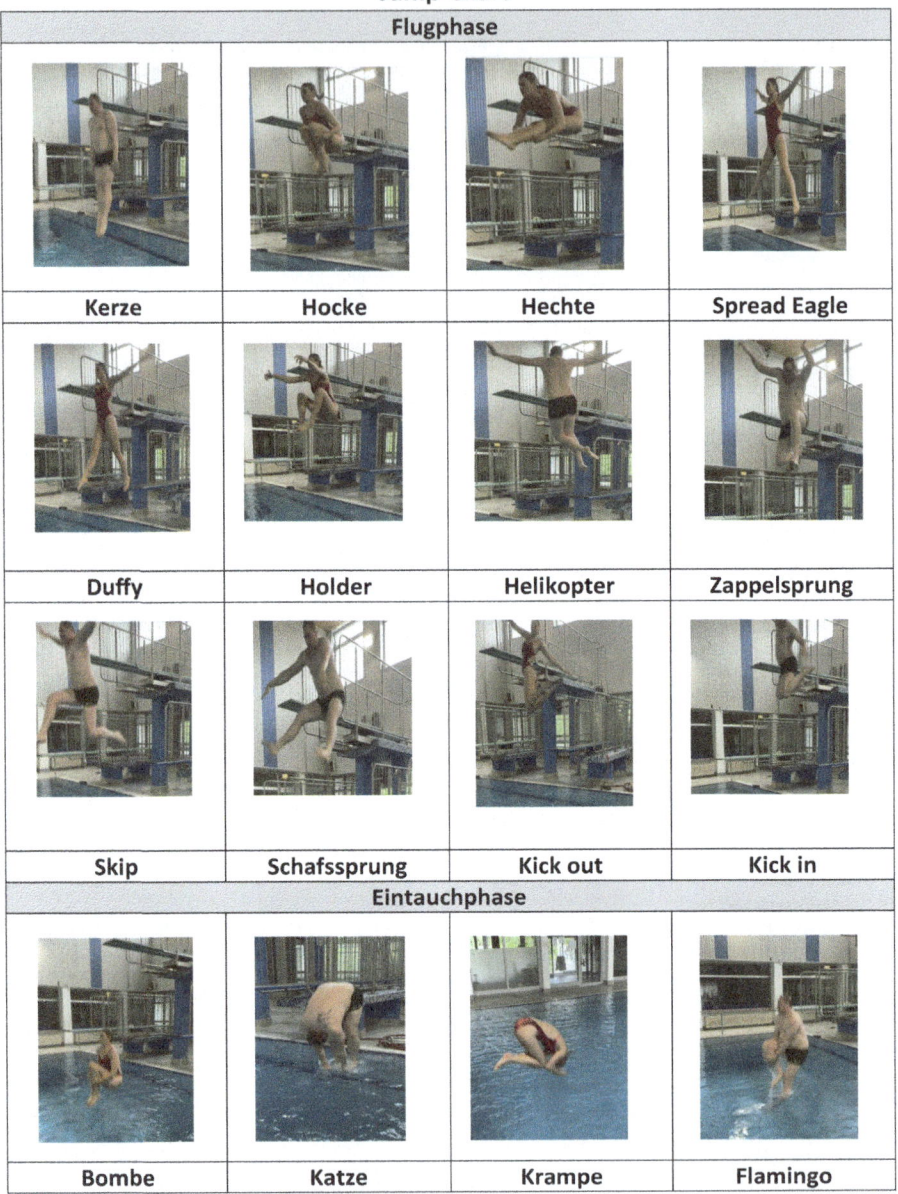

Abb. 2.27 Jump Chart für mögliche Flug- und Eintauchphasen (Eigene Darstellung)

2.2.2.5.1 Sicherheitsaspekte beim Springen
Häufige Unfallgefahren bzw. Sicherheitsrisiken sind

- Aufspringen auf andere Personen,
- Fehleinschätzung der Wassertiefe und des Sprungvermögens,
- Abrutschen von der Absprungstelle,
- HWS- und LWS-Verletzungen durch falsches Eintauchen (fehlende Körperspannung),
- Missachten von Ordnungsvorgaben bzw. undiszipliniertes Verhalten.

Die Tab. 2.6 gibt eine Übersicht bzgl. organisatorischer und methodischer Sicherheitsaspekte im Springen.

2.2.2.6 Drehen
Für die Schulung der einzelnen Lernziele zum Drehen können nachfolgende Übungsaufgaben genutzt werden.

Drehen mit Bodenkontakt nach rechts und links
- In der Senkrechten mit angelegten, danach mit getreckten Armen in Hochhalte stehen und zu beiden Seiten bzw. Richtungen drehen. Mit Unterstützung der Arme/Hände unter Wasser drehen.
- Variieren mit 90°, 180° und 360°-Drehung und mit mehr als einer 360°-Drehung.

Drehen/Kippen nach rechts und links
- Drehen/Kippen des Körpers um die Tiefenachse nach rechts und links in leicht gehockter Position (Füße am Boden) und mit Unterstützung der Hände.

Drehen ohne Bodenkontakt nach rechts und links mit Unterstützung von Händen-Hüfte-Rumpf
- Drehen/Kippen des Körpers um die Tiefenachse nach rechts und links in leicht gehockter Position ohne Bodenkontakt und mit Unterstützung der Hände, der Hüfte und des Rumpfes ggf. unter jeden Arm ein Brett.

Von der Rückenlage in die Bauchlage (180°) mit verschiedenen Armpositionen
- Flach und horizontal auf dem Wasser liegen und sich von der Rücken- in die Bauchlage drehen: mit angelegten und gestreckten Armen, dann mit seitlicher Unterstützung der Hände (Paddelbewegung) und auch mit Unterstützung von Hüfte und Rumpf.

Von der Bauchlage in die Rückenlage (180°) mit verschiedenen Armpositionen
- Flach und horizontal auf dem Wasser liegen und sich von der Bauch- in die Rückenlage drehen: mit angelegten und gestreckten Armen, dann mit seitlicher

Tab. 2.6 Sicherheitsaspekte beim Wasserspringen (organisatorisch/methodisch)

Organisatorische Sicherheitsaspekte

Allgemein

Sprunganlage und Beckenrand auf Rutschfestigkeit überprüfen und sichern, dennoch Vorsicht bei Sprüngen mit Anlauf, ansonsten nur Sprünge aus dem Stand zulassen.

Eintauchbereich von Schwimmern/Tauchern und Gegenständen frei machen.

Auf ausreichende Wassertiefe achten – Kontrolle bei Hubboden – Kopfsprünge nie ins Flachwasser!

Erst springen, wenn die Wasserfläche im Sprungbereich frei und die Freigabe durch Blickkontakt/Zeichen des Lehrers erfolgt ist.

Nur nach vorne springen bzw. in der Verlängerung des Brettes.

Ruhe (Konzentration) und Geduld (bei Angst).

Wege für den zügigen Ausstieg absprechen – kein Aufenthalt im Wasser.

Beckenrand – Startblock

Nicht über Eck springen.

Mindestwassertiefe bei Startsprüngen 1,80 m.

Übergreifen der Kante mit den Zehen gewährleistet sicheren Halt beim Absprung.

Beim Springen vom Beckenrand auf ausreichende Abstände zwischen den Übenden achten und eindeutige Organisationsformen vorgeben, Absprung nur aus dem Stand. Bei hoher Teilnehmerzahl in mehreren Gruppen nacheinander springen. Nach dem Absprung zum gegenüberliegenden Rand (bei Start/Kopfsprüngen immer) oder zum Absprungplatz zurückschwimmen und warten, bis die nächste Schülergruppe abgesprungen ist (bei Fußsprüngen).

Sprungbrett

Sprunganlage auf Betriebssicherheit überprüfen.

Toben und Drängeln am Brett verbieten.

Sammelplatz vor der Leiter.

Nur einer befindet sich auf dem Brett bzw. springt vom Brett (Federkraft des Brettes ist beeinträchtigt).

Bei gleichzeitiger Nutzung mehrerer Absprungstellen *nur* auf Zeichen des Lehrers und mit eindeutiger Organisationsvorgabe (Reihenfolge und Ausstieg)

Standort der Lehrkraft ist auf Höhe der Brettspitze am Beckenrand.

Methodische Sicherheitsaspekte

Allgemein

Entfernung zum Brett/Beckenrand als Sicherheitsabstand beträgt 1 m.

Augen offen – ein situationsangepasstes Verhalten ist nur so möglich.

Körperspannung beim Eintauchen, bis der Körper vollständig im Wasser ist.

Sich retten lernen – Sicherheitssprünge ("Bombe, Katze, Engländer/Abrollen).

Beim Eintauchen kopfwärts sind die Arme über dem Kopf gestreckt und die Hände gefasst.

Durchtauchen bis zum Beckenboden.

Vom Einfachen zum Komplexen bzw. vom Leichten zum Schweren – das bedeutet vom Fußsprung – über den Kopfsprung zum Sprung mit Drehung oder vom Beckenrand – über den Startblock – zu den verschieden Bretthöhen.

Keine Kopfsprünge mit angelegten Armen „Seemannsköpper" springen.

Sprungbrett

Mehrfaches Wippen/Federn auf dem Brett nur bei erfahrenen Springern zulassen (Absprung bzw. Sprung ist schwer zu kontrollieren), d. h. Stand – Angehen – Federn.

Sprungweite mithilfe eines Wasserstrahls regulieren.

Absprungrichtung mit einer Stange als Orientierungshilfe (Gipfelpunkt der Flugkurve).

Unterstützung der Hände (Paddelbewegung) und auch mit Unterstützung von Hüfte und Rumpf.

360° in horizontaler Lage in beide Richtungen drehen mit verschiedenen Armpositionen

- Flach und horizontal auf dem Wasser liegen und versuchen, sich um 360° in beide Richtungen um die Körperlängsachse zu drehen: mit angelegten und gestreckten Armen, dann mit seitlicher Unterstützung der Hände (Paddelbewegung) und auch mit Unterstützung von Hüfte und Rumpf.
- Mehrere Drehungen um die Körperlängsachse durchführen.
- Seestern auf der Wasseroberfläche in Bauch- und Rückenlage und sich mit Unterstützung der Hände wie ein Rad an der Wasseroberfläche um die Tiefenachse drehen.

Von der Seiten- in die Seitenlage drehen

Alle folgenden Übungen mit verschiedenen Armpositionen durchführen:

- von der Bauch- in die Seitenlage, ebenso von der Rückenlage in die Seitenlage,
- von der Bauch- in die Seitenlage und zurück und dies im Wechsel, ebenso von der Rückenlage in die Seitenlage,
- von der rechten Seite auf die linke Seite,
- von der Bauchlage auf die Seite, dann in die Rückenlage und auf die andere Seite.

2.2.2.7 Rollen

Für die Schulung der einzelnen Lernziele zum Rollen können folgende Übungsaufgaben genutzt werden:

▶ Beim Rollen durch die Nase ausatmen und die Augen öffnen, um die Orientierung unter Wasser zu haben.

Aus der Vertikalen in die Horizontale vorwärts bzw. rückwärts rollen mit verschiedenen Arm- und Paddelaktionen

- Um das gerade Rollen um die Körperbreitachse zu schulen, kann die Rolle um einen Stab oder mit Unterstützung des Partners erfolgen.
- Beim Rollen das Kinn zur Brust und die Knie zum Oberkörper bringen, sowohl beim Vorwärts- als auch beim Rückwärtsrollen, auch in ganz enger und weiterer Hockposition rollen und die Unterschiede feststellen.
- Verschiedene Armpositionen beim Rollen einnehmen: von angelegt, gestreckt über dem Kopf bis zu seitlicher Unterstützung der Hände (Paddelbewegung).
- Mehrere Rollen vorwärts oder rückwärts hintereinander durchführen.

Aus der Horizontalen in die Horizontale vorwärts bzw. rückwärts rollen mit verschiedenen Arm- und Paddelaktionen

- Aus der flachen, gestreckten Körperposition mit verschiedenen Armposition vorwärts- und rückwärtsrollen

Aus gestreckter Körperlage mit Antrieb über Wechselbeinschlag rollen
- Abstoßen vom Beckenboden in Bauchlage, die Gleitposition einnehmen, den Übergang in Wechselbeinschlag „Strampeln" durchführen und mit den Armen die Rolle vorwärts einleiten.
- Vom Beckenboden in Rückenlage abstoßen, die Gleitposition einnehmen und gleiten, den Übergang in Wechselbeinschlag „Strampeln" durchführen und mit den Armen die Rolle rückwärts einleiten.
- Danach können die beiden Übungen aus dem Abstoß vom Beckenrand erfolgen.

2.2.2.8 Fortbewegen
Für die Schulung der einzelnen Lernziele zum Fortbewegen können nachfolgende Übungsaufgaben genutzt werden.

Wasserwiderstand mit/ohne Gegenstände erfahren
- Mit der flachen Hand, der Faust, dem Handrücken schlagen, das Wasser streicheln.
- Im Stand mit den Füßen (Fußsohlen/Fußrist) das Wasser wegschieben.
- Mit verschiedene Bewegungsformen wie Gehen (kleine/große Schritte), Laufen (anfersen, Skippings, sprinten …), Hüpfen, Springen (einbeinig, beidbeinig, Hopserlauf, Schlusssprünge, Hocksprünge), Richtungen wie vorwärts, rückwärts-seitwärts, hoch, tief und Wege wie gerade, im Kreis, Zickzack, mit Richtungswechseln mit und ohne Arm- und Handeinsatz (Hände auf dem Rücken oder hinter dem Kopf verschränkt, wechselseitig neben dem Körper vor- und zurückziehen oder die Arme gleichzeitig und kreisförmig vor dem Körper bewegen bzw. wie eine Windmühle kreisen) fortbewegen.
  – Wahrnehmungsschulung, um die Eigenschaften des Wassers zu verstehen. Auch hierbei können den Lernenden Beobachtungsaufträge mitgegeben werden: Wie schnell kommst du voran? Wie ist es, wenn du schneller läufst oder die Richtung änderst? Wie ist es an Land? Wie und was kann dich in der Fortbewegung unterstützen oder bremsen? Wie fühlt sich der Absprung bzw. die Landung im Vergleich zum Land an (Abschn. 1.2)?
  – Weitere Übungen zur Wahrnehmung sind:
    Ausgangsposition ist die Schrittstellung: Arme aus der Seithalte vor dem Körper zusammenführen und wieder zurück. 1. Handrücken zeigt zur Decke; 2. Daumen zeigen zur Decke. Variante: Bewegung mit Paddels (Vergrößerung der Fläche) oder mit Tempo (ohne und mit Handflächenvergrößerung): 4-mal langsam und 8-mal mit doppelter Bewegungsgeschwindigkeit. Was verändert sich mit unterschiedlicher Handhaltung? Was passiert mit zunehmender Bewegungsgeschwindigkeit? Ist das an Land ähnlich?
    Ein Brett fassen und einmal flach und einmal aufgestellt ins Wasser legen und sich damit laufend fortbewegen. In der aufgestellten Variante das Brett verschieden stark eintauchen: nur ein Drittel im Wasser, halb oder ganz ins Wasser eintauchen; schneller laufen. Diese Übung auch in verschiedenen Wassertiefen (60, 90, 120 cm) durchführen. Wie wirkt sich das Brett auf

Abb. 2.28 Wasserwiderstand mit Brett (Eigene Darstellung)

die Vorwärtsbewegung aus? Gibt es einen Unterschied zum Land bzgl. der Geschwindigkeit?

Im Stand das quergestellte Brett halten, senkrecht ins Wasser stellen und das Brett bis zur Armstreckung vom Körper wegschieben und wieder ganz zum Körper hinziehen. Dabei die Eintauchtiefe des Brettes variieren. Bei welcher Eintauchtiefe ist die Übung anstrengender (Abb. 2.28)?

Das auf der Wasseroberfläche liegende Brett quer an den Enden fassen und von der Wasseroberfläche tief unter Wasser drücken und wieder hochziehen; Brettgröße variieren. Gibt es einen Zusammenhang zwischen dem erforderlichen Kraftaufwand und der Größe des Schwimmbrettes bzw. unterscheidet sich der Kraftaufwand bei unterschiedlichen Eintauchtiefen? (vgl. Elbracht 2003, 127)

- Am Beckenrand aufstellen, den Rücken an den Rand lehnen, dabei stehen die Füße einen halben Meter vom Rand entfernt aufstellen: Versuchen, ohne sich von der Wand abzustoßen oder die Füße zu bewegen in die Senkrechte/in den Stand zu kommen. Die Übung auch mit geschlossenen Augen durchführen lassen (eine intensivere Wahrnehmung ist möglich).

Fortbewegen beliebig

Hierbei gibt es keine technischen Vorgaben, wie sich an der Wasseroberfläche gehalten und fortbewegt wird. Die Bewegungen können beliebig sein und variiert werden: mit am Beckenrand loslassen bzw. fortbewegen entlang des Beckenrandes, mit und ohne Hilfsmittel bzw. Partner.

Eine typische Fortbewegungsform ist das Hundepaddeln, d. h., die Beine schlagen wechselseitig, die Arme bewegen sich unter Wasser wechselseitig vor und zurück und der Kopf ist über Wasser.

Je nachdem welche Technik als 1. Schwimmart gewählt wird, finden sich entsprechende Übungsformen zu den folgenden Teillernziele in den Kap. 3, 4 und 5.

Strategien zur Streckenverlängerung bzw. in verschiedenen Wassertiefen schwimmen lernen finden sich in Abschn. 2.1.

- Teilkörperbewegungen mit/ohne Hilfsmittel/n in verschiedenen Wassertiefen,
- rhythmisches Atmen in der Fortbewegung mit Teilkörperbewegungen in verschiedenen Wassertiefen,
- Gesamtkoordination (1. Technik) in verschiedenen Wassertiefen,
- rhythmisches Atmen in der Gesamtkoordination (1. Technik) in verschiedenen Wassertiefen.

2.2.2.8.1 Auftriebs- und Schwimmhilfen
An dieser Stelle sei noch mal darauf hingewiesen, dass möglichst mit *Auftriebshilfen* wie Brett, Poolnudel, Pull Buoy und Flossen die 1. Technik bzw. das Schwimmenlernen angebahnt bzw. vermittelt werden sollte.
Allgemeine *Vorteile* von Schwimmhilfen sind, dass

- sie den Kindern scheinbar Sicherheit geben,
- sie ermöglichen eine Fokussierung auf die Bewegung bzw. Teilbewegung,
- Kinder nicht so schnell ermüden.

Allgemeine *Nachteile* von Schwimmhilfen sind, dass

- Kinder sich darauf verlassen, dass die Schwimmhilfe sie über Wasser hält,
- Lernfaulheit entwickelt wird,
- der Abbau der Schwimmhilfe langwierig ist, da der Anfänger das Schweben des Körpers erst wieder lernen muss und ggf. Ängste entstehen.

Schwimmflügel oder Armreifen haben zudem den Nachteil, dass Anfänger sich eher in der senkrechten Position im Wasser befinden, für das Schwimmen wird allerdings die Horizontale benötigt. Zudem ist die Armfreiheit eingeschränkt (Abb. 2.29).

Abb. 2.29 Schwimmflügel
(Eigene Darstellung)

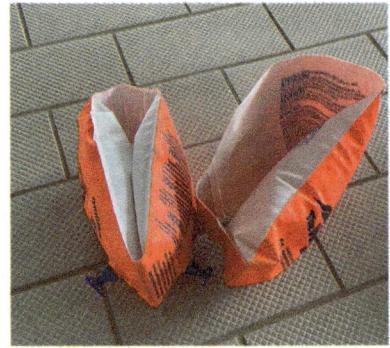

Schwimmgürtel (Bienchen bzw. Aquajogginggürtel) haben zwar den Vorteil, dass die Wasserlage sowohl in Rücken- als auch in Bauchlage, je nachdem wie die Auftriebsgeber gedreht sind, erreicht wird und die Armfreiheit gegeben ist, dennoch kann die Auftriebsstärke und später der Abbau nicht individuell reguliert werden (Abb. 2.30).

Schwimmgürtel mit einzelnen Schaumstoffelementen bzw. mit luftgefüllten Säckchen haben den Vorteil, dass die individuelle Auftriebsregulierung und damit der sukzessive Abbau des Auftriebs (weniger Gürtelelement, Luft reduzieren) gut möglich ist (Abb. 2.31).

Abb. 2.30 Bienchen
(Eigene Darstellung)

Abb. 2.31 Schwimmgürtel
(Eigene Darstellung)

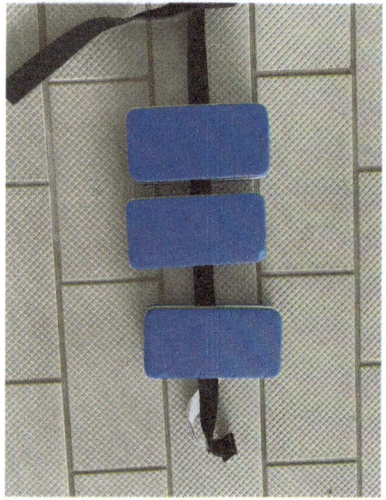

2.2.2.8.2 Checkliste schwimmen lernen "Vom Anfänger zum sicheren Schwimmer"

Grundfertigkeit	Hauptlernziel	Lernziel	Erreichen des Lernziels
Springen	• sicher und kontrolliert in jeglichen Variationen • Körperspannung • Atemsteuerung beim Eintauchen ins und unter Wasser • Augen auf (Orientierung über und unter Wasser)	im Wasser	
		vom Beckenrand (fußwärts) mit Hilfe	
		vom Beckenrand (fußwärts) ohne Hilfe	
		mit Zusatzaufgaben	
		mit Partner	
		mit Gruppe	
		kopfwärts	
		Variation in Absprung-Flug-/Eintauchphase Variation in Absprunghöhe	

Grundfertigkeit	Hauptlernziel	Lernziel	Erreichen des Lernziels
Drehen	• Wasserlage widerstandsarm wechseln • Orientierung im Raum • Steuerung der Drehbewegung	mit Bodenkontakt nach rechts und links bis 360° mit verschiedenen Armpositionen	
		Kippen nach rechts und links	
		Kippen ohne Bodenkontakt nach rechts und links mit Unterstützung von Händen-Hüfte-Rumpf	
		von Rückenlage in Bauchlage (180°) mit	
		von Rückenlage in Bauchlage (180°) mit gestreckten Armen in Hochhalte	
		360° in horizontaler Lage in beide Richtungen drehen mit gestreckten Armen in Hochhalte	
		von der Seit- in die Seitlage drehen	

Grundfertigkeit	Hauptlernziel	Lernziel	Erreichen des Lernziels
Rollen	• Orientierung im Raum • Steuerung der Rollbewegung und der Atmung	aus Vertikale in Horizontale vorwärts	
		aus Vertikale in Horizontale rückwärts	
		aus Horizontalen in Horizontale vorwärts	
		aus Horizontale in Horizontale rückwärts	
		aus gestreckter Körperlage mit Antrieb über Wechselbeinschlag vorwärts rollen	

Grundfertigkeit	Hauptlernziel	Lernziel	Erreichen des Lernziels
Fortbewegen	• hemmende und antreibende Wirkung des Wasserwiderstandes erfahren und für die Fortbewegung nutzen bzw. minimieren • Ausdauer-, Kraft- und Koordinationsfähigkeit verbessern und erweitern	Wasserwiderstand bewusst wahrnehmen	
		Fortbewegen beliebig in allen Tiefen	
		Teilkörperbewegungen mit Hilfsmitteln in allen Wassertiefen	
		Teilkörperbewegungen ohne Hilfsmittel in allen Wassertiefen	
		Rhythmisches Atmen mit Teilkörperbewegungen in allen Wassertiefen	
		Gesamtkoordination in allen Wassertiefen	
		Gesamtkoordination mit rhythmischem Atmen in allen Wassertiefen	

Um Möglichkeiten das Hauptlernziel Ausdauer-, Kraft- und Koordinationsfähigkeit im Rahmen der Grundfertigkeit (1. Technik) zu verbessern und zu erweitern, werden in Kap. 6 und 7 allgemeine und schwimmspezifische Möglichkeiten aufgezeigt.

Elektronisches Zusatzmaterial

- Tauchzug (Videos zu den methodischen Schritten),
- Kopfwärts Eintauchen (Videos zu den methodischen Schritten),
- Gleiten mit Abstoß in Rückenlage,
- Übungsübersicht Wassergewöhnung,
- Übungsübersicht zu allen Grundfertigkeiten der Wasserbewältigung,
- Tauchen fußwärts und kopfwärts,
- volkstümliches Springen.
- jump chart
- Checkliste zum Anfängerschwimmen

Das elektronische Zusatzmaterial finden Sie auf https://link.springer.com/10.1007/978-3-662-67198-6_2

Literatur

Bundesverband zur Förderung der Schwimmausbildung (BFS) (2020) Deutsche Prüfungsordnung Schwimmen. DLRG, Bad Nenndorf

Deutsche Gesetzliche Unfallversicherung (2019) Schwimmen Lehren und Lernen in der Grundschule. Bewegungserlebnisse und Sicherheit am und im Wasser. DGUV Informationen 202–107, Berlin

Deutscher Schwimmverband (2015) Schwimmen lernen. DSV, Kassel

Elbracht M (2003) Kleine Spiele im Wasser. Bewegen im Wasser –Schwimmen. In: Elbracht M (Hrsg.) Sport unterrichten: motivierend, lebendig, methodisch vielfältig! Sekundarstufe I und II. (Kapitel 4/7) Grundwerk (S 1–22). Weka Verlag, Kissing

Elbracht M (2005) Kleine Spiele mit großer Wirkung. Weka Media, Kissing

Elbracht M (2008–2011) Bewegen im Wasser – Schwimmen LEHREN lernen. Modul A und B. Fortbildungsskript. Fortbildungsinitiative des DSLV, Bielefeld

Elbracht M (2014/15) Nass macht Spass! – Mit spielerischer Wassergewöhnung/-bewältigung zur 1. Schwimmart. Weiterbildung sport-lernen der Westfälischen Wilhelms-Universität Münster, Skript

Elbracht M (2015) Vom Anfänger zum Schwimmer. Wann ist ein Kind ein Schwimmer? Grundschule Sport 7(3):5–9.

Hammer G, Mertens M (2017) Rettungsschwimmen im Sportunterricht. Ideen für die Umsetzung eines kompetenzorientierten Schwimmunterrichts in der Sekundarstufe I. Bad Nenndorf, DLRG

Kurz D, Fritz T (2007) Motorische Basisqualifikationen von Kindern. Universität Bielefeld, Abschlussbericht Forschungsbericht MOBAQ I und II. Bielefeld

Rehn H (2007) Angst in ihrer motorischen Dimension und Anregungen zur Angstminderung im Anfängerschwimmen. In: Rehn H, Strass D (Hrsg.) Bewegungsraum Wasser im Spannungsfeld zwischen Theorie und Praxis. Dokumentationsband DVS Tagung 2005, 180–198. Kommission Schwimmen 5.-7.10.2005. Bad Nenndorf.

Rheker U (2011) Alles ins Wasser. Spiel und Spaß für Anfänger (3.überarbeitete Auflage, Bd. 1). Meyer & Meyer Sport, Aachen

Schlechter J, Elbracht M (2006) Volkstümliches Springen: ein erlebnisorientierter Zugang zum normierten Wasserspringen. In: Elbracht M (Hrsg.) Sport unterrichten: Erlebnisraum Wasser. Kreative Bewegungsaufgaben. WEKA-Verlag, Kissing

Wilke, K. (1988). Schwimmsportpraxis. Rowohlt Taschenbuchverlag, Rein

Wilke K (2014) Schwimmen lernen für Kinder und Erwachsene. Meyer & Meyer Sport, Aachen

Wilke K, Daniel K (2020) Vom Nichtschwimmer zum Schwimmer. Schnell – erfolgreich – sicher. Limpert-Verlag, Wiebelsheim

Schwimmarten

3

Bei den Schwimmarten wird zwischen Wechsel- und Gleichzugschwimmart unterschieden.

Zu den Wechselzugschwimmarten gehören das Rücken- und Kraulschwimmen und zu den Gleichzugschwimmarten das Brust- und Delfinschwimmen. Alle 4 Schwimmarten werden wettkampfmäßig über verschiedene Streckenlängen inkl. entsprechender Starts und Wenden geschwommen. Das Lagenschwimmen als eine weitere Wettkampfdisziplin setzt sich aus allen 4 Schwimmarten zusammen. Im Einzelwettkampf werden die Schwimmarten in der Reihenfolge und zu gleichen Streckenanteilen in Delfin, Rücken, Brust und Kraul geschwommen, im Staffelwettkampf dann in Rücken, Brust, Delfin und Kraul.

Bewegungsbeschreibung
Bei der Vermittlung einer Schwimmtechnik ist es wichtig, eine Bewegungsvorstellung zu schaffen. Dies sollte durch Filme, Tafeln und/oder Abbildung bzw. einer Demonstration durch einen Schwimmer/eine Lehrkraft/einen Trainer im Wasser unterstützt werden, ebenso sollten Teilbewegungen an Land durch die Lehrkraft/den Trainer gut demonstriert werden, um damit die Bewegungsvorstellung zu schaffen.

Um Bewegungsmerkmale erarbeiten zu können, wird die Schwimmtechnik anhand eines Bewegungszyklus in seine Einzelbestandteile aufgeteilt. Der Bewegungszyklus setzt sich aus den Kriterien Wasserlage, Bein- und Armbewegung, Atmung und Koordination zusammen.(vgl. Elbracht 1996-1999, 2003 und Ungerecht et al (2009).

Ergänzende Information Die elektronische Version dieses Kapitels enthält Zusatzmaterial, auf das über folgenden Link zugegriffen werden kann https://doi.org/10.1007/978-3-662-67198-6_3. Die Videos lassen sich durch Anklicken des DOI Links in der Legende einer entsprechenden Abbildung abspielen, oder indem Sie diesen Link mit der SN More Media App scannen.

Mithilfe dieser Kriterien kann der Schwimmunterricht erleichtert und systematisiert werden, sodass die Lernenden die Schwimmtechnik verstehen und sie in ihrem Lernprozess unterstützt, aber auch das Bewegungssehen verbessert und Abweichungen von der Schwimmtechnik erkannt werden.

Bei der Beschreibung wird bei der **Wasserlage** auf die Körperlage im Wasser und das Verhalten des Körpers bzw. Teile des Körpers innerhalb eines Bewegungszyklus eingegangen, bei der **Beinbewegung** auf den technischen Ablauf und die Antriebs- und Rückholphasen. Für die **Armbewegung** wird die Unter- und Überwasserphase in technischer Hinsicht und im zeitlich/räumlichen Verlauf betrachtet (Unterwasserphase = Antriebsphase unterteilt in Zug- und Druckphase und Überwasserphase = Rückholphase). Für die **Atmung** wird der Zeitpunkt und die technische Durchführung genannt. Um die **Koordination** zu beschreiben, wird das Verhältnis von Arm- zu Beinbewegung und der zeitliche Ablauf thematisiert.

Da präzise Bewegungsanweisungen/Bewegungsmerkmale eine entscheidende Rolle bei der Vermittlung und Realisierung von Fertigkeiten spielen, sollten die Bewegungsmerkmale didaktisch reduziert sein. Die **didaktische Reduktion** erfolgt auf der Grundlage biomechanischer, physiologischer und methodischer Überlegungen.(vgl. Elbracht/Schnittger 2003, S.43),

Dies bedeutet maximal 3–4 Bewegungsmerkmale pro Kriterium, ansonsten ist es für den Lernenden nicht mehr nachzuvollziehen. Je nach Zielgruppe bietet es sich an, die Bewegungsmerkmale in eine bildliche Vorstellung zu bringen, damit die Merkmale besser von den Lernenden behalten werden. Optimal ist es, wenn die Lernenden selbst passende „Bilder" bzw. eine bildhafte Sprache für die Bewegungsmerkmale entwickeln.

Methodisches Vorgehen

Bei der Vermittlung von Schwimmtechniken bietet sich die Form einer methodischen Übungsreihe an, dennoch gehört eine Mischung aus geschlossenen und offenen Bewegungsaufgaben zum Techniklernen dazu. Offene Bewegungsaufgaben als Impulsgeber in den Lernprozess zu integrieren ist wichtig, damit der Lernende zusätzliche Bewegungserfahrungen sammelt, ein abwechslungsreiches, vielseitiges und variables Lernen erfährt und versteht, wie er sich optimal im Bewegungsraum Wasser fortbewegen muss, um effektiv und schnell zu schwimmen.

Um eine Schwimmtechnik schnell und sicher zu erlernen, ist es optimal, wenn der Lernende die motorischen Grundfertigkeiten des Anfängerschwimmens bereits bewältigt, aber auch psychosoziale Kompetenzen wie z. B. annähernde Angstfreiheit, Vertrauen in das eigene Leistungsvermögen, Sorgsamkeit gegenüber Mitstreitern sowie Kooperationsfähigkeit besitzt. Auch kognitive Kompetenzen wie z. B. Einfluss der Eigenschaften des Wassers auf den Körper und Einschätzen von Gefahren erleichtern den Lernprozess (Kap. 1 und 2).

Bei der Einführung der Schwimmtechnik über die Teillernmethode werden die oben genannten Kriterien für den motorischen Lernprozess am Anfang zergliedert und anschließend wieder miteinander verbunden.

Konkret bedeutet dies:

1. Wasserlage und Beinbewegung,
2. Wasserlage, Beinbewegung und Atmung,
3. Wasserlage und Armbewegung,
4. Wasserlage, Armbewegung und Atmung,
5. Wasserlage und Koordination,
6. Wasserlage, Koordination und Atmung.

Sind bei der Vermittlung der Grobkoordination die Teilbereiche Wasserlage, Beinbewegung und Atmung miteinander verknüpft, wird im nächsten Schritt die Armbewegung gleichzeitig mit der Gesamtkoordination verbunden, denn ohne Unterstützung der Beinbewegung kann die Wasserlage nicht ausreichend stabilisiert werden und der Bewegungsfluss kann am Anfang so besser realisiert werden (Kap. 2).

Um einzelne Technikmerkmale weiter zu verbessern, kann dann noch deutlicher auf Teilbereiche der einzelnen Kriterien eingegangen werden, die mit Hilfsmitteln dann unterstützt werden.

Je nach Unterrichts- und Trainingsbedingungen und Zusammensetzung der Gruppe sollte im flachen Bereich eines Schwimmbeckens begonnen werden. Hierbei kann der Beckenrand/die Treppe, der Partner und Hilfsmittel wie Brett, Poolnudel, Flossen etc. genutzt werden, um Teilköperbewegungen zu realisieren. Im weiteren Verlauf der Vermittlung wird die Strecke länger, das Wasser tiefer und die Hilfsmittel abgebaut.

Abweichungen von der Technik/Fehlerkorrektur
Bei der Übungsausführung zur Schulung von Technikmerkmalen ist eine **zeitnahe** Rückmeldung bei Abweichungen von der Technik durch die Lehrkraft/den Trainer/die Mitstreiter wichtig.

Erst mal eine positive Rückmeldung geben, dann **nur den Hauptfehler** (Lagefehler, Atemfehler, Rhythmusfehler) nennen, die **Ursache und Wirkung** verdeutlichen und immer **positiv aufbauend korrigieren**. Bei der Korrektur des Hauptfehlers lassen sich oft schon Folgefehler beheben. Die passende Korrektur kann erst mal verbal erfolgen und eine Korrekturübung ist bei den **Übungen zur methodischen Übungsreihe** zu finden (Abschn. 3.1 bis 3.4).

Möglichkeiten, bei der Umsetzung Abweichungen von der Technik zu erkennen und individuelle Korrekturmaßnahmen einzuleiten, können folgende sein:

Organisatorisch
- Bei einer Gruppe (4–6 Teilnehmer): Einzelkorrektur.
- Bei einer Gruppe (8–12 Teilnehmer) erhält ein Teil der Gruppe eine Bewegungsaufgabe und der andere Teil erhält die Einzelkorrektur.
- Bei größeren Gruppen werden diese in 3er-/4er-Gruppen aufgeteilt, einer aus der Gruppe demonstriert, einer beobachtet vom Beckenrand (seitlich, von vorne oder oben) den Demonstrierenden und der Nächste aus der Gruppe beobachtet

unter Wasser mit Schwimmbrille und positioniert sich mittig, sodass er den Demonstrierenden an sich vorbeischwimmen sieht. Gemeinsame Korrektur: Die Beobachter stimmen sich ab, wer welches Kriterium beobachtet.

Methodisch

- Einsetzen von **Checklisten zur Technik**. Hierbei sollten nur Teile zum Einsatz kommen, da die Beobachter sonst überfordert sind. Zudem bietet die Checkliste die Möglichkeit, Fehler und ihre verschiedenen Ausprägungen zu benennen. In der Nachbetrachtung werden Ursache und Wirkung erarbeitet sowie Möglichkeiten von Korrekturmaßnahmen.
- Für die Beobachtung kann auch die Videoaufnahme der Technik mit Smartphone, Tablet oder Kamera zusätzlich unterstützen.
- Bei einwandfreien Technikausführungen eines Lernenden kann die Lehrkraft/ der Trainer diesen zum Experten benennen.
- Über **selbstgesteuertes Lernen** ist es möglich, die eigene Technik zu verbessern. Hierbei ermittelt der Lernende mit einem Partner oder zu dritt über eine Checkliste seinen individuellen Istzustand. Auf der Checkliste sind den Fehlern passende Stationen zugeordnet, die der Lernende dann individuell nutzt, um seine Abweichung entsprechend mithilfe der dort genannten Bewegungsaufgabe zu verbessern. Dies sollte über mehrere Übungseinheiten erfolgen und am Ende der Sequenz erfolgt ein erneutes Beobachten der Technik anhand der Checkliste, sodass der Lernende eine Rückmeldung über seinen Lernerfolg erhält. Ein PDF-Dokument als Beispiel hierzu ist im Zusatzmaterial für das Brustschwimmen zu finden (Elbracht 2015a) (Abschn. 3.3, https://link.springer.com/10.1007/978-3-662-67198-6_3).
- Mithilfe der Checklisten kann die Lehrkraft/der Trainer den Lernenden auch eine klare Transparenz bzgl. ihrer Technik und als Bewertungsgrundlage geben.

Die Teilkapitel zu den Schwimmarten (Abschn. 3.1, 3.2, 3.3 und 3.4) sind wie folgt aufgebaut:

- Lernvoraussetzungen (spezifisch),
- Material/Medien,
- ergänzende Hinweise zum methodischen Vorgehen,
- Bewegungsbeschreibung inkl. didaktisch reduzierter Bewegungsmerkmale (tabellarisch),
- methodisches Vorgehen inkl. spezifischer Lernziele bei der Einführung der Technik bis zu vertiefenden Übungsvorschlägen (Handlungskarten),
- Abweichungen von der Technik (Fehlerkorrektur) inkl. Checkliste (tabellarisch),
- Wettkampfbestimmungen.

Als allgemeines Lernziel dieser Abschn. (3.1, 3.2, 3.3 und 3.4) gilt, dass die Lernenden die Lernchance erhalten, die Bewegungsmerkmale bei einer Schwimmtechnik zu erfahren, umzusetzen und zu erkennen.

3.1 Rückenschwimmen

3.1.1 Lernvoraussetzungen

- Schweben in Rücken- bzw. Bauchlage (Körperspannung halten),
- Gleiten mit Abstoß in Rücken- bzw. Bauchlage optimal unterhalb der Wasseroberfläche,
- bewusstes Ein- und Ausatmen, Ausatmen durch die Nase.

3.1.2 Material/Medien

- Technikmerkmale erwerben: Brett und Flossen (optimal Kurzflossen) und ggf. Poolnudel,
- Technikmerkmale erweitern und vertiefen: Pull Buoy,
- Video/Filme/Bilder zur Rückentechnik (Abb. 3.1).

Abb. 3.1 Rückenschwimmen (Eigene Darstellung) URL: ▸ https://doi.org/10.1007/000-ary

3.1.3 Ergänzende Hinweise zum methodischen Vorgehen

Bei der Vermittlung bietet es sich, an die Rücken- und Kraultechnik im Rahmen der Wasserlage und Beinbewegung **parallel** einzuführen, da die Bewegungsmerkmale

- flache gestreckte Körperlage (Rücken- bzw. Bauchlage),
- schnelle alternierende Beinbewegungen,
- Impulssetzung durch die Hüfte und mit getreckten und leicht nach innen gedrehten Füßen gleich sind.

Hierbei die Übungen zum Kraulschwimmen aus Abschn. 3.2 in den 1. Teil der methodischen Übungsreihe integrieren, dann die Übungsreihe zur Rückentechnik beenden und im Anschluss daran die Kraultechnik schulen.

Kurzflossen und später Flossen unterstützen das motivierende Erleben des Antriebs, schaffen schnell Erfolgserlebnisse und das Erlernen. Allerdings sollte im Anschluss immer die Übung auch ohne Flosseneinsatz nochmals wiederholt werden.

Aus Gründen der didaktischen Reduktion wird nur der Antriebsschlag bei der Beinbewegung berücksichtigt, d. h. beim Rückenschwimmen die Aufwärtsbewegung und beim Kraulschwimmen bedingt durch die Bauchlage der Abwärtsschlag.

Sicherheit
Durch die eingeschränkte Orientierung muss durch entsprechende organisatorische Maßnahmen Verletzungen vorgebeugt werden, z. B. beim gegen die Wand schwimmen:

- Dem Lernenden optische und/oder akustische Orientierungshilfen geben, z. B. Leine, Fähnchen, Einstiegsleitern, Flatterband, Pfiff etc.
- Eine große Matte senkrecht ins Wasser direkt an den Beckenrand im Wendebereich stellen.
- Beim Schwimmen in Wellen hält der vordere Schwimmer den nachfolgenden frühzeitig vor der Wand auf, die 1. Welle erhält von der Lehrkraft/dem Trainer die Hilfe, frühzeitig vor der Wand zu stoppen.
- Ab 3er-Teams über kurze Distanz, Partner 1 und 3 auf der einen Beckenseite platzieren, Partner 2 geht auf die gegenüberliegende Seite. Partner 1 startet zur anderen Seite und wird von Partner 2 aufgehalten, dieser läuft zum Startpunkt und Partner 3 startet und wird von Partner 1 aufgehalten usw.

3.1.4 Bewegungsbeschreibung inkl. didaktisch reduzierter Bewegungsmerkmale

Lage im Wasser
Der Körper liegt flach und gestreckt in Rückenlage auf dem Wasser, dabei nimmt er einen Anstellwinkel von ca. 5–10° ein. Der Schultergürtel liegt höher als der Beckengürtel (Gleitlage), hierdurch wird die notwendige Wassertiefe erreicht, damit

die Beine optimal arbeiten können. Die Rotation um die Körperlängsachse (ca. 45°) unterstützt eine effektive Bewegungsausführung auf der Zug-Druck-Seite. Der Kopf bleibt zwischen den Armen ruhig liegen und der Blick ist nach oben gerichtet.

Beinbewegung

Die Beine werden alternierend, gleichmäßig, dicht nebeneinander und ununterbrochen auf- und abwärts bewegt. Dabei sollte die Beinamplitude zwischen 30–40 cm liegen.

Der Aufwärtsschlag des Beines wird von der Hüfte eingeleitet, über eine passive Beugung im Knie und der Streckung des Unterschenkels und des Fußes, dieser ist gestreckt und nach innen gedreht. Diese Bewegung erfolgt nach oben bis zur Wasseroberfläche und erzeugt den Vortrieb. In der Abwärtsbewegung bleibt der Fuß gestreckt und locker und bildet die Verlängerung zum Oberschenkel.

Armbewegung

Die Armbewegung erfolgt alternierend, d. h. zeitgleiches Eintauchen des einen Armes und Beendigung der Druckphase des anderen Armes. Bei der Unterwasserphase beschreibt die Hand dabei eine flache S-Kurve oder ein Fragezeichen. Die Hand führt die Bewegung an.

Die *Zugphase* beginnt mit dem Wasserfassen der Hand, wobei die Rotation um die Körperlängsachse zum ziehenden Arm dies begünstigt und eine optimale Tiefe für den Verlauf der Armbewegung unter Wasser dadurch ermöglicht wird. Der gestreckte Arm wird schulterbreit eingesetzt und dann nach außen unten bis auf Schulterhöhe gezogen, beugt sich dabei im Ellenbogengelenk bis auf 90°.

Ab hier beginnt die *Druckphase,* wobei die Hand weiterhin die Bewegung anführt und zum Oberschenkel geführt wird. Die Handinnenfläche zeigt gegen Ende der Druckphase nach unten und drückt nach, sodass die Druckphase bis zur vollständigen Streckung des Armes dem Vortrieb dient.

Die *Rückholphase* wird eingeleitet, indem die Daumenseite der Hand zuerst aus dem Wasser kommt, dadurch erfährt die Hand den minimalen Wasserwiderstand. Der Arm wird gestreckt und halbkreisförmig in Schwimmrichtung geführt. Dabei setzt der Arm schulterbreit und mit der Kleinfingerseite der Hand wieder ein. Die Schulter des Rückholarmes ist während dieser Phase außerhalb des Wassers.

Atmung

Die Atmung kann willkürlich erfolgen, da sich das Gesicht außerhalb des Wassers befindet, dennoch sollte pro Bewegungszyklus einmal ein- und ausgeatmet werden. Die Atmung kann einem Arm zugeordnet werden (Einatmung – Überwasserphase; Ausatmung – Unterwasserphase) oder bei der Überwasserphase des einen Armes ein- und während der Überwasserphase des anderen Armes ausatmen.

Koordination

Es erfolgen 6 Beinschläge (3 Aufwärts- und 3 Abwärtsschläge für jedes Bein) auf einen Armzyklus (Zyklus = rechter und linker Arm ziehen).

Dies erfolgt in wechselseitiger und kontinuierlicher Form.

Diese Beschreibung der Rückentechnik findet sich in Tab. 3.1 in didaktisch reduzierter Form wieder.

Tab. 3.1 Didaktisch reduzierte Bewegungsmerkmale der Rückentechnik (R) mit Beispielen zur bildlichen Formulierung (Eigene Darstellung)

Kriterien inkl. Abbildung	Bewegungsmerkmale	
	bildlich	**didaktisch reduziert**
Wasserlage (WL)	„Pfeil"/ „Bauchnabel an die Wasseroberfläche"	flache, gestreckte Rückenlage (Überstreckung der LWS)
	„Blick zur Decke bzw. nach oben"	Kopf gerade zwischen den gestreckten Armen (Kopfsteuerung)
	„Boot schwankt"	Rotation um Körperlängsachse
Beine (BA)	„Springbrunnen"	kontinuierliche **wechselseitige Bewegung** mit hoher Frequenz und kleiner Amplitude
	„Beine gestreckt lassen" „Ball aus dem Wasser schießen, Vollspannstoß beim Fußball"	Impuls aus der Hüfte Aufwärtsbewegung der Oberschenkel Beugewinkel im Kniegelenk geringer (20°) Unterschenkel bleiben liegen (passive Beugung) Peitschenartige Streckung des Kniegelenks
	„großer angespitzter Bleistift"; „Großzehen kitzeln sich"	Füße strecken und einwärtsdrehen (in Aufwärtsbewegung)
Arme (AA)	**Armkoordination beim Erwerb:** „Einsetzen mit gestrecktem Arm, lang bis zu den Oberschenkeln ziehen, Handinnenfläche zeigt am Ende zum Boden, locker über Kopf zurück"	**wechselseitiges Ziehen** der Arme, wenn der eine Arm eintaucht, beendet der andere die Unterwasserphase (Druckphase)
	„angedeutetes Fragezeichen" „Supermann in Rückenlage" „Arm leicht beugen und im Wasser verankern"	**Unterwasserphase:** **Ziehen/Beugen (Zugphase)** Eintauchen des gestreckten Armes in Schulterbreite (unterstützt durch Rotation des Körpers), Wasserfassen: Hand dreht zur Kleinfingerkante Gestreckten Arm bis auf Schulterhöhe ziehen und beugen (90°)
	„Umklappen"	**Drücken (Druckphase)** Einwärtsdrehung des Unterarms bei fixiertem Ellenbogen Handinnenfläche zeigt immer zu den Füßen, am Ende der Unterwasserphase zeigt diese zum Beckenboden auf Oberschenkelhöhe
	„Halbmond" „Halbkreis" „Regenbogen"	**Überwasserphase:** **Rückholphase** Daumen zuerst aus dem Wasser, gestreckten Arm halbkreisförmig über Wasser führen
Atmung (ATM)	„Karpfen"	Ein- und Ausatmen bei jedem Bewegungszyklus (durch Mund beim Einsetzten des Armes ein- und beim Herausnehmen ausatmen)
Koordination (GS)		Kontinuierliche Arm- und Beinbewegung (6 Beinschläge pro Armzyklus)

3.1.5 Methodisches Vorgehen

3.1.5.1 Methodische Einführung Rückenschwimmen: Wasserlage, Beine und Atmung 1

Spezifische Lernziele
- Korrekte Beintechnik in gestreckter flacher Körperlage ohne Hilfsmittel,
- durchgehende kontinuierliche Beinarbeit,
- Steuerung der Körperlage mithilfe der Hände,
- regelmäßige Atmung.

Bewegungsmerkmale
- Flache, gestreckte Rückenlage
- Kopf gerade zwischen den gestreckten Armen
- Impuls aus der Hüfte, Aufwärtsbewegung der Oberschenkel, Beugewinkel im Kniegelenk geringer (20°), Unterschenkel bleiben liegen
- Peitschenartige Streckung des Kniegelenks mit hoher Frequenz und kleiner Amplitude (kontinuierliche wechselseitige Bewegung)
- Gestreckte, einwärts gedrehte Füße (in Aufwärtsbewegung)
- Regelmäßige Atmung

1. Mithilfe von Abbildungen, Filmen, Demonstrationen und eigenen Erfahrungen Bewegungsmerkmale *vor* oder *während* der Übungseinheit in sprachlich angepasster Form erarbeiten und visualisieren.

   ▶ Ziel: Betonung Aufwärtsschlag – Beine bleiben annähernd gestreckt („Knie unter Wasser").

2. BA an Land im Sitzen auf der Wärmebank: Hände stützen nach hinten ab, mit Gesäß an die Kante der Wärmebank rutschen, Beine strecken und wechselseitige Auf- und Abwärtsbewegung der Beine durchführen (Sehen und bewusstes Wahrnehmen der eigenen Bewegung).
3. Wie 2., auf dem Beckenrand nur bei der Überlaufrinne bzw. der Treppe, zwei Drittel der Beine sind im Wasser (Abb. 3.2).
4. RBA im Liegestütz rückwärts im knietiefen Wasser bzw. bei einer Treppe.

   ▶ Ziel: flache Wasserlage – Kopf ruhig + Betonung Aufwärtsschlag – Beine bleiben annähernd gestreckt („Knie unter Wasser").

5. RBA, dabei flach und gestreckt am Beckenrand festhalten (Kopf möglichst im Wasser) (Abb. 3.3).
6. Partnerübung: Der Partner hält den Übenden an den Füßen fest, der Übende streckt die Arme hinter dem Kopf („Pfeil") und schiebt ihn durch das Wasser.

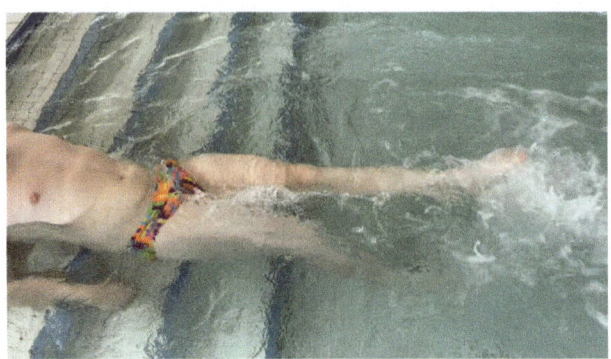

Abb. 3.2 RBA auf der Treppe (Eigene Darstellung)

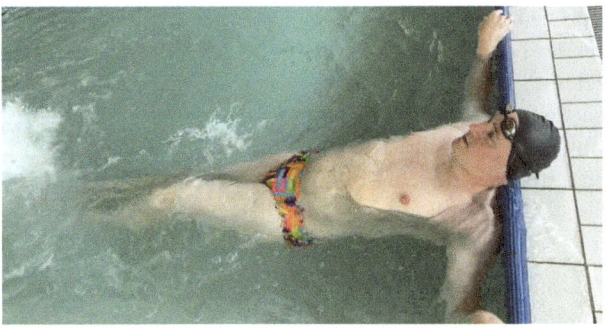

Abb. 3.3 RBA gestreckt am Beckenrand (Eigene Darstellung)

7. Partnerübung durch das Wasser gehen: Der Partner fasst unter Achseln/unter Schulterblätter (Kopf des Partners muss im Wasser liegen können), dieser legt die Arme seitlich neben Körper – führt RBA durch.
8. Die Lernenden bilden einen Kreis mit Handfassung; Abzählen auf 1 – 2. Gruppe 2 legt sich auf den Rücken und führt Rückenbeine durch, die Gruppe 1 hält, danach wird gewechselt.
9. RBA mit Partner: Der Partner wird an den Händen/mit Brett (bleiben im Wasser) oder die Hände um Taille legen durch das Wasser gezogen.
10. Abstoß vom Beckenboden, die Arme liegen neben dem Körper und mit RBA so weit wie möglich schwimmen – Strecke verlängern.
11. Wie 10., der Lernende nimmt die Hände unter das Gesäß und drückt damit sein Becken hoch.
12. RBA mit Brett (längs): Brett auf Höhe der Oberschenkel direkt an der Wasseroberfläche festhalten (Abb. 3.4). „Die Beine dürfen das Brett nicht berühren."
13. Partnerübung: Der Partner hält den Übenden an den Füßen fest, der Übende streckt die Arme hinter den Kopf („Pfeil"), wird vom Partner wie ein Pfeil „weggeschossen" und beginnt nach dem Gleiten mit der RBA.

Abb. 3.4 RBA mit Brett auf Oberschenkel (Eigene Darstellung)

Abb. 3.5 RBA wie Flugzeug (Eigene Darstellung)

3.1.5.2 Methodische Einführung Rückenschwimmen: Wasserlage, Beine und Atmung 2

▶   Ziel: gestreckte, flache Wasserlage – kontinuierliche Beinarbeit ("Springbrunnen") – Füße gestreckt und nach innen gedreht – regelmäßige Atmung – Rotation.

1. **Flugzeug:** RBA – Arme seitlich (Schulterhöhe), je ein kleines Brett unter jeden Arm legen, dann ohne Bretter (Abb. 3.5).
2. 5 m Abstand vom Beckenrand (Flachwasser) – mit Brett (seitlich fassen) oder Poolnudel – Arme gestreckt, leicht in die Hocke gehen – abstoßen vom Beckenboden, gleiten und mit RBA den Beckenrand erreichen. Die Strecke langsam verlängern, die Übung auch **ohne** Brett durchführen lassen.
Mit Zusatzaufgabe – beim Abstoßen verschiedene Kopfhaltungen einnehmen:

– Kopf zur Brust, in den Nacken nehmen oder den Kopf ganz gerade halten. Bewusste Wahrnehmung für die Kopfhaltung und ihr Einfluss auf die Wasserlage. „Was passiert mit meinem Körper?" „Wie komme ich voran?" „Warum ist das so?"

– Mal mit gestreckten, mal mit hochgezogenen Füßen schwimmen „Wie komme ich voran?" „Warum ist das so?"

– Brett gerade, nach oben und nach unten gerichtet schwimmen „Was passiert mit meinem Körper?" „Warum ist das so?" „Welche Bedeutung hat es für das Schwimmen?"

Übungen 3 und 4 erst mit, dann ohne Flossen und bis zu 25 m (Übergang Tiefwasser)

3. RBA mit Brett und Abstoß vom Beckenrand über kurze Distanzen: Brett quer hinter den Kopf „Kopf wie auf ein Kissen legen", Blick zur Decke" und „achte auf regelmäßiges Ein- und Ausatmen durch den Mund" (Abb. 3.6).

►   Brett am unteren Ende fassen – Kopf zwischen den gestreckten Armen

4. Wie 3., Brett nun längs halten, die Arme sind gestreckt und der Kopf liegt gerade im Wasser (Abb. 3.7).

5. Partnerübung mit Poolnudel: Schüler nebeneinander, einer in Bauchlage, der andere in Rückenlage oder auch beide in Rücken- bzw. Bauchlage – mit gestreckten Armen und kontinuierlicher Beinbewegung Strecke bewältigen (Abb. 3.8).

Abb. 3.6 RBA mit Brett quer hinter dem Kopf (Eigene Darstellung)

Abb. 3.7 RBA mit Brett und gestreckten Armen (Eigene Darstellung) URL:
▸ https://doi.org/10.1007/000-aqk

Abb. 3.8 a Wechselbeinschlag mit Partner in Rückenlage, **b** Wechselbeinschlag mit Partner in
Bauchlage, **c** Wechselbeinschlag mit Partner (BL/RL) (Eigene Darstellung)

**Alle folgenden Übungen erfolgen aus dem Abstoß vom Beckenrand in Rücken-
lage.**

6. Wiederholen Gleiten in Rückenlage im Flachwasserbereich. Abstoß unter
   Wasser vom Beckenrand, möglichst lange gleiten (Kopf bleibt zwischen den
   gestreckten Armen, Blick zur Wasseroberfläche, gestreckte Körperlage und
   Ausatmung durch die Nase), danach mit RBA und Armsteuerung Übergang an
   die Wasseroberfläche.

**Übungen 7–9 erst mit, dann ohne Flossen und bis zu 25 m (Übergang Tief-
wasser).**

7. RBA mit Flossen und verschränken Armen hinter dem Kopf.
8. RBA mit gestreckten Armen (Hände aufeinanderlegen, d. h., der Handrücken
   der einen Hand liegt in der Handinnenfläche der anderen Hand; der Kopf liegt
   zwischen den Armen bzw. auf den Armen) – bis zu 25 m (Abb. 3.9).

Abb. 3.9 Video: RBA mit gestreckten Armen hinter dem Kopf (Eigene Darstellung) URL:
▸ https://doi.org/10.1007/000-aqm

Abb. 3.10 RBA in Supermann-Position (Eigene Darstellung)

Mit **Zusatzaufgabe** für eine gerade und ruhige Kopfposition: Ring oder eine
Gummiente auf der Stirn transportieren.
9. RBA wie Supermann mit Flossen: Der rechte Arm liegt gestreckt hinter dem
   Kopf, der linke Arm liegt an der Hüfte (Abb. 3.10):

   – Nach der Hälfte der Strecke wechseln die Armpositionen.
   – Der Körper rollt immer wieder leicht in Richtung des gestreckten Armes
     (Abb. 3.11).

10. Anspruchsvoll: Die Lernenden sollten die gestreckte Körperlage und die
    durchgehende Beinarbeit sehr gut beherrschen:
    U-Boot: Ein Arm liegt seitlich neben dem Körper oder gestreckt hinter dem
    Kopf, der andere Arm wird senkrecht nach oben geführt. Ebenso umgekehrt
    oder auch beide Arme senkrecht aus dem Wasser nehmen. „Was passiert?"
    „Warum ist das so?" „Was kann ich tun?"

Abb. 3.11 RBA mit Rollen um die Körperlängsachse (Eigene Darstellung) URL:
▸ https://doi.org/10.1007/000-aqn

3.1.5.3 Methodische Einführung Rückenschwimmen: Wasserlage, Arme und Atmung

▶   **Voraussetzungen** für das *weitere* Erlernen der Rückentechnik sind
eine kontinuierliche Rückenbeinarbeit mit gestreckten Armen bzw. in
Supermann-Position und dies mit Körperspannung über eine Strecke
von 10–15 m halten.

Spezifische Lernziele
- Rhythmisches bzw. alternierendes Ziehen der Arme mit stabiler Wasserlage,
- langes, schulterbreites Einsetzen und langes Herausführen des Armes, Hand-
fläche zeigt am Ende der Druckphase zum Beckenboden,
- Daumenkante zuerst aus dem Wasser, Kleinfingerkante zuerst ins Wasser,
- Nutzen der Rotation um die Körperlängsachse für die Armbewegung,
- Technikmerkmale über eine kurze Strecke von 10–15 m mit regelmäßiger
Atmung schwimmen können (entweder mit Pull Buoy oder leichter Pendel-
bewegung der Beine zur Stabilisierung der Wasserlage).

Bewegungsmerkmale

Unterwasserphase

- Eintauchen des gestreckten Armes in Schulterbreite (unterstützt durch
Rotation des Körpers)
- Wasserfassen Kleinfingerkante
- Arm zieht unter Wasser, dabei zeigt die Handinnenfläche immer zu den
Füßen, am Ende der Unterwasserphase zeigt diese zum Beckenboden auf
Oberschenkelhöhe

Überwasserphase

- Daumen zuerst aus dem Wasser, gestreckter Arm halbkreisförmig über
das Wasser führen

Rhythmus

- Wechselseitiges Ziehen der Arme, wenn der eine Arm eintaucht, beendet der andere die Unterwasserphase
- Pro Bewegungszyklus durch den Mund ein- und ausatmen

1. Mithilfe von Abbildungen, Filmen, Demonstrationen und eigenen Erfahrungen Bewegungsmerkmale vor oder während des Unterrichts in sprachlich angepasster Form erarbeiten und visualisieren.

▶ Ziel: rhythmisches – flüssiges Ziehen – flache Wasserlage – regelmäßige Atmung.

2. RAA mit Partner: Der Partner hält die leicht gespreizten Beine des Übenden in Höhe der Unterschenkel fest. Der Partner geht dabei durch das Wasser.
3. RAA mit Partner: Den Übenden an den Füßen festhalten und durch das Wasser schieben (Abb. 3.12).
4. RAA mit Pull Buoy, diese oberhalb der Knie zwischen den Beinen einklemmen. Abstoß vom Beckenrand mit gestreckten Armen hinter dem Kopf, ein Arm beginnt mit der Unterwasserphase und dann weiter rhythmisch wechselseitig ziehen; Strecke verlängern bis Tiefwasser (Abb. 3.13).

▶ Ziel: Schultereinsatz (Rotation um Körperlängsachse) für ein optimales Wasserfassen.

5. RAA mit Pull Buoy mit der Aufgabe, sich leicht in die Richtung des ziehenden Armes zu rollen.

Beim Erlernen können Übungen 4 und 5 auch mit leichter RBA erfolgen, über eine sukzessive Verlängerung der Distanz, danach die Aufmerksamkeit auf den Atemrhythmus (pro Armzyklus durch Mund ein- und ausatmen) lenken.

3.1.5.4 Methodische Einführung Rückenschwimmen: Gesamtkoordination

Spezifische Lernziele
- Alternierende Bewegung von Armen und Beinen (rhythmisches Ziehen der Arme mit durchgehender Beinarbeit – Umsetzen der Armbewegung in Grobkoordination) mit stabiler Wasserlage über eine Strecke von 15–25 m.
- Ein- und Ausatmung pro Bewegungszyklus.
- Nach Abstoß (gilt auch für Wende/Start) einleiten der Rückentechnik mit Kraulbeinen, um den Übergang in die Rückengesamtbewegung zu vereinfachen.

Abb. 3.12 Video: RAA mit Partner
(Eigene Darstellung) URL:
▸ https://doi.org/10.1007/000-aqp

Abb. 3.13 Video: RAA mit Pull Buoy (Eigene Darstellung) URL:
▸ https://doi.org/10.1007/000-aqq

Bewegungsmerkmal

• Kontinuierliche Arm- und Beinbewegung (6 Beinschläge pro Armzyklus)

1. Demonstration der Rückengesamtbewegung durch einen guten Schwimmer oder selbst, ansonsten mithilfe von Anschauungsmaterial.

Alle Übungen beginnen mit Abstoßen vom Beckenrand und unter Wasser gleiten, dabei **bleiben** die Arme **gestreckt** über dem Kopf und mit RBA, sowie mithilfe der Handsteuerung und mit dem Ziehen eines Armes unter Wasser an die Wasseroberfläche gelangen.
Erst kurze Distanzen, dann Steigern der Streckenlänge bis zu 25 m.

2. RGS mit Flossen.
3. RGS mit Flossen und ATM. **Einatmen** erfolgt, wenn der rechte Arm aus dem Wasser herausgehoben und zurückgeführt wird und das **Ausatmen,** während der rechte Arm unter Wasser die Unterwasserphase durchführt. Der linke Arm kann ebenso als „Atemarm" fungieren oder beim rechten Arm einatmen und beim linken Arm ausatmen.
4. RGS mit Flossen und ATM mit langsamerer Streckenverlängerung, ggf. kann noch eine Poolnudel unter das Becken gelegt werden, um die Wasserlage zu stützen und das Hauptaugenmerk auf das kontinuierliche Ziehen der Arme und Beine zu lenken; danach unbedingt auch wieder ohne die Poolnudel.
5. RGS mit Flossen und Rollen des Körpers zum eintauchenden Arm.
6. RGS mit Flossen, auf Schultereinsatz und flüssiges rhythmisches Ziehen achten.

Die Übungen 3 bis 6 auch ohne Flossen durchführen lassen, dabei auf eine durchgehende Beinarbeit („Springbrunnen") achten.

3.1.5.5 Rückenschwimmen: Vertiefung von Technikmerkmalen 1
Mit ausreichender Übungserfahrung kann dann mit der **Vertiefung** von Technikmerkmalen begonnen werden, sobald die Lernenden recht flüssig und sicher das Rückenschwimmen über mehr als 25 m beherrschen.
Im Rahmen der Rückarmbewegung werden Technikschwerpunkte gesetzt, z. B. auf die Unterwasserphase (Zug- und Druckphase), oder als Erweiterung um vielfältiges und variantenreiches Koordinieren zu erfahren.

Beinbewegung
• Abstoß mit den Händen in Rückenlage vom Beckenrand und mit RBA auf den Rand wieder zurückschwimmen (Abb. 3.14).

- Wechselbeinschlag in Seitenlage, als Steigerung den oberen Arm senkrecht aus dem Wasser halten (Abb. 3.15).
- Delfin: Senkrechte Position einnehmen, gestreckt abtauchen und sich mit Wechselbeinschlag an bzw. über die Wasseroberfläche katapultieren (Tiefwasser).
- Wahrnehmung und Schulung 6er-Beinschlag (6er-BA):

  - Abstoß in Rückenlage und Arme an der Hüfte mit Drehung um 180°: 6er-BA auf dem Rücken und 6er-BA auf dem Bauch, immer im Wechsel,
  - Abstoß in Rückenlage und Arme an der Hüfte mit Drehung um 90°: Immer im Wechsel 6 Beinschläge in Rückenlage – auf der einen Seite – in Bauchlage – auf der anderen Seite,
  - wie Übungen zuvor, mit gestreckten Armen über dem Kopf (Abb. 3.16),
  - Abstoßen in Rückenlage mit gestreckten Armen 6er-BA, dann Arme an Hüfte 6er-BA, immer wechseln,
  - auf einen Rückenarmzyklus 6 Beinschläge koordinieren.

Abb. 3.14 Abstoß mit Händen in Rückenlage (Eigene Darstellung) URL:
▶ https://doi.org/10.1007/000-aqr

Abb. 3.15   Wechselbeinschlag in Seitenlage (Eigene Darstellung)

Abb. 3.16   6er-BA um 90° im Wechsel (Eigene Darstellung) URL:
▸ https://doi.org/10.1007/000-aqs

Armbewegung
Unterwasserphase:
   Wahrnehmung der Armführung unter Wasser mit dem Beobachtungsauftrag:

- Wie bewege ich meinen Arm unter Wasser?
- Ist er gebeugt/gestreckt? Wenn er gebeugt ist, wo beugt er sich?
- Was schreibt meine Hand unter Wasser?
- Wo zeigt meine Hand am Ende der Unterwasserphase hin?

Bewegungsmerkmale
- Zugphase: gestreckten Arm bis auf Schulterhöhe ziehen und beugen,
- Druckphase: Einwärtsdrehung des Unterarms bei fixiertem Ellenbogen zum Oberschenkel,
- Rückengleichschlag: Arme ziehen gleichzeitig mit Wechselbeinschlag (Abb. 3.17).
- „Abschlagschwimmen" mit und ohne Flossen: Arme liegen gestreckt hinter dem Kopf, der rechte Arm beginnt die Rückenarmbewegung, führt einen kompletten Zug durch und schlägt die Hand des linken Armes ab, dann zieht der linke Arm

Abb. 3.17 Rückengleichschlag (Eigene Darstellung) URL: ▸ https://doi.org/10.1007/000-aqt

Abb. 3.18 Abschlagschwimmen (Eigene Darstellung) URL: ▸ https://doi.org/10.1007/000-aqv

komplett durch, dieser schlägt dann rechte Hand ab usw. (Abb. 3.18). **Achtung!**
Im Anschluss an diese Übung sofort das rhythmische Ziehen folgen lassen, damit
sich keine Bewegungspausen manifestieren.

- Entenschlag: Oberarme liegen neben dem Körper, Unterarme zeigen nach
  außen, Handflächen zeigen nach vorne („W"-Haltung). Jetzt werden die Unterarme wechselseitig „umgeklappt", sodass die Handinnenflächen am Ende
  wieder nach unten zeigen (Abb. 3.19).
- Zur Schulung des Anstellens der Hand in der Unterwasserphase und des
  bewussten Nachdrückens kurz vor Beendigung der Druckphase erhält jeder
  Lernende ein Paar Aquafitnesshandschuhe (Mitts) und schwimmt rhythmisch
  Rückenarme mit leichter Pendelbewegung der Beine; nur über kurze Strecken –
  reine Wahrnehmungsschulung.

Abb. 3.19 Entenschlag (Eigene Darstellung) URL: ▸ https://doi.org/10.1007/000-aqw

Abb. 3.20 RGS mit verzögerter Rotation (Eigene Darstellung) URL:
▸ https://doi.org/10.1007/000-aqx

3.1.5.6 Rückenschwimmen: Vertiefung von Technikmerkmalen 2

Gesamtbewegung
- Schrauben von Rückenlage – Bauchlage – Rückenlage,
- RGS mit bewusster Steuerung der Rotation über kurzzeitiges Verzögern der Rückholphase (Abb. 3.20).
- Wahrnehmung Gesamtkoordination:
  - „Was passiert mit meinem Körper?"
  - „Wie komme ich voran?"
  - „Welche Bedeutung hat es für das Schwimmen?"
- In Form von Kontrasten:
  - **Überwasserphase:**
    gestreckter/gebeugter Arm,
    Handrücken/Kleinfingerkante,
    Einsetzen der Arme weit nach außen oder zur Körpermitte hin.
  - **Unterwasserphase:**
    gespreizte/geschlossene Finger oder Faust/flache Hand,
    Hand mit Handrücken/Daumen herausnehmen,
    Hand am Körper vorbeiführen/Hand zum Körper klappen.

Abb. 3.21 Partnerübung: Zwilling (Eigene Darstellung)

- **Zum Rhythmus:**
  ganz langsam/schnell schwimmen,
  wie Roboter/Roboter mit Kurzschluss.
- Spielerisch Rhythmus schulen:
  - Synchronschwimmen: Zu zweit/zu dritt nebeneinander synchron schwimmen, einer ist der Rhythmusgeber, die anderen folgen; danach wechseln.
  - Zwillinge: Die Partner halten sich an den Händen locker gefasst fest, stoßen sich vom Beckenrand ab und schwimmen gemeinsam in Rückentechnik, ohne die Hände zu lösen (Abb. 3.21).
- Partnerübung: „1 Schwimmer – 2 Personen" Beide legen sich hintereinander in Rückenlage auf das Wasser. Der Vordere führt die Armbewegung durch und der andere hält sich mit gestreckten oder gebeugten Armen in Rückenlage an den Füßen seines Partners fest und macht die Rückenbeinbewegung; Aufgabenwechsel (Abb. 3.22).
- **Achtung:** Eine gestreckte, flache Wasserlage muss gehalten werden.

3.1.6 Abweichungen von der Technik (Fehlerkorrektur)

Die Tab. 3.2 ermöglicht einen Überblick über mögliche Abweichungen beim Rückenschwimmen, die Ursachen und Hinweise zur Korrektur. Die Checkliste (Tab. 3.3) kann dem Beobachter in der Praxis das Erkennen von Technikabweichungen erleichtern.

Abb. 3.22   Partnerübung: 1 Schwimmer – 2 Personen (Eigene Darstellung)

3.1.7   Wettkampfbestimmungen

- Während des gesamten Wettkampfes muss der Schwimmer in Rückenlage bleiben, außer bei der Wendenausführung.
- Ein Teil des Körpers muss während des gesamten Wettkampfes die Wasserober-fläche durchbrechen, nur nach Start und Wende darf der Schwimmer bis zu 15 m untergetaucht schwimmen; am 15 m Punkt muss der Kopf die Wasserober-fläche durchbrochen haben.
- Beim Startsignal und bei jeder Wende muss sich der Schwimmer in Rückenlage abstoßen.
- Bei der Wende muss der Schwimmer mit einem beliebigen Teil seines Körpers die Wand berühren.
- Beim Zielanschlag muss sich der Schwimmer in Rückenlage befinden und die Wand der eigenen Bahn mit einem beliebigen Teil seines Körpers berühren (vgl. DSV § 127).

Elektronisches Zusatzmaterial
- RBA (ergänzende und vertiefende Videos zur Technikschulung),
- RAA (ergänzende und vertiefende Videos zur Technikschulung),
- RGS (ergänzende und vertiefende Videos zur Technikschulung),
- Übersicht Bewegungsmerkmale, methodische Einführung und Checkliste zu Rücken

Das elektronische Zusatzmaterial finden Sie auf https://link.springer.com/10.1007/978-3-662-67198-6_3.

Tab. 3.2 Rückenschwimmen Abweichungen – Fehler – Ursache – Korrektur

Fehler	Ursache	Korrektur
Wasserlage Sitzhaltung „Banane"	Kopf auf der Brust, Hände und Unterarme schauen aus dem Wasser, fehlende Körperspannung	verbal: „Schau zur Decke", „Bauch heraus", „Lege die Arme gestreckt auf das Wasser" Übung(en): Wiederholen von Übungen zum Gleiten in Rückenlage, Hüfte mit den Händen stützen oder mit Poolnudel in Kombination mit der Beinarbeit
Körper wippt, schlängelt oder schaukelt im Wasser	zu starke Rotation um die Körperlängsachse, Überziehen der Arme beim Einsetzen	Übungen zur Rotation wiederholen bzw. Armbewegung
keine gestreckten Arme		„Arme klemmen die Ohren ein" Übungen mit Brett oder Partner
Beinbewegung Knie kommen aus dem Wasser „Fahrrad fahren"	Beinarbeit nur aus den Unterschenkeln	Brett auf Oberschenkel legen (taktiler Reiz und visuell soll Brett an der Wasseroberfläche bleiben)
Kniegelenk nicht locker		„Stell dir vor du kickst einen Fußball"
Beinamplitude zu groß /zu klein		Extreme schulen: Beinschlag „laut" bzw. „leise" mit Festhalten am Beckenrand oder mit Brett
Dorsalflexion der Füße im Aufwärtsschlag	Fehlende Wahrnehmung der Fußstellung im Wasser oder eingeschränkte Beweglichkeit	Fußstellung im Wasser visualisieren, mit Flossen – Kontraste bzgl. Vortrieb wahrnehmen
Aufwärtsschlag zu schwach/keine kontinuierliche Beinarbeit		verbal: Füße bis an die Wasseroberfläche bringen, „Erzeuge einen durchgehenden Springbrunnen"
Armbewegung <u>Überwasserphase</u> (Rückholphase) keine gestreckten Arme		„Arme lang - gerade"
Handrücken schlägt auf das Wasser		verbal: nur die Fingerspitzen tauchen
<u>Unterwasserphase</u> Grobkoordination: Einsetzen der Arme zu eng bzw. zu weit		über Kontrast, je nach Extrem schulen ein Arm zieht – andere Hand Brett – ziehende Arm erhält taktilen Reiz
Erzeugen von Blasen	geöffnete Fingerhaltung	Wahrnehmungsübung: Faust – gespreizt – flach/annähernd geschlossene Handhaltung
Arm verlässt Wasser auf Hüfthöhe		Beim Ziehen mit dem Daumen den Oberschenkel berühren
Ende der Druckphase zeigt Handfläche nicht zum Boden		„Lass einen Apfel in einen unter dir stehenden Korb fallen"
gestreckte, zu stark (absinkender Ellenbogen) oder zu wenig angewinkelte Armführung		Übungen zur Schulung der Unterwasserphase
Hand zu nah an der Wasseroberfläche bzw. die Fingerspitzen kommen aus dem Wasser	fehlende Rotation um Körperlängsachse, Unterarm zu nah am Körper	Übungen zum Rollen und zur Unterwasserphase („Abklappen")
keine rhythmische Armbewegung	Bewegungspause am Oberschenkel Arme ziehen zu schnell	verbal: „Arme schneller und ununterbrochen bewegen" „Achte darauf, wenn der eine Arm eintaucht, beendet der andere die Druckphase"
Atmung unregelmäßiger Atemrhythmus		Atemarm festlegen, bewusste Ein-und Ausatmung
unvollständige Ausatmung (Pressatmung)		bewusstes Ausatmen der Atemluft „pusten"
Koordination Bewegungsfluss zu langsam/mit Pausen - zu schnell		„Achte auf flüssige und regelmäßige Bewegung der Arme und Beine"

Tab. 3.3 Checkliste zum Rückenschwimmen

Bildreihe inkl. Kriterium	Bewegungsmerkmale	Erkennen des Bewegungsmerkmals			
Wasserlage					
	Körper gestreckt	++++	+++	++	+
	Kopf zwischen den Armen (Blick zur Decke)	++++	+++	++	+
	gestreckte Arme	++++	+++	++	+
	Hände liegen eng neben bzw. aufeinander	++++	+++	++	+
	Rotation um Körperlängsachse	++++	+++	++	+
Beine (BA)					
	Aufwärtsbewegung Impuls aus der Hüfte über Oberschenkel mit geringem Beugewinkel im Kniegelenk	++++	+++	++	+
	Unterschenkel bleiben liegen	++++	+++	++	+
	Peitschenartige Streckung des Kniegelenks	++++	+++	++	+
	kontinuierliche wechselseitige Bewegung (Füße an Wasseroberfläche)	++++	+++	++	+
	gestreckte, einwärts gedrehte Füße (in Aufwärtsbewegung)	++++	+++	++	+
Arme (AA)					
	wechselseitiges flüssiges Ziehen der Arme	++++	+++	++	+
	Unterwasserphase: **Ziehen/Beugen (Zugphase):** Eintauchen des gestreckten Armes in Schulterbreite	++++	+++	++	+
	kleiner Finger zuerst	++++	+++	++	+
	Rotation des Körpers zum eintauchenden Arm	++++	+++	++	+
	Gestreckter Arm zieht bis auf Schulterhöhe	++++	+++	++	+
	Drücken (Druckphase) Einwärtsdrehung des Unterarms bei fixiertem Ellenbogen	++++	+++	++	+
	Handinnenfläche zeigt am Ende der Unterwasserphase zum Beckenboden	++++	+++	++	+
	Überwasserphase: **Rückholphase** gestreckten Arm halbkreisförmig über Wasser führen	++++	+++	++	+
Atmung (ATM)	Pro Bewegungszyklus durch Mund ein- und ausatmen	++++	+++	++	+
Koordination (GS)					
	Kontinuierliche Arm- und Beinbewegung	++++	+++	++	+

3.2   Kraulschwimmen

3.2.1   Lernvoraussetzungen

- Schweben in Rücken- bzw. Bauchlage (Körperspannung halten),
- Gleiten mit Abstoß in Rücken- bzw. Bauchlage optimal unterhalb der Wasser-oberfläche,
- bewusstes rhythmisches Ein- und Ausatmen, Ausatmen durch Nase und Mund.

3.2.2   Material/Medien

- Technikmerkmale erwerben: Brett und Flossen (optimal Kurzflossen) und ggf. Poolnudel,
- Technikmerkmale erweitern und vertiefen: Pull Buoy, Mitts, Paddels,
- Video/Filme/Bilder zur Kraultechnik (Abb. 3.23).

3.2.3   Ergänzende Hinweise zum methodischen Vorgehen

Bei der Vermittlung bietet es sich, an die Kraul- und Rückentechnik im Rahmen der Wasserlage und Beinbewegung **parallel** einzuführen, da die Bewegungsmerkmale

- flache, gestreckte Körperlage (Rücken- bzw. Bauchlage),
- schnelle, alternierende Beinbewegungen,
- Impulssetzung durch die Hüfte und mit getreckten und leicht nach innen gedrehten Füßen gleich sind.

Hierbei die Übungen zum Rückenschwimmen aus Abschn. 3.1 in den 1. Teil der methodischen Übungsreihe integrieren.

Bevor die Kraultechnik vermittelt wird, sollten die Lernenden **zuerst** die Rückentechnik erlernt haben, denn die Atmung beim Kraulschwimmen stellt im Vergleich zum Rückenschwimmen eine Erschwernis dar. Ansonsten gibt es nur wenige Unterschiede hinsichtlich ihrer Bewegungsmerkmale (Tab. 3.4).

Da wettkampfmäßig beim Kraulschwimmen verschiedene Streckenlängen geschwommen werden, wird bei der Beinfrequenz zwischen 2er- und 6er-Bein-schlag unterschieden. Der 6er-Beinschlag hat eine stabilisierende und vor-triebswirksame Funktion und kann auch nur energetisch über kurze Strecken (Sprintstrecken) realisiert werden. Dementsprechend wird auf langen Strecken der 2er-Beinschlag angewendet, um die Wasserlage durch die Rotation des Körpers um die Längsachse beim Schwimmen zu stabilisieren.

Für den Unterricht/das Training sollte im Vordergrund stehen, dass die Lernenden unter Berücksichtigung der Bewegungsmerkmale eine **kontinuierliche Beinfrequenz** realisieren.

Abb. 3.23 Video: Kraulschwimmen (Eigene Darstellung) URL: ▸ https://doi.org/10.1007/000-aqy

Tab. 3.4 Unterschiede der Wechselzugtechniken Rücken und Kraul (Eigene Darstellung)

Rücken	Kriterien	Kraul
Rückenlage	**Wasserlage**	Bauchlage
Bedingt durch Wasserlage Aufwärtsschlag, 6er-Beinschlag	**Beinbewegung**	Bedingt durch Wasserlage Abwärtsschlag, 2er-/6er-Beinschlag
Gestreckte Armführung in der Rückholphase	**Armbewegung**	Hoher Ellenbogen in der Rückholphase
Willkürliche Atmung	**Atmung**	Verschiedene Atemrhythmen möglich, auch abhängig von der Streckenlänge, Armbewegung gibt den Zeitpunkt der Atmung vor
–	**Koordination**	–

Aus Gründen der didaktischen Reduktion wird nur der Antriebsschlag bei der Beinbewegung berücksichtigt, hier beim Kraulschwimmen ist es die Abwärtsbewegung.

Da sowohl die korrekte Bewegung des Kopfes, um zu atmen, als auch der Zeitpunkt des Atemvorganges (am Ende der Druckphase dreht der Kopf zur Seite – **Einatmen durch den Mund** – Kopf in Ausgangsposition, sobald der Ellenbogen die Schulter passiert hat – **Ausatmen durch Nase und Mund**) für viele Lernende ein Problem darstellt, sollten Flossen dieses schon zu Beginn unterstützen. Allerdings sollte im Anschluss immer die Übung auch ohne Flosseneinsatz nochmals über kurze Strecken wiederholt werden.

Bei der Schulung darauf achten, dass die Atmung zu beiden Seiten berücksichtigt wird und verschiedene Atemrhythmen in den Lernprozess mit einfließen.

3.2.4 Bewegungsbeschreibung inkl. didaktisch reduzierter Bewegungsmerkmale

Lage im Wasser

Der Körper liegt flach und gestreckt in Bauchlage auf dem Wasser, dabei nimmt er einen Anstellwinkel von ca. 5–10° ein. Der Schultergürtel liegt höher als der Beckengürtel (Gleitlage), hierdurch wird die notwendige Wassertiefe erreicht, damit die Beine optimal arbeiten können. Die Rotation um die Körperlängsachse (ca. 45°) unterstützt eine effektive Bewegungsausführung auf der Zug-Druck-Seite und die Atmung zur Seite, wodurch der Atemvorgang in den Bewegungsablauf optimal integriert werden kann. Ansonsten bleibt der Kopf zwischen den Armen ruhig liegen und der Blick ist nach (vorn) unten gerichtet.

Beinbewegung

Die Beine werden alternierend, gleichmäßig, dicht nebeneinander und ununterbrochen auf- und abwärts bewegt. Dabei sollte die Beinamplitude zwischen 30–40 cm liegen.

Der Abwärtsschlag des Beines wird von der Hüfte eingeleitet, über eine passive Beugung im Knie und der Streckung des Unterschenkels und des Fußes, dieser ist gestreckt und nach innen gedreht. Diese Ab- und Aufwärtsbewegungen sollten an der Wasseroberfläche erzeugt werden. In der Aufwärtsbewegung bleibt der Fuß gestreckt und locker und bildet die Verlängerung zum Oberschenkel, auch hier erfolgt der Impuls aus der Hüfte.

Armbewegung

Die Armbewegung erfolgt alternierend, d. h. zeitgleiches Eintauchen des einen Armes und Beendigung der Druckphase des anderen Armes. Bei der Unterwasserphase beschreibt die Hand dabei eine flache S-Kurve oder ein Fragezeichen. Die Hand führt die Bewegung an.

Die *Zugphase* beginnt mit dem Wasserfassen der Hand, wobei die Rotation um die Körperlängsachse zum ziehenden Arm dies begünstigt und eine optimale Tiefe für den Verlauf der Armbewegung dadurch ermöglicht wird. Der gestreckte Arm wird schulterbreit eingesetzt und dann nach außen unten bis auf Schulterhöhe gezogen, beugt sich dabei im Ellenbogengelenk bis auf 90°.

Ab hier beginnt die *Druckphase*, wobei die Hand weiterhin die Bewegung anführt, nah an der der Körperseite wird sie zum Oberschenkel geführt. Die Handinnenfläche zeigt gegen Ende der Druckphase zur Wasseroberfläche.

Bei der *Rückholphase* befindet sich die Schulter außerhalb des Wassers und wird mit Verlassen des Ellenbogens aus dem Wasser eingeleitet. Aus der hohen Ellenbogenhaltung (90°) bis auf Schulterhöhe wird der Arm weit nach vorne gestreckt und setzt schulterbreit mit den Fingerspitzen und nahezu geschlossener Hand wieder ein.

Atmung

Mit Ende der Druckphase des Armes an der Atemseite beginnt der Kopf, sich zur Seite zu drehen, das Kinn zeigt dabei zur Schulter, der Blick erfolgt zur Seite und die Einatmung durch den Mund. Hierbei sieht der Schwimmer den hohen Ellenbogen. Spätestens, wenn der Arm die Schulter passiert hat, befindet sich der Kopf wieder in der Ausgangsposition. Mit dem Eintauchen des Armes beginnt die Ausatmung durch Nase und Mund.

Beim Kraulschwimmen sind ab 2er-Atmung verschiedene Atemrhythmen möglich. Dies ist abhängig von der Streckenlänge und dem physischen Leistungsvermögen. Ein ungerader Atemrhythmus, z. B. eine 3er-Atmung, hat den Vorteil, dass der Schwimmer sich zu beiden Seiten orientieren kann und die Wasserlage relativ stabil bleibt.

Koordination

Es erfolgen 6 Beinschläge (3 Aufwärts- und 3 Abwärtsschläge für jedes Bein) auf einen Armzyklus (Zyklus = rechter und linker Arm ziehen). Bei diesem Beinschlagrhythmus haben die Beine eine Vortriebs- und Stabilisierungsfunktion. Bei längeren Strecken wird der 2er-Beinschlag geschwommen und hat dann überwiegend eine stabilisierende Funktion.

Die Arm- und Beinbewegung erfolgt in wechselseitiger und kontinuierlicher Form.

Diese Beschreibung der Kraultechnik findet sich in Tab. 3.5 in didaktisch reduzierter Form wieder.

3.2.5 Methodisches Vorgehen

3.2.5.1 Methodische Einführung Kraulschwimmen: Wasserlage und Beine

Spezifische Lernziele
- Korrekte Beintechnik in gestreckter flacher Körperlage ohne Hilfsmittel,
- durchgehende kontinuierliche Beinarbeit,
- Steuerung der Rotation um die Körperlängsachse,
- Integration der seitlichen Atmung zu beiden Seiten.

Bewegungsmerkmale
- Flache, gestreckte Bauchlage mit Blick nach unten
- Kopf gerade zwischen den gestreckten Armen
- Impuls aus der Hüfte, Abwärtsbewegung der Oberschenkel, Beugewinkel im Kniegelenk geringer (20°), Unterschenkel bleiben liegen
- Peitschenartige Streckung des Kniegelenks mit hoher Frequenz und kleiner Amplitude (kontinuierliche wechselseitige Bewegung)
- Gestreckte, einwärts gedrehte Füße (in Abwärtsbewegung)

Tab. 3.5 Didaktisch reduzierte Bewegungsmerkmale der Kraultechnik (K) mit Beispielen zur bildlichen Formulierung (Eigene Darstellung)

Kriterien inkl. Abbildung	Bewegungsmerkmale	
	bildlich	didaktisch reduziert
Wasserlage (WL)	„Pfeil"/"Brett" „Blick nach unten"	flache, gestreckte Bauchlage (Schultern höher als Hüfte) Kopf gerade zwischen den gestreckten Armen (Kopfsteuerung)
	„Boot schwankt"	Rotation um Körperlängsachse
Beine (BA)	„Springbrunnen"	kontinuierliche **wechselseitige Bewegung** mit hoher Frequenz und kleiner Amplitude
	„Beine gestreckt lassen" „vergleichbar mit Vollspannstoß beim Fußball"	Impuls aus der Hüfte Abwärtsbewegung der Oberschenkel Beugewinkel im Kniegelenk geringer (20°) Unterschenkel bleiben liegen (passive Beugung); Peitschenartige Streckung des Kniegelenks
	„großer angespitzter Bleistift"; „Großzehen kitzeln sich"	Füße strecken und einwärtsdrehen (in Aufwärtsbewegung)
Arme (AA)	„Taschentuch aus der Tasche ziehen, jemandem übergeben wollen, dann doch selbst schnupfen und wegwerfen"	**wechselseitiges Ziehen** der Arme, wenn der eine Arm eintaucht, beendet der andere die Unterwasserphase (Druckphase)
	„lang vorne - lang hinten heraus" „angedeutetes Fragezeichen"	**Unterwasserphase:** Hand zieht auf kürzestem Weg vom Eintauchpunkt zum Austauchpunkt (Oberschenkel) mit hohem Ellenbogen auf Schulterhöhe
	„Supermann in Bauchlage"	**Ziehen/Beugen (Zugphase):** Eintauchen des gestreckten Armes in Schulterbreite (unterstützt durch Rotation des Körpers),
	„Balken mit flacher Hand fassen"	flache Hand taucht ein – Wasserfassen: Hand dreht nach außen und zieht nach außen hinten gestreckten Arm bis auf Schulterhöhe ziehen und beugen (hoher Ellenbogen 90°)
	und vom Balken abdrücken"	**Drücken (Druckphase):** Unterarm drückt am Körper vorbei bis auf Oberschenkelhöhe Handinnenfläche zeigt immer zu den Füßen,
	„Dach", „Dreieck", „Haifischflosse",	**Überwasserphase:** **Rückholphase** Hand kommt aus dem Wasser, Arm mit hohem Ellenbogen über Wasser nach vorne führen
Atmung (ATM)	„Blick zur Seite" „Kinn zur Schulter"	Drehung erfolgt nur in der HWS am Ende der Druckphase (Einatmung Mund) sofort zurückdrehen und Ausatmung durch Nase und Mund Atemrhythmus ab 2er Atmung (Atmung erfolgt bei jedem 2. Armzug) frei wählbar, je nach Streckenlänge
Koordination (GS)		Kontinuierliche Arm- und Beinbewegung (6 Beinschläge pro Armzyklus)

1. Mithilfe von Abbildungen, Filmen, Demonstrationen und eigenen Erfahrungen Bewegungsmerkmale *vor* oder *während* der Übungseinheit in sprachlich angepasster Form erarbeiten und visualisieren.

▶   Ziel: Betonung Ristschlag – Beine bleiben annähernd gestreckt .

2. BA an Land im Sitzen auf der Wärmebank: Hände stützen nach hinten ab, mit Gesäß an die Kante der Wärmebank rutschen, Beine strecken und wechselseitige Auf- und Abwärtsbewegung der Beine durchführen (Sehen und bewusstes Wahrnehmen der eigenen Bewegung).
3. Wie 2., auf Beckenrand nur bei Überlaufrinne bzw. Treppe, zwei Drittel der Beine sind im Wasser.
4. KBA an einer Überlaufrinne (bzw. Treppe), hier liegen die SuS in Bauchlage bis zur Hüfte im Wasser.

▶   Ziel: flache Wasserlage – Kopf im Wasser und Betonung des Abwärtsschlags – Beine bleiben annähernd gestreckt (leichte Kniebeugung).

5. KBA im knietiefen Wasser bzw. bei einer Treppe im Lehrschwimmbecken gehen die Schwimmer in den Liegestütz, üben die Kraulbeinarbeit und betonen den Abwärtsschlag der Beine (Abb. 3.24).
6. KBA mit Festhalten am Beckenrand, eine Hand am Beckenrand, die andere Hand gegen die Beckenwand stemmen; Betonung Abwärtsschlag.
7. KBA mit Partner: Der Partner geht in den Kniestand und der andere legt sich in Bauchlage auf das Wasser, hält sich an den Schultern des Partners fest, dabei die Arme strecken, Kopf ist im Wasser , dann Partnerwechsel.
8. KBA mit Partner: Einer zieht den anderen an den Händen, am Brett oder mit um die Taille gelegten Händen durch das Wasser. Der Gezogene achtet auf eine gestreckte Körperhaltung, regelmäßige Beinbewegungen, legt während der Übung den Kopf ins Wasser und atmet bei Bedarf nach vorne (Abb. 3.25).

Abb. 3.24 KBA auf Treppe (Eigene Darstellung)

Abb. 3.25 KBA mit Partner (Eigene Darstellung)

9. Die Lernenden gehen ins Tiefe, halten sich am Beckenrand fest, versuchen nun aus der senkrechten Position mithilfe der Kraulbeinbewegung in die Waagerechte zu gelangen.
10. Die Lernenden bleiben am Beckenrand in Bauchlage, stoßen sich mit den Händen fußwärts vom Beckenrand ab, gleiten rückwärts und versuchen dann, mit der KBA wieder zum Beckenrand zu kommen.

▶   Das Brett am unteren Ende fassen – den Kopf zwischen den gestreckten Armen.

11. KBA mit Brett: Die Lernenden stellen sich 5 m entfernt vom Beckenrand auf (Flachwasser), stoßen sich vom Beckenboden ab, gleiten und versuchen mit Beinbewegungen den Beckenrand zu erreichen. Die **Strecke** langsam **verlängern**, Die Übung auch **ohne** Brett durchführen lassen (Abb. 3.26).
    Alternative: Die Lernenden halten mit gestreckten Armen eine Poolnudel.
12. KBA mit/ohne Brett: Abstoß vom Beckenrand über kurze Distanzen, gestreckte Armhaltung mit Kopf im Wasser und die Atmung erfolgt nach vorne bei Bedarf.
    Als **Zusatzaufgabe**: Die Lernenden nehmen verschiedene Kopfhaltungen ein:
    – Kopf zur Brust, in den Nacken oder den Kopf gerade; bewusste Wahrnehmung der Kopfhaltung und ihr Einfluss auf die Wasserlage und damit verbunden auf den Vortrieb: „Was passiert mit meinem Körper?", „Wie komme ich voran?", „Warum ist das so?"
13. Partnerübung: Die Partner stehen sich gegenüber, fassen sich an die Schulter und versuchen mithilfe der Kraulbeinarbeit, sich gegenseitig zu verdrängen.
    – **Variation 1** mit einem Brett: Die Partner nehmen das Brett quer, fassen dieses seitlich mit gestreckten Armen und verdrängen sich mit KBA.
    – **Variation 2** mit 2 Brettern und Ball: Die beiden Schüler stellen sich voreinander, fassen ihr Brett quer und strecken ihre Arme, nehmen den Ball zwischen die Bretter, legen sich auf den Bauch und führen Kraulbeine durch.
    Ziel ist es, den Ball zwischen den Brettern zu halten.

Abb. 3.26 Video: KBA mit
gestreckten Armen (Eigene
Darstellung) URL:
▸ https://doi.org/10.1007/000-aqz

14. Wettschwimmen oder Pendelstaffel: Bilden von 2er- bis 4er-Gruppen, jede
    Gruppe bekommt einen Stab oder eine Poolnudel. Die Gruppen stellen sich
    nebeneinander auf und fassen den Stab bzw. die Poolnudel mit gestreckten
    Armen. Auf Kommando versuchen die Gruppen, so schnell wie möglich mit
    Kraulbeinbewegung auf die andere Beckenseite zu schwimmen.

3.2.5.2 Methodische Einführung Kraulschwimmen: Wasserlage, Beine und Atmung

Bewegungsmerkmal
- Integration der seitlichen Atmung zu beiden Seiten
- Rotation um die Körperlängsachse
- Regelmäßige Atmung

▷   Ziel: gestreckte, flache Wasserlage – kontinuierliche Beinarbeit
      („Springbrunnen") – Füße gestreckt und nach innen gedreht –
      bewusstes regelmäßiges Atmen zur Seite – Rotation.

1. KBA mit Atmung nach vorne. Auf bewusste Ausatmung durch Mund und Nase achten.
2. KBA mit einer Hand am Beckenrand festhalten, die andere Hand an den Oberschenkel nehmen **„Supermann-Position"**. Zur offenen Seite atmen, indem sich nur der Kopf zur Seite dreht. Durch den Mund einatmen und bewusst durch Nase und Mund ausatmen. Atemseite wechseln (Abb. 3.27).
3. **„Supermann-Position"** mit Flossen und Brett bis zu 25 m. Eine Hand fasst das Brett. Den Kopf seitlich zur offenen Seite drehen, einatmen und sofort wieder den Kopf in die Ausgangsposition bringen; dann Seitenwechsel.
4. Wie 3., es erfolgt zusätzlich eine leichte Drehung zum Arm, der auf dem Brett liegt; dann Seitenwechsel.
5. Wie 4. **ohne** Brett.
6. Wie 5. und nach der Hälfte der Strecke wechselt die Armposition.

Übungen 3–4 auch **ohne** Flossen durchführen, allerdings mit kurzen Strecken beginnen und diese verlängern (Abb. 3.28).

Im Folgenden sollen die Kriterien (Wasserlage, Beine und Atmung) weiter **vertieft** und durch die Übungsvariationen können die nächsten Übungseinheiten interessant und auch fordernd gestaltet werden.

Abb. 3.27 Video: KBA mit Atmung am Beckenrand (Eigene Darstellung) URL:
▸ https://doi.org/10.1007/000-ar0

Abb. 3.28 Video: Supermann-Position
mit KBA und Atmung (Eigene Darstellung)
URL: ▸ https://doi.org/10.1007/000-ar1

1. KBA mit Brett: Mithilfe von Kontrasten lernen die Schwimmer verschiedene Beinamplituden kennen. Eine Bahn wird mit extrem großer Amplitude (leise) geschwommen, die andere mit sehr kleiner Amplitude (laut), danach versuchen die Schwimmer, die für sie optimale Beinamplitude zu finden. „Was passiert mit meinem Körper?", „Wie komme ich voran?", „Warum ist das so?"
2. KBA in Seitenlage, ein Arm gestreckt in Schwimmrichtung ins Wasser, den Kopf darauflegen, der andere Arm liegt an der Hüfte. Um zu atmen, wird der Kopf in Richtung der Wasseroberfläche gedreht; danach Seiten wechseln. (Abb. 3.15).
3. Wie 2. und sich nach 4–5 m auf die andere Seite drehen, dies immer im Wechsel.
4. Wie 2., nur dass der Arm, der an der Hüfte liegt, senkrecht nach oben genommen wird. Diese Übung erst einmal mit Flossen probieren, dann ohne.
5. Rhythmus 6er-Beinschlag, gestreckt in Bauchlage auf das Wasser legen, 6 Beinschläge, dann auf den Rücken legen, 6 Beinschläge machen und immer weiter im Wechsel.
6. Wie 5., nur nach 6 Beinschlägen von einer Seite zur anderen Seite drehen.
7. Wie 5., jetzt drehen sich die Schüler jeweils um 90° um ihre Körperlängsachse (Bauchlage, rechte Seite, Rückenlage, linke Seite) (Abb. 3.16).

3.2.5.3 Methodische Einführung Kraulschwimmen: Wasserlage, Arme und Atmung

▶ **Voraussetzungen für das *weitere* Erlenen der Kraultechnik sind:**

Kontinuierliche Kraulbeinbewegung mit gestreckten Armen bzw. in Supermann-Position und dies mit Körperspannung über eine Strecke von 10–15 m halten

Drehung des Kopfes zur Seite inkl. Einatmen durch den Mund, bewusstes Ausatmen durch Nase und Mund

Spezifische Lernziele
- Rhythmisches bzw. alternierendes Ziehen der Arme mit stabiler Wasserlage,
- langes, schulterbreites Einsetzen der flachen Hand, lange Unterwasserphase bis zum Oberschenkel und Zurückführen des Armes mit hohem Ellenbogen,
- Zeitpunkt der Atmung im Armzyklus integrieren,
- Beherrschen der Atmung zu beiden Seiten,
- Lernen verschiedener Atemrhythmen,
- Nutzen der Rotation um Körperlängsachse für Atmung und Armbewegung,
- Technikmerkmale über eine kurze Strecke von 10–15 m bewältigen (entweder mit Pull Buoy oder leichter Pendelbewegung der Beine zur Stabilisierung der Wasserlage).

Bewegungsmerkmale

Unterwasserphase

- Die Hand zieht auf kürzestem Weg vom Eintauchpunkt (gestreckter Arm in Schulterbreite mit flacher Hand) zum Austauchpunkt (Oberschenkel) mit hohem Ellenbogen (90°) auf Schulterhöhe
- Wasserfassen: Die Hand dreht nach außen
- Der Arm zieht nach außen hinten, bis auf Schulterhöhe beugen (hoher Ellenbogen 90°)
- Der Unterarm drückt am Körper vorbei bis auf Oberschenkelhöhe
- Die Handinnenfläche zeigt immer zu den Füßen

Überwasserphase

- Die Hand kommt aus dem Wasser, den Arm mit hohem Ellenbogen über Wasser nach vorne führen

Rhythmus

- Wechselseitiges Ziehen der Arme, wenn der eine Arm eintaucht, beendet der andere die Unterwasserphase
- Integration des Atmens in die Armbewegung
- Beides wird durch die Rotation um die Körperlängsachse unterstützt

1. Mithilfe von Anschauungsmaterial wird die Kraularmarbeit eingeführt und an Land demonstriert (Bewegung mit vorgeneigtem Oberkörper, um die Lage im Wasser besser zu verdeutlichen, seitliche und frontale Perspektive); Bewegungsmerkmale vor oder während des Unterrichts in sprachlich angepasster Form erarbeiten und visualisieren.

▶ Ziel: rhythmisches, flüssiges Ziehen – flache Wasserlage – Zeitpunkt seitliches und regelmäßiges Atmen.

Einstiegsübungen zur Kraularmbewegung finden im **Flachwasser** statt.

Die **Rotation** um die Körperlängsachse immer wieder mit in den Bewegungsauftrag geben.

2. Circa 1 m vom Beckenrand entfernt aufstellen mit Blick zum Beckenrand, den Oberkörper auf das Wasser legen, den Kopf im Wasser zwischen den nach vorne gestreckten Armen positionieren, die Hände haben Kontakt zum Beckenrand. Aus dieser Ausgangsstellung setzen die Lernenden den wechselseitigen Kraularmzug um. Bei jedem Armzug gibt es einen Kontakt zum Beckenrand (kontrollierter Ablauf).
3. Wie 2., Integration der Atmung in den Bewegungsablauf; einarmig, dann Armwechsel (Abb. 3.29).
4. Wie 3., allerdings erfolgt die Armarbeit wechselseitig und der Schwimmer atmet nach jedem 2., dann 3. Armzug (Abb. 3.30).
5. KAA wechselseitig flüssiges Ziehen ohne Atmung, dabei hakt der Schwimmer seine Füße in der Beckenrinne ein, **oder** als Partnerübung, hierbei kniet bzw. hockt der Partner am Beckenrand und hält die Füße fest, damit der Partner die Armbewegung durchführen kann, dann Partnerwechsel.
6. Wie 5. als Partnerübung, mit Atmung zur rechten Seite, danach erfolgt der Seitenwechsel bzw. die 3er-Atmung und dann Partnerwechsel.

Abb. 3.29 Video: KAA mit seitlicher Atmung (Stand am Beckenrand) (Eigene Darstellung) URL: ▶ https://doi.org/10.1007/000-ar2

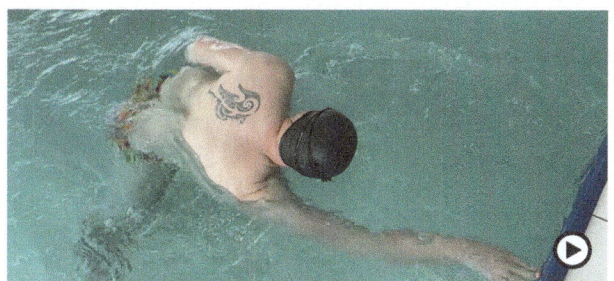

Abb. 3.30 Video: KAA mit 2er-/3er-Atmung (Stand am Beckenrand) (Eigene Darstellung) URL: ▸ https://doi.org/10.1007/000-ar3

Abb. 3.31 Video: KAA mit Pull Buoy und 2er-Atmung (Eigene Darstellung) URL: ▸ https://doi.org/10.1007/000-ar4

7. Partnerübung: Der Partner schwimmt KAA, Atmung nach Bedarf, der Partner hält die Füße und schiebt ihn durch das Wasser, dann Partnerwechsel.
8. Wie 7., KAA mit regelmäßigem Atemrhythmus.
9. Kraularmarbeit mit Pull Buoy zwischen den Oberschenkeln, Atmung nach Bedarf, langsam die Distanz verlängern.
10. Wie 9., mit Atmung zur rechten Seite, danach Wechsel der Atemseite, mit Streckenverlängerung (Abb. 3.31).

Bei Übungen 9 und 10 kann beim Erlernen der Kraularmbewegung auch mit Unterstützung leichter KBA gearbeitet werden. Es gilt, sukzessiv die Distanz zu verlängern und einen regelmäßigen Atemrhythmus zu verfolgen.

3.2.5.4 Methodische Einführung Kraulschwimmen: Gesamtkoordination

Spezifische Lernziele
- Alternierende Bewegung von Armen und Beinen (rhythmisches, flüssiges Ziehen der Arme mit durchgehender Beinarbeit),
- Umsetzen der Armbewegung in Grobkoordination mit stabiler Wasserlage und regelmäßigem Atemvorgang,
- Strecke über 15–25 m in Kraultechnik schwimmen,
- nach Abstoß (gilt auch für Wende/Start) einleiten der Kraultechnik mit Kraulbeinen, um den Übergang in die Kraulgesamtbewegung zu vereinfachen.

Bewegungsmerkmal

- Kontinuierliche Arm- und Beinbewegung (6 Beinschläge pro Armzyklus)

1. Demonstration der Kraultechnik durch einen Schwimmer, ansonsten verdeutlicht die Lehrkraft/der Trainer mithilfe von Anschauungsmaterial die Technik.

▶ Um den Einstieg in die Gesamtbewegung zu erleichtern, können die folgenden Übungen:
  - mit Flossen (Motivation und Erleichterung),
  - dann mit einer Flosse (neues Bewegungsgefühl und Reduzierung des Vortriebs) und
  - dann ohne Flossen erfolgen.

Alle **Übungen** beginnen mit dem **Abstoß vom Beckenrand** mit gestreckter Körperlage (Arme liegen vorne, Hände aufeinander). Nach der Gleitphase fängt der Schwimmer immer mit der Kraulbeinbewegung an und beginnt mit der Unterwasserphase eines Armes, kurz bevor er die Wasseroberfläche mit dem Kopf durchbrochen hat.

2. KGS ohne zu atmen, so weit wie möglich.
3. KGS: Schwimmer atmet in seinem Rhythmus.
4. Wie 3., Strecke verlängern.
5. KGS: Bei jedem 2. Armzug (2er-Atmung) zur "Schokoladenseite".
6. Wie 5., mit Verlängerung der Schwimmstrecke.
7. Übungen 3–6 auch für die Atmung zur ungewohnten Seite („Nichtschokoladenseite") durchführen.
8. KGS: Mit 2er-Atmung, wobei nach einer halben Bahn die Atemseite gewechselt wird.
9. KGS: Mit 3er-Atmung; Vorteil: ruhigere Wasserlage.

3.2.5.5 Methodische Einführung Kraulschwimmen: Vertiefung von Technikmerkmalen 1

Mit ausreichender Übungserfahrung kann dann mit der **Vertiefung** von Technikmerkmalen begonnen werden, sobald die Lernenden recht flüssig und sicher das Kraulschwimmen über mehr als 25 m beherrschen.

Armbewegung
Unterwasserphase:

- Wahrnehmung der Armführung unter Wasser mit dem Beobachtungsauftrag:
- Wie bewege ich meinen Arm unter Wasser?
- Ist er gebeugt/gestreckt? Wenn er gebeugt ist, wo beugt er sich?
- Was schreibt meine Hand unter Wasser?
- Wo kommt meine Hand aus dem Wasser?
  1. Einhaken der Füße in der Beckenrinne, gestreckte Körperlage, „**Hundekraulen**", Arme führen die Unterwasserphase durch, Rückholphase auch unter Wasser, Armbewegung erfolgt alternierend, Atmung zur Seite nach Bedarf (Abb. 3.32).
  2. Einhaken der Füße in der Beckenrinne, gestreckte Körperlage, „**Entenschlag**", Oberarme am Brustkorb angelegt und die Unterarme zeigen nach vorne, Arme abwechselnd nach hinten führen, Hände drücken das Wasser kräftig nach hinten weg (Intensivierung der Druckphase), Atmung nach Bedarf zur Seite (Abb. 3.33).
  3. Übungen 1 und 2 über kurze Distanzen mit leichter KBA.
  4. Die Übenden spritzen nach Beendigung der Druckphase aktiv das Wasser nach hinten hinaus: „Hintermann nass spritzen".
  5. KAA mit Paddels/Mitts (Wahrnehmung: Nutzen Wasserwiderstand – Druckphase).
     Achtung: Der Einsatz von Paddels frühestens ab einem Alter von 10–11 Jahren, vorher kann man die Handschuhe (Mitts) aus der Wassergymnastik nutzen.

Abb. 3.32 Video: Hundekraulen (Eigene Darstellung) URL: ▸ https://doi.org/10.1007/000-ar5

Abb. 3.33   Video: Entenschlag (Eigene Darstellung) URL: ▸ https://doi.org/10.1007/000-ar6

Überwasserphase hoher Ellenbogen
- Wahrnehmung der Armführung über Wasser mit dem Beobachtungsauftrag:

  - Wie bewege ich meinen Arm über Wasser?
  - Ist er gebeugt/gestreckt?
  - Wenn er gebeugt ist, wo beugt er sich?
  - Kann ich das sehen?
  - Wo setzt mein Arm/Hand ein?
  - Wie setzt meine Hand ein?

- KAA mit Pull Buoy zwischen den Oberschenkeln, leichter KBA oder Flossen, Atmung nach Bedarf.

  - Den Daumen an der Körperflanke entlang bis zur Achselhöhle ziehen.
  - Den Handrücken über den Rücken ziehen (Abb. 3.34).
  - Die Fingerspitzen über das Wasser schleifen.

Abb. 3.34   KGS: Handrücken über den Rückenziehen (Eigene Darstellung)

Abb. 3.35 Video: KGS – Fingerspitzen berühren Rücken, Schulter und Kopf (Eigene Darstellung) URL: ▸ https://doi.org/10.1007/000-ar7

- Die Fingerspitzen berühren kurz die Schulter, dann den Kopf.
- Der Handrücken berührt die gegenüberliegende Gesäßhälfte.
- Die Fingerspitzen berühren kurz den Rücken, die Schulter und dann den Kopf (Abb. 3.35).
- Der Arm wird bei allen Übungen gestreckt und schulterbreit in das Wasser eingetaucht.

3.2.5.6 Methodische Einführung Kraulschwimmen: Vertiefung von Technikmerkmalen 2

Gesamtkoordination und Atmung
Rhythmisches Ziehen der Arme:

- **Wahrnehmung des Armrhythmus (in Verbindung mit Atemrhythmus und Rotation) mit dem Beobachtungsauftrag:**
  - Ziehe ich flüssig?
  - Wann taucht der eine Arm ins Wasser ein und wo befindet sich dann der andere Arm?
  - Zu welcher Seite atme ich am liebsten?
  - Wann atme ich, was sehe ich?
  - Wie mache ich das, wo schaue ich hin?
  - Welchen Atemrhythmus habe ich?
  - Ziehe ich, wenn ich atme, weiter?

1. Die Übenden schwimmen einarmig, d. h., ein Arm bleibt gestreckt vor dem Körper liegen, der andere Arm zieht (mit und ohne Brett):
   - über eine Distanz, danach wechselt der Arm,
   - entweder nach jedem 10. Armzug die Seite wechseln (nach jedem 8. oder 6. Armzug) oder

- Zugzahlen kombinieren, z. B. 10 Züge rechts – 8 Züge links – 6 Züge rechts
  – 4 Züge links – 2-Züge rechts,
- alternativ: Wechsel der Seite auf Pfiff,
- im Anschluss gleich wieder rhythmisch ziehen.

2. KGS mit Rollen um die Körperlängsachse nah an der Beckenwand bzw. die
   Leine entlang schwimmen mit eigenem Atemrhythmus.
3. Synchronschwimmen: Zu zweit nebeneinander, einer gibt den Schwimmrhythmus vor, der andere muss sich anpassen. Die Schwimmseiten wechseln,
   damit wird die andere Atemseite geschult und die zeitliche Anpassung an
   einen anderen Schwimmrhythmus; dann Wechsel.
4. Synchronschwimmen zu dritt nebeneinander: Die mittlere Person schwimmt
   3er-Atmung und die beiden Äußeren atmen zur mittleren Person. Seitenwechsel äußere Schwimmer. Danach Wechsel Mittlere.
5. Jeder nimmt ein Brett, legt sich auf dieses und bewegt sich mit KGS fort.
6. Partnerwettkampf: Wie 5., nebeneinander am Beckenrand, abstoßen auf
   Kommando und um die Wette schwimmen.
7. Wie 6., jetzt stellen sich die beiden Schwimmer hintereinander auf, der
   Vordere schwimmt mit ca. 5 m Vorsprung, der Hintere versucht den Vorderen
   einzuholen; danach Positionswechsel.
8. Partnerübung: Einer legt sich auf das Brett und versucht, sich mit
   geschlossenen Augen in Kraultechnik fortzubewegen. Der Partner schwimmt
   zur Sicherheit nebenher; dann Partnerwechsel.
9. Partnerübung:
   1. Durchgang: Einer schwimmt KGS und achtet auf die eigene Technik, der
      andere zählt Armzüge über die geschwommene Distanz.
   2. Durchgang: Genau wie 1., nur wird „blind" bzw. mit geschlossenen Augen
      geschwommen. Partner schwimmt zur Sicherheit nebenher; dann Partner-
      wechsel.
10. Partnerübung „1 Schwimmer – 2 Personen": Beide legen sich hintereinander
    in Bauchlage auf das Wasser. Der Vordere führt die Armbewegung durch und
    der andere hält sich mit gestreckten Armen in Bauchlage an den Füßen seines
    Partners fest und macht die Kraulbeinbewegung; dann Aufgabenwechsel.

Achtung: Eine gestreckte, flache Wasserlage muss gehalten werden.

Atemrhythmus
- KAA mit Pull Buoy zwischen den Oberschenkeln, leichter KBA oder Flossen
  und sukzessiver Streckenverlängerung:

  - verschiedene Atemrhythmen (2er-, 3er-, 4er-, 5er-Atmung usw.),
  - mit bewusstem Körperrollen in verschiedenen Atemrhythmen
  - 2er- und 3-er-Atmung im Wechsel,
  - 2er-, 3er- und 4er-Atmung im Wechsel,

– 7er-Atmung, wechseln zur 5er-Atmung und zur 3er-Atmung; Atemreihen-
   folge immer wechseln,
– in Form einer Pyramide (2er-, 3er-, 4er-, 5er-, 4er-, 3er-, 2er-Atmung),

• Wahrnehmung Gesamtkoordination mit Beobachtungsauftrag:

– „Was passiert mit meinem Körper?"
– „Wie komme ich voran?"
– „Welche Bedeutung hat es für das Schwimmen?"

• in Form von Kontrasten:

– **Überwasserphase:**
   Wie hoch ist meine Armfrequenz mit gebeugtem bzw. gestrecktem Arm?
   Einsetzen der Hand flach/mit der Daumenkante/mit der Kleinfingerkante
   Einsetzen der Arme weit nach außen oder zur Körpermitte hin
   Hände fassen Schulter „Hähnchenflügel schwimmen", Hand setzt vor dem
   Kopf ein oder gestreckt langer Arm (Abb. 3.36).
– **Unterwasserphase:**
   Gespreizte/geschlossene Finger (Abb. 3.37) oder Faust/flache Hand
   (Abb. 3.38).
   Arm mit Handrücken/Daumen herausnehmen,
   Hand am Körper vorbeiführen, Hand unter dem Körper, Hand unter dem
   Körper über die Mittellinie hinausziehen.
– **Zum Rhythmus:**
   ganz langsam/schnell schwimmen,
   wie Roboter/Roboter mit Kurzschluss,
   6er-Beinschlag/2er-Beinschlag pro Armzyklus.

Abb. 3.36   KGS: „Hähnchenflügel schwimmen" (Eigene Darstellung)

Abb. 3.37 Gespreizte Finger (Eigene Darstellung)

Abb. 3.38 Faust (Eigene Darstellung)

3.2.6 Abweichungen von der Technik (Fehlerkorrektur)

Die Tab. 3.6 ermöglicht einen Überblick über mögliche Abweichungen beim
Kraulschwimmen, die Ursachen und Hinweise zur Korrektur. Die Checkliste (Tab. 3.7) kann dem Beobachter in der Praxis das Erkennen von Technikabweichungen erleichtern.

Tab. 3.6 Kraulschwimmen Abweichungen – Fehler – Ursache – Korrektur (Eigene Darstellung)

Fehler	Ursache	Korrektur
Wasserlage Kopf zu tief	Kopf auf der Brust	verbal: „Schau nach vorne unten/zur Wasseroberfläche"
Schultern höher als Schultern, aber Beine fallen stark ab	Kopf zu weit im Nacken	verbal: „Schau nach unten/zum Beckenboden" Übung(en): Wiederholen von Übungen zum Gleiten in Bauchlage mit verschiedenen Kopfpositionen,
Körper wippt, schlängelt oder schaukelt im Wasser	zu starke Rotation um die Körperlängsachse, Überziehen der/des Arme/s beim Einsetzen, Blick beim Atmen Richtung Decke oder nach hinten oben	Übungen zur Rotation wiederholen bzw. Armbewegung: Schulterbreites Einsetzen der Arme, Reduzierung des Rollens um die Körperlängsachse, Hüfte fest, Kopf **nur** zur Seite – Blick zum Beckenrand
Beinbewegung „Zappeln" Unterschenkel über Wasser	Beinarbeit nur aus den Unterschenkeln	Verbal: „Stell dir vor du kickst einen Fußball nach unten" – „Lass die Beine gerade, bewege deine Oberschenkel nebeneinander mit"
Scherschlag der Beine	Beinarbeit erfolgt nicht abwechselnd auf und ab, Hüfte liegt schief im Wasser	„Lass die Beine gerade, bewege deine Oberschenkel nebeneinander mit" mit Poolnudel unter der Hüfte
Beinamplitude zu groß /zu klein		Extreme schulen: Beinschlag „laut" bzw. „leise" mit Festhalten am Beckenrand oder mit Brett. Mittlere Lautstärke soll es sein.
Dorsalflexion der Füße im Abwärtsschlag		Fußstellung im Wasser visualisieren, mit Flossen – Kontraste bzgl. Vortrieb wahrnehmen
Abwärtsschlag zu schwach KBA mit Pausen/keine kontinuierliche Beinarbeit	Fehlende Wahrnehmung der Fußstellung im Wasser oder eingeschränkte Beweglichkeit	verbal: „Erzeuge einen durchgehenden Springbrunnen an der Wasseroberfläche"
Armbewegung Überwasserphase (Rückholphase) gestreckte Armführung		Übungen zur Schulung hoher Ellenbogen: Hand an Körperflanke, über Rücken…
Unterwasserphase Grobkoordination: Einsetzen der Arme zu eng bzw. zu weit		über Kontraste, je nach Extrem schulen oder ein Arm zieht – andere Hand Brett – ziehende Arm erhält taktilen Reiz
Stechen der Hand vor dem Kopf ins Wasser		verbal: „Strecke deine Arme und setzte sie weit nach vorne ins Wasser ein", „Stelle dir vor du möchtest etwas vor dir schwimmend greifen"
gestreckte, zu stark (absinkender Ellenbogen) oder zu wenig angewinkelte Armführung	fehlendes Wassergefühl bzw. Bewegungsvorstellung	Visualisierung, einarmiges Schwimmen mit Brett, Hundekraulen, ggf. mit Paddles zur Wahrnehmung

3.2.7 Wettkampfbestimmungen

In den Wettkampfbestimmungen des Deutschen Schwimmverbandes ist das Freistilschwimmen zu finden. Das Kraulschwimmen hat keine eigenen Wettkampfbestimmungen im eigentlichen Sinne, nur diese Technik wird unter der Wettkampfform Freistilschwimmen in der Regel geschwommen, allerdings kann auch jede andere Technik in einem so ausgewiesenen Wettkampf geschwommen werden.

Tab. 3.6   (continued)

Ziehen über Körpermitte hinweg		verbal: „Ziehe deinen Arm an deiner Körperseite entlang bis zum Oberschenkel"
Erzeugen von Blasen	geöffnete Fingerhaltung	Wahrnehmungsübung: Faust – gespreizt – flach/annähernd geschlossene Handhaltung
Arm verlässt das Wasser auf Hüfthöhe		Hundekraulen, Entenschlag, Wasser am Ende der Druckphase herausspritzen, beim Ziehen mit dem Daumen den Oberschenkel berühren, ggf. mit Paddles
keine rhythmische Armbewegung	Bewegungspause am Oberschenkel oder während Atemvorgang - Kopf wird nach der Einatmung zu spät wieder in Ausgangsposition gedreht Arme ziehen zu schnell – fehlende Ausnutzung der möglichen Zykluslänge	verbal: „Arme schneller und ununterbrochen bewegen" „Achte darauf, wenn der eine Arm eintaucht, beendet der andere die Druckphase", KAA mit pull-buoy
Atmung Ausatmen erfolgt nicht ins Wasser (Pressatmung), Ausatmen ist unvollständig oder unregelmäßig		bewusstes und vollständiges Ausatmen der Atemluft „pusten" ins Wasser
Einatmen zu früh/zu spät	Timing Kopf zur Seite drehen	verbal: „Wenn die Hand das Wasser verlässt, atme kurz und tief ein, indem du den Kopf zur Seite drehst" Übungen zur KAA mit Atmung
Kopf erst in Nacken und dann zur Seite gedreht Einatmen erfolgt nach vorne	Fehlende Orientierung, Schwimmer bekommt zu wenig Luft bzw. Atemvorgang nicht ausreichend geschult	verbal: „Wenn die Hand das Wasser verlässt, drehe den Kopf zur Seite und atme ein" Übungen zur KBA und KAA mit Atmung wiederholen
Koordination Bewegungsfluss zu langsam/mit Pausen - zu schnell		„Achte auf flüssige und regelmäßige Bewegung der Arme und Beine", „Atmung in die Armbewegung integrieren"

Folgende Bestimmungen müssen in dieser Wettkampfform eingehalten werden:

- Ein Teil des Körpers muss während des gesamten Wettkampfes die Wasserober-fläche durchbrechen, nur nach Start und Wende darf der Schwimmer bis zu 15 m untergetaucht schwimmen, spätestens dann muss der Kopf die Wasserober-fläche durchbrechen.
- Bei der Wende und dem Zielanschlag muss der Schwimmer mit einem beliebigen Teil seines Körpers die Wand berühren. (vgl. DSV § 126)

Elektronisches Zusatzmaterial
- KBA (ergänzende und vertiefende Videos zur Technikschulung),
- Übersicht Bewegungsmerkmale, methodische Einführung und Checkliste zu Kraulschwimmen

Das elektronische Zusatzmaterial finden Sie auf https://link.springer.com/10.1007/978-3-662-67198-6_3.

Tab. 3.7 Checkliste zum Kraulschwimmen (Eigene Darstellung)

Bildreihe inkl. Kriterium	Bewegungsmerkmale	Erkennen des Bewegungsmerkmals			
Wasserlage (WL)	Körper gestreckt	++++	+++	++	+
	Kopf zwischen den Armen (Blick zum Boden)	++++	+++	++	+
	gestreckte Arme	++++	+++	++	+
	Hände liegen eng neben bzw. aufeinander	++++	+++	++	+
	Rotation um Körperlängsachse	++++	+++	++	+
Beine (BA)	Abwärtsbewegung Impuls aus der Hüfte über Oberschenkel mit geringem Beugewinkel im Kniegelenk	++++	+++	++	+
	Unterschenkel bleiben liegen	++++	+++	++	+
	Peitschenartige Streckung des Kniegelenks	++++	+++	++	+
	kontinuierliche wechselseitige Bewegung (Füße an Wasseroberfläche)	++++	+++	++	+
	gestreckte, einwärts gedrehte Füße (in Aufwärtsbewegung)	++++	+++	++	+
Arme (AA)	wechselseitiges flüssiges Ziehen der Arme	++++	+++	++	+
	Unterwasserphase: **Ziehen/Beugen (Zugphase):** Eintauchen des gestreckten Armes in Schulterbreite	++++	+++	++	+
	flache Hand taucht ein – Wasserfassen: Hand dreht nach außen	++++	+++	++	+
	Rotation des Körpers zum eintauchenden Arm	++++	+++	++	+
	Gestreckter Arm zieht bis auf Schulterhöhe (hoher Ellenbogen 90°)	++++	+++	++	+
	Drücken (Druckphase) Unterarm drückt am Körper vorbei bis auf Oberschenkelhöhe	++++	+++	++	+
	Handinnenfläche zeigt immer zu den Füßen **Überwasserphase:** **Rückholphase**	++++	+++	++	+
	mit hohem Ellenbogen den Arm über Wasser führen	++++	+++	++	+
Atmung (ATM)	Drehung des Kopfes zur Seite	++++	+++	++	+
	Einatmen am Ende Druckphase	++++	+++	++	+
	Kopf dreht sofort zurück	++++	+++	++	+
	Ausatmen durch Mund und Nase	++++	+++	++	+
	Regelmäßiger Atemrhythmus	++++	+++	++	+
Koordination (GS)	Kontinuierliche Arm- und Beinbewegung	++++	+++	++	+

3.3   Brustschwimmen

3.3.1   Lernvoraussetzungen

- Schweben in Rücken- bzw. Bauchlage (Körperspannung halten),
- Gleiten mit Abstoß in Rücken- bzw. Bauchlage optimal unterhalb der Wasseroberfläche,
- bewusstes Ein- und Ausatmen, Ausatmen durch die Nase.

3.3.2   Material/Medien

- Technikmerkmale erwerben: Brett und Poolnudel,
- Technikmerkmale erweitern und vertiefen: Pull Buoy, Mitts, Paddels,
- Video/Filme/Bilder zur Brusttechnik (Abb. 3.39).

3.3.3   Ergänzende Hinweise zum methodischen Vorgehen

Im Folgenden wird die *Gleitzugtechnik* als eine Variante des Brustschwimmens dargestellt. Diese Variante wird im Rahmen des Anfängerschwimmens eingeführt und ist damit die Technikvariante, die im Laufe des Lebens auch weiter geschwommen wird.

Bei der Vermittlung ist es wichtig, dass die Beinbewegung als Hauptantriebsimpuls gut geschult wird. Entscheidend hierfür ist das Heranführen der Beine im Strömungsschatten des Körpers, die Füße in die Dorsalflexion zu bringen, um mit den Flächen der Fußsohlen und der Unterschenkelinnenseiten den Widerstand zu nutzen, um Vortrieb zu erzeugen, sowie das aktive Schließen der Beine, sodass das Wasser optimal am Körper vorbeiströmen kann.

Abb. 3.39   Video: Brustschwimmen (Eigene Darstellung) URL: ▸ https://doi.org/10.1007/000-ar8

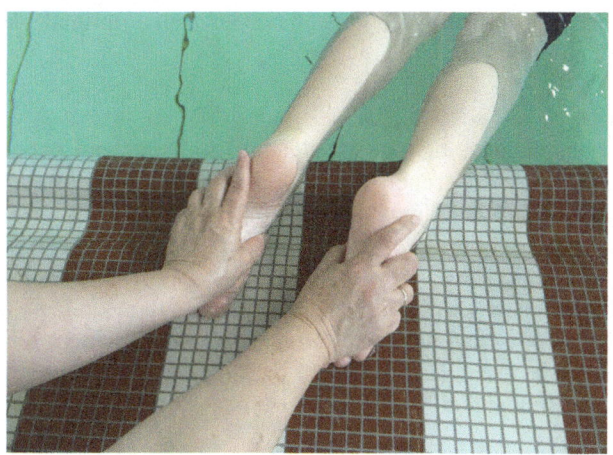

Abb. 3.40   Handfassung Fußsohle (vgl. Elbracht, 2015b, 9)

Die Vortriebswirkung durch die Beinbewegung liegt bei 50–60 %. Da der Bein-schlag koordinativ anspruchsvoll ist, hilft es, wenn die Lehrkraft/der Trainer oder auch ein Mitstreiter die Beine beim Erlernen führt. Hierbei ist darauf zu achten, dass sich die Handflächen auf den Fußsohlen des zu Führenden befinden. Daumen, Zeigefinger und kleiner Finger fixieren die Hand am Fuß. Durch den Hand-Fußsohlen-Kontakt kann der Führende einen taktilen Reiz bei der Dorsalflexion ermöglichen, sodass die Fläche der Fußsohle bewusst und stärker wahrgenommen wird und dadurch auch später der „Abdruck" über die Fläche der Fußsohlen vom Wasser als auch die korrekte Position der Füße in der Beinbewegung besser wahr-genommen werden (Abb. 3.40).

Egal in welchem Kontext, ob Verein, Schule oder Freizeit, bietet es sich an (natürlich auf die Zielgruppe angepasst), dass die Technik über selbstgesteuertes Lernen verbessert wird. Ein Beispiel hierzu ist als PDF auf https://link.springer.com/10.1007/978-3-662-67198-6_3 in den Zusatzmaterialien zu diesem Kapitel hinterlegt.

Für Trainer oder auch in der Oberstufe können die Überlappungs- bzw. Undulationstechnik als Varianten, die im leistungssportlichen Schwimmen zu finden sind, thematisiert und die Unterschiede erlebbar gemacht werden. Ebenso soll der Zweck ihrer Verwendung im Kontext Leistungssport verstanden werden.

3.3.4   Bewegungsbeschreibung inkl. didaktisch reduzierter Bewegungsmerkmale

Lage im Wasser
Der Körper liegt während der Gleitphase flach und gestreckt (strömungsgünstig) in Bauchlage auf dem Wasser. Der Kopf ist zwischen den gestreckten Armen, wobei die Hände eng beieinander bzw. aufeinanderliegen, der Blick ist nach unten gerichtet. Am Ende der Druckphase der Arme bzw. Anfersen der Beine richtet sich

der Oberkörper auf, damit die Schwungphase der Beine optimal genutzt werden kann und die Einatmung ermöglicht wird.

Beinbewegung
Die Beine werden gleichzeitig und in gleicher horizontaler Ebene bewegt. Aus der gestreckten und geschlossenen Beinposition werden die Beine maximal hüftbreit in Richtung Gesäß angeferst (W-Position). Hierbei das Becken nach unten drücken, um einen möglichst großen Hüftwinkel zu realisieren und den Frontalwiderstand zu minimieren.

Die Füße hochziehen (dorsalflektiert) und nach außen drehen, im Anschluss kreisförmig die Beine schwingen und am Ende aktiv schließen, hierbei sind die Füße wieder gestreckt (Extension) und die Fußinnenseiten berühren sich. Optimal ist es, wenn die Fußinnenkanten zueinander zeigen.

Armbewegung
Die Armbewegung erfolgt simultan. Bei der Unterwasserphase beschreiben die Hände ein auf den Kopf gestelltes Herz. Die Hände führen die Bewegung an.

Aus der gestreckten Gleitposition beginnen die Arme mit der *Zugphase,* indem die Hände Wasser fassen. Dabei drehen die Hände nach außen (Anstellwinkel 40°) und die Arme öffnen sich etwas weiter als schulterbreit, dann ziehen die Hände nach außen unten bis auf Schulterhöhe (Ellenbogengelenk 90°). Die Ellenbogen zeigen dabei nach oben.

Ab hier beginnt die *Druckphase,* wobei die Hände vor der Brust zusammengeführt werden. Hände und Unterarme sollten als Antriebsflächen gut positioniert werden. Die Arme werden von der Zug- zur Druckphase möglichst beschleunigt bewegt.

In der *Rückholphase* werden die Arme gestreckt. Hierbei können die Hände individuell geführt werden, z. B. Handflächen zueinander (Dachform) oder Hände nebeneinander.

Atmung
Die Atmung sollte bei jedem Bewegungszyklus erfolgen. Am Ende der Druckphase kann sich der Körper aufrichten und damit kann die Einatmung durch den Mund erfolgen. Während der Gleitphase (Kopf zwischen den Armen) durch Nase und Mund ausatmen.

Koordination
Pro Zyklus erfolgt ein Beinschlag auf einen Armzyklus. Die Arm- und Beinbewegung ist nacheinander geschaltet. Das bedeutet, wenn die Arme vor der Brust zusammengeführt werden (Druckphase), erfolgt das Anfersen der Beine zum Gesäß. Beim Strecken der Arme (Rückholphase) schwingen die Beine bis in die Streckung, sodass dann die Gleitphase/-position entsteht. Mit dem Berühren der Füße beginnt wieder die Armbewegung (Zugphase).

Diese Beschreibung der Brusttechnik findet sich in Tab. 3.8 in didaktisch reduzierter Form wieder.

In der Tab. 3.9 werden die 3 Technikvarianten gegenübergestellt.

Tab. 3.8 Didaktisch reduzierte Bewegungsmerkmale der Brusttechnik (B) mit Beispielen zur bildlichen Formulierung (Eigene Darstellung)

Kriterien inkl. Abbildung	Bewegungsmerkmale	
	bildlich	didaktisch reduziert
Wasserlage (WL)	Gleitphase wie Pfeil, Brett, Rakete, Bleistift	flache, gestreckte Bauchlage = Kopf zwischen den Armen (Blick nach unten) Hände liegen eng nebeneinander bzw. aufeinander (Gleitphase/-position)
		Körper ist während Bewegungszyklus angestellt/aufgerichtet
Beine (BA)	Schwunggrätsche: „Po-Kreis-lang-Füße"	Bewegung der Beine gleichzeitig und in gleicher horizontaler Ebene
	W-Position	Unterschenkel/Fersen ziehen mit geöffneten Knien (max. hüftbreit) Richtung Gesäß hierbei Becken nach unten drücken
	Pinguin, Ballerina	Füße hochziehen und nach außen drehen
	großer Kreis	kreisförmiges Schwingen der Beine
	Seehund	aktives Schließen der Beine, Fußinnenseiten berühren sich (optimal: Fußsohlen zueinander)
Arme (AA)	Unterwasserphase: „Teigschüssel auskratzen und Teig von den Händen ablecken"	**Unterwasserphase: Ziehen/Beugen (Zugphase)** mit gestreckten Armen drehen die geschlossenen Handflächen (Anstellwinkel 40°) nach außen (Wasserfassen)
	„Brötchen vorm Backen umkreisen und einschneiden"	Arme öffnen etwas weiter als schulterbreit
	„Ziehe den Vorhang auf" „Drücke mich auf einer Mauer hoch" „Lese ein Buch"	Arme beugen und bis auf Höhe der Schultern nach hinten unten ziehen (Ellenbogen zeigt nach oben)
		Drücken (Druckphase) Arme vor der Brust zusammenführen Arme bewegen sich beschleunigt einwärts-vorwärts
	„Pfeil"	**Wasseroberfläche: Rückholphase** Arme vollständig strecken
Atmung (ATM)	„Karpfen, Motorboot"	Ein- und Ausatmen bei jedem Bewegungszyklus während Druckphase der Arme („Körper angehoben") durch Mund einatmen während Gleitphase/-position durch Nase und Mund ausatmen („Kopf im Wasser")
Koordination (GS)	Rhythmusfolge: „Arme-Beine-lang"	mit Zusammenführen der Arme vor der Brust, die Fersen zum Gesäß bringen
		während Streckung der Arme, erfolgt Schwingen der Beine bis in die Streckung (Gleitposition/-phase)

Tab. 3.9 Unterschiede zwischen Gleitzug-, Überlappungs- und Undulationstechnik (Eigene Darstellung)

Gleitzugtechnik	Überlappungstechnik	Undulationstechnik
WL - Wechsel zwischen flach und aufgerichtet	**WL - Wechsel zwischen flach und aufgerichtet**	WL - Oberkörper wird weiter aufgerichtet WL – wellenförmig
GS - Gleitphase	GS - mit Berühren der Füße beginnt die Armbewegung	GS - mit Berühren der Füße beginnt die Armbewegung
GS - Arm-Beinabfolge zeitlich versetzt	GS - Arm-Beinabfolge nahezu gleichzeitig	GS - Arm-Beinabfolge nahezu gleichzeitig

3.3.5   Methodisches Vorgehen

3.3.5.1 Methodische Einführung Brustschwimmen: Wasserlage, Beine und Atmung

Spezifische Lernziele
- Erreichen einer korrekten Schwunggrätsche (Anfersen, Fußpositionen, kreisförmig schwingen, aktiv Beine schließen) ohne Hilfsmittel,
- durch das aktive Schließen der Beine, den Körper in eine optimale Gleitposition bringen,
- Steuerung der Körperlage mithilfe der Hände,
- Integration der Atmung in den Bewegungsablauf der Beine; einatmen durch den Mund mit dem Anfersen der Beine und das Ausatmen ins Wasser durch Mund und Nase beim Schließen der Beine.

Bewegungsmerkmale
- Flache, gestreckte Bauchlage
- Gleitphase/-position (Kopf zwischen den gestreckten Armen (Blick nach unten), Hände liegen eng nebeneinander bzw. aufeinander)
- Aufrichten des Körpers beim Anfersen der Beine
- Beinbewegung gleichzeitig und gleicher horizontaler Ebene

- Fersen ziehen mit geöffneten Knien (maximal hüftbreit) Richtung Gesäß, hierbei das Becken nach unten drücken
- Füße hochziehen und nach außen drehen
- Kreisförmiges Schwingen der Beine
- Aktives Schließen der Beine, Fußinnenseiten berühren sich

1. Mithilfe von Abbildungen, Filmen, Demonstrationen und eigenen Erfahrungen der Bewegungsmerkmale der Beinbewegung *vor* oder *während* der Übungseinheit in sprachlich angepasster Form erarbeiten und visualisieren.
2. BBA an Land im Sitzen auf der Wärmebank: Hände stützen nach hinten ab, mit dem Gesäß an die Kante der Wärmebank rutschen, Beine strecken, Fersen Richtung Bank, Füße hochziehen und nach außen drehen, kreisförmig bewegen und Beine wieder strecken (Sehen und bewusstes Wahrnehmen der eigenen Bewegung). Um den Bewegungsablauf optisch noch zu verdeutlichen, zeichnet die Lehrkraft/der Trainer 2 Halbkreise mit Kreide oder legt Sprungseile auf den Boden, damit der Lernende mit den Füßen diese Halbkreise nachfahren kann.
3. BBA mit Sitz auf Beckenrand nur bei Überlaufrinne bzw. Treppe, zwei Drittel der Beine sind im Wasser, die Hände stützen nach hinten ab, mit dem Gesäß an die Kante des Beckenrandes:
   - Beine gestreckt und dann Füße hochziehen und nach außen drehen. „Beobachte deine Füße und versuche, auch mit geschlossenen Augen deine Füße in die richtige Position zu bringen. Kontrolliere dich."
   - Beine strecken, Fersen Richtung Beckenrand führen, Füße hochziehen und nach außen drehen, Beine kreisförmig bewegen und wieder strecken (Abb. 3.41).
4. Rückenlage, am Beckenrand festhalten (ggf. eine Poolnudel unter das Becken):
   - Die Füße im Wechsel hochziehen (Dorsalflexion) und strecken (Plantarflexion).
   - Die Beine gestreckt und dann die Füße hochziehen und nach außen drehen. „Beobachte deine Füße und versuche, auch mit geschlossenen Augen deine Füße in die richtige Position zu bringen. Kontrolliere dich."
5. BBA in Rückenlage, am Beckenrand festhalten: „Beobachte, ob deine Knie unter Wasser bleiben."
6. BBA in Bauchlage, am Beckenrand festhalten (Abb. 3.42):
   - Der Partner/die Lehrkraft/der Trainer führt die Beinbewegung mit Hand-Fußsohlen-Kontakt (Abb. 3.40).
   - Der Partner/die Lehrkraft/der Trainer führt die Beinbewegung mit Hand-Fußsohlen-Kontakt und der Geführte versucht, die Hände des Führenden bewusst mit den hochgezogenen und nach außen gedrehten Füßen wegzudrücken.
   - Bewusst das Becken beim Anfersen nach unten drücken.

Abb. 3.41 Video: BBA auf Beckenrand (Eigene Darstellung)URL:
► https://doi.org/10.1007/000-ar9

Abb. 3.42 Video: BBA mit Partner führen am Beckenrand (Eigene Darstellung) URL:
► https://doi.org/10.1007/000-ara

Abb. 3.43 Video: BBA mit Atmung am Beckenrand (Eigene Darstellung) URL:
▸ https://doi.org/10.1007/000-arb

7. BBA in Bauchlage, am Beckenrand festhalten, beim Anfersen den Kopf anheben und einatmen und beim Schließen der Beine Kopf ins Wasser und ausatmen (Abb. 3.43).
8. Pinguin, Ballerina: „Gehe wie ein Pinguin durch das Wasser." – „Beobachte dabei bewusst die Position der Füße." – „Versuche auch mit geschlossenen Augen zu gehen und bewusst die Fußstellung wahrzunehmen."
9. BBA in der Senkrechten in ausreichender Tiefe: Hände/Arme auf das vor der Brust schwimmende Brett legen (Abb. 3.54).
10. BBA in Rückenlage mit Brett (quer):
    – Brett auf Höhe der Oberschenkel direkt an der Wasseroberfläche festhalten: „Beobachte, ob das Brett flach bleibt."
    – Kopf auf das Brett legen: „Beobachte, ob deine Knie unter Wasser bleiben."
    – Kopf auf Brett und Pull Buoy oberhalb der Knie positionieren: „Achte darauf, dass die Pull Buoy zwischen den Beinen bleibt, beobachte und nimm das gleichzeitige und auf einer Höhe bewegende Schwingen deiner Beine wahr."

Abb. 3.44 Video: BBA in Rückenlage mit Tauchringen (Eigene Darstellung) URL:
► https://doi.org/10.1007/000-arc

11. BA in Bauchlage, Brett am unteren Ende fassen und Pull Buoy oberhalb der
    Knie positionieren: „Achte darauf, dass die Pull Buoy zwischen den Beinen
    bleibt, beobachte und nimm das gleichzeitige und auf einer Höhe bewegende
    Schwingen deiner Beine wahr".
12. BA in Rückenlage mit Brett (quer) unter dem Kopf, dabei um jeden Fuß einen
    kleinen Tauchring. Ziel: Tauchringe nicht verlieren (Abb. 3.44).
13. BA in Bauchlage mit Brett in Hochhalte, dabei um jeden Fuß einen kleinen
    Tauchring. Ziel: Tauchringe nicht verlieren.
14. Zweikampf: Partner liegen sich auf dem Bauch gegenüber und fassen das
    flach oder quer gehaltene Brett vor sich. Auf Kommando versuchen die
    Partner, sich gegenseitig mit der Brustbeinbewegung wegzuschieben.
15. BBA in Bauchlage, Brett am unteren Ende fassen.
16. BBA in Bauchlage, Brett am unteren Ende fassen, beim Anfersen den Kopf
    anheben, einatmen und beim aktiven Schließen der Beine Kopf ins Wasser,
    Körper strecken und ausatmen (Abb. 3.45).
17. BBA in Rückenlage, Hände/Unterarme liegen auf dem Gesäß, Handflächen
    zeigen zum Boden: „Versuche, mit den Füßen deine Hände zu berühren.
    Beobachte, ob deine Knie unter Wasser bleiben".
18. BBA in Bauchlage, Hände/Unterarme liegen auf dem Gesäß, Handflächen
    zeigen zur Wasseroberfläche (Abb. 3.46): „Versuche, mit den Füßen deine
    Hände zu berühren. Beobachte, ob sich dein Becken verstärkt nach unten
    bewegt."
19. BBA in Bauchlage mit gestreckten Armen.
20. BBA in Bauchlage mit gestreckten Armen, beim Anfersen den Kopf anheben,
    einatmen und beim aktiven Schließen der Beine Kopf ins Wasser, Körper
    strecken und ausatmen.

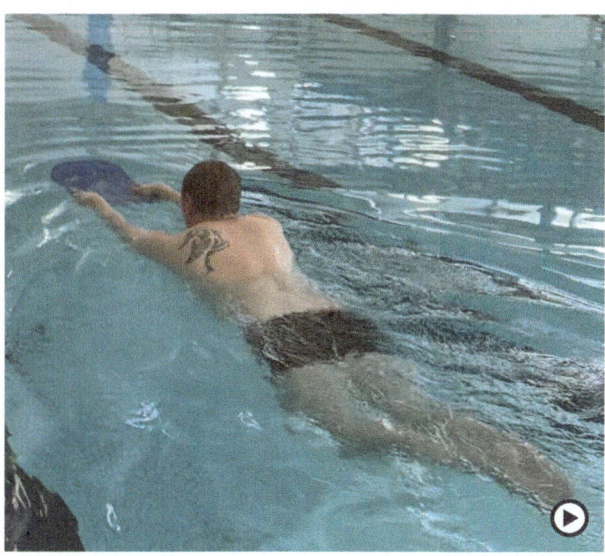

Abb. 3.45 Video: BBA und Atmung in Bauchlage mit Brett (Eigene Darstellung) URL:
► https://doi.org/10.1007/000-ard

Abb. 3.46 Video: BBA in Bauchlage Füße berühren die Hände (Eigene Darstellung) URL:
► https://doi.org/10.1007/000-are

3.3.5.2 Methodische Einführung Brustschwimmen: Wasserlage, Arme und Atmung

▶   **Voraussetzungen für das *weitere* Erlernen der Brusttechnik sind:**

Brustbeinbewegung in Grobform, d. h. gleichzeitiges, in horizontaler Ebene kreisförmiges Schwingen der Beine und der hochgezogenen und nach außen gedrehten Füße
Der Impuls über das Schwingen sollte schon einen gewissen Kraftstoß erzeugen
Mit dem Schließen der Beine den Körper in eine gestreckte Gleitposition bringen können. Ein Brett kann dies noch unterstützen

Spezifische Lernziele
- Ziehen der Arme bis maximal zur doppelten Schulterbreite (Zugphase),
- Zusammenführen der Arme vor der Brust (Druckphase),
- Beschleunigung der Arme beim Übergang von der Zug- in die Druckphase,
- Arme strömungsgünstig in die Streckung bringen (Rückholphase),
- Integration des Einatmens in der Druckphase,
- Steuerung des Kopfes, um die Gleitposition einzunehmen,
- Technikmerkmale über eine kurze Strecke von 10–15 m mit regelmäßiger Atmung bewältigen (entweder mit Pull Buoy zwischen den Beinen oder Poolnudel unter den Füßen).

Bewegungsmerkmale

Unterwasserphase

- Mit gestreckten Armen drehen die geschlossenen Handflächen (Anstellwinkel 40°) nach außen (Wasserfassen)
- Arme öffnen etwas weiter als schulterbreit, max. doppelte Schulterbreite
- Arme beugen und bis auf Höhe der Schultern nach hinten unten ziehen (Ellenbogen zeigt nach oben)
- Arme vor der Brust zusammenführen
- Arme bewegen sich beschleunigt einwärts vorwärts

Rückholphase

- Arme vollständig strecken

1. Mithilfe von Abbildungen, Filmen, Demonstrationen und eigenen Erfahrungen die Bewegungsmerkmale der Armbewegung *vor* oder *während* der Übungseinheit in sprachlich angepasster Form erarbeiten und visualisieren.

2. BAA in Bauchlage auf dem Beckenrand, Arme und Schultern befinden sich im Wasser (Abb. 3.47).
   - „Beobachte, wie weit die Arme nach außen ziehen und achte darauf, dass sie nicht weiter als maximal die doppelte Schulterbreite ziehen und vor der Brust zusammengeführt werden."
   - „Führe die Bewegung nach dem Öffnen der Arme im Wechsel mit Handflächen nach unten zeigend und nach außen gedreht fort. Versuche, den Unterschied der beiden Handpositionen zu spüren. Wobei spürst du mehr Widerstand an den Handflächen? Überlege, welche Handposition optimal ist."
3. BAA am Beckenrand mit Fixierung der Füße in der Beckenrinne oder bei der Überlaufrinne hält der Partner die Füße fest (Abb. 3.48).
   - „Beobachte, wie weit die Arme nach außen ziehen und achte darauf, dass sie nicht weiter als maximal die doppelte Schulterbreite ziehen und vor der Brust zusammengeführt werden."
   - „Führe die Bewegung nach dem Öffnen der Arme im Wechsel mit Handflächen nach unten zeigend und nach außen gedreht fort. Versuche, den Unterschied der beiden Handpositionen zu spüren. Wobei spürst du mehr Widerstand an den Handflächen? Was passiert mit deinem Oberkörper bei diesen Handpositionen?"

Abb. 3.47 BAA in Bauchlage am Beckenrand (Eigene Darstellung)

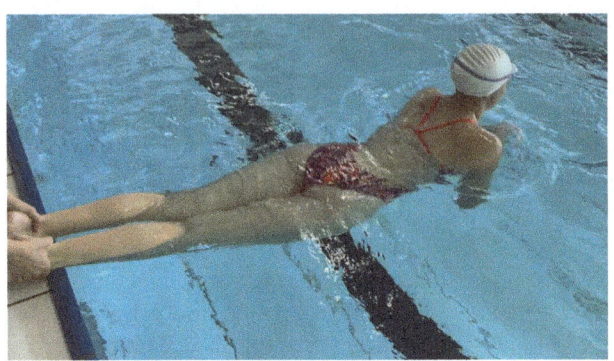

Abb. 3.48 BAA mit Atmung mit Füßen in der Beckenrinne (Eigene Darstellung)

- „Während die Arme vor der Brust zusammengeführt werden, atme durch den Mund ein, der Körper hebt sich, und wenn die Arme sich strecken und der Kopf zwischen den Armen ist, atme durch Nase und Mund aus."
4. Partnerübung: Der Partner hält die Füße seines Partners fest und schiebt ihn durch das Wasser. Der Partner führt BAA durch, atmet zu Beginn nach Bedarf, danach auf jeden Armzug; dann Partnerwechsel.
   - Der Partner schiebt an, lässt los und der Partner versucht, mit 5–8 Brustarmzügen weiterzuschwimmen; dann Partnerwechsel.
   - Mit bewusstem Atemvorgang (Abb. 3.49).
5. BAA mit Poolnudel unter den Füßen oder Pull Buoy zwischen den Oberschenkeln (Abb. 3.50).
   - Atemvorgang in den Bewegungsablauf integrieren.
   - Kontrastübung: Öffne die Arme im Wechsel schulterbreit, etwas über Schultern breit und weiter als die doppelte Schulterbreite. „Beobachte und nimm den Unterschied wahr." Im Anschluss mehrere Züge mit optimalem Öffnen schwimmen. „Überlege, warum welches öffnen optimal bzw. nicht optimal ist."
   - Um Antriebsflächen der Hände zu verdeutlichen, über kurze Strecken mit Mitts oder Paddels schwimmen lassen oder mit BAA durch das Wasser gehen.
   - Kontrastübung: Gespreizte Finger, leicht geöffnet und absolut geschlossene Finger.
6. BAA mit Poolnudel unter den Achseln und Pull Buoy zwischen den Oberschenkeln.
   „Beuge deine Unterarme nach unten, führe sie bis auf Schulterhöhe nach hinten und bringe sie vor der Brust zusammen. Die Poolnudel stellt eine Begrenzung für die Arme dar, sodass du spürst, wie weit du ziehen darfst.":
   - Atemvorgang in den Bewegungsablauf integrieren,
   - BAA ohne Poolnudel als Begrenzung,
   - Atmung in den Bewegungsablauf integrieren (Abb. 3.51).

Abb. 3.49 Video: BAA in Bauchlage, Partner schiebt an den Füßen an (Eigene Darstellung)
URL: ▸ https://doi.org/10.1007/000-arf

Abb. 3.50 BAA mit Atmung und Poolnudel unter den Füßen (Eigene Darstellung)

Abb. 3.51 Video: BAA mit Poolnudel unter den Achseln und Pull Buoy (Eigene Darstellung)
URL: ▸ https://doi.org/10.1007/000-arg

7. BAA mit Pull Buoy mit beschleunigter Einwärts-Vorwärts-Phase der Arme vor der Brust.
   „Beschleunige vom Ziehen bis zum Zusammenführen der Arme."
8. BAA mit Wechselbeinschlag.
9. Spielidee – Staffel mit großen Matten: Jede Mannschaft erhält eine große Matte. Die Teilnehmer erhalten die Aufgabe, sich in Bauchlage so auf die Matte zu legen, dass die Arme und Schultern im Wasser liegen, und bewegen sich dann mit Brustarmen fort.

3.3.5.3 Methodische Einführung Brustschwimmen: Gesamtkoordination

Spezifische Lernziele
- Zeitliches Zusammenspiel von Armen und Beinen,
- Integration der Atmung zeitlich passend in den Bewegungsablauf,
- Einnehmen der Gleitposition,
- ohne Hilfsmittel eine Strecke von 15–25 m schwimmen.

Bewegungsmerkmale
- Ein- und Ausatmen bei jedem Bewegungszyklus
- Während der Druckphase der Arme („Körper angehoben") durch Mund einatmen und während der Gleitphase/-position durch die Nase und den Mund ausatmen („Kopf im Wasser")
- Mit Zusammenführen der Arme vor der Brust die Fersen zum Gesäß bringen und während der Streckung der Arme erfolgt ein Schwingen der Beine bis in die Streckung (Gleitposition/-phase)

1. Mithilfe von Abbildungen, Filmen, Demonstrationen und eigenen Erfahrungen Bewegungsmerkmale der Gesamtkoordination *vor* oder *während* der Übungseinheit in sprachlich angepasster Form erarbeiten und visualisieren.
2. Partnerübung im Flachwasser: Der Partner schwimmt hinter dem rückwärts durch das Wasser gehenden Partner her. Der Schwimmende lässt die Hände seines Partners los, führt einen Armzug aus und ergreift die Hände des Partners, während seine Beine die Schwunggrätsche vollführen. Alternative: Der Partner hält einen Stab, dann befindet sich der Partner seitlich vom Schwimmenden (Abb. 3.52).
3. Partner: BGS mit Stab. Der Partner läuft mit dem Stab voraus und die andere Person versucht, mit jedem Schwimmzug den Stab zu berühren.

Erst kurze Distanzen, dann steigern der Streckenlänge bis zu 25 m
4. BGS durch akustische Vorgaben der Lehrkraft/des Trainers/des Partners wie z. B.: „Arme – Beine – lang!" (gleiten/strecken).
5. BGS mit bewusstem Atemvorgang.

Abb. 3.52 Video: BGS mit Partner (Eigene Darstellung) URL: ▸ https://doi.org/10.1007/000-arh

6. BGS mit möglichst wenigen und kraftvollen Zyklen die Strecke bewältigen. Ohne dass der Bewegungsfluss zu sehr gestoppt wird, schließt sich nach jedem Zyklus ein „langes" Gleiten an.
7. Spielidee Synchronschwimmen: Hierbei versuchen 2 oder 3 Schwimmer, sich dem Schwimmrhythmus des Partners anzupassen.
8. Spielidee: Partnerübung „1 Schwimmer – 2 Personen", beide legen sich hintereinander in Bauchlage auf das Wasser. Der Vordere führt die Armbewegung durch und der andere hält sich mit gestreckten Armen in Bauchlage an den Füßen seines Partners fest und macht die Brustbeinbewegung, dann Aufgabenwechsel; Steigerung in Form von Staffeln oder als direkter Vergleichskampf.

Erweiternde/vertiefende Übungsformen (Kap. 6)
- Der Schwimmer schwimmt 4 Armzüge, danach 4 Beinschläge und dieses immer im Wechsel. Dieses Verhältnis wird dann schrittweise reduziert, bis das Verhältnis 1:1 erreicht ist.
- Beinschwunggröße variieren – klein, groß und mittel:
  - jeweils halbe Bahn,
  - jeweils 5 Beinschläge immer im Wechsel, dann die Anzahl reduzieren.
- Armzuggröße variieren; klein, groß und mittel.
- Kombinieren von Beinschwunggröße und Armzug:
  - großer Armzug und kleiner Beinschlag und umgekehrt,
  - mittlerer Armzug und großer Beinschlag und umgekehrt,
  - kleiner Armzug und mittlerer Beinschlag und umgekehrt.
- 1 BGS + 1 BAA: Ein Zyklus Brust und ein Brustarmzug schließt sich an. Dies lässt sich auch erweitern, sodass die Schüler z. B. 3 Zyklen Brust schwimmen und 2 Brustarmzüge anschließen und dies im Wechsel (Abb. 3.53).
- 1 BGS + 1 BBA: 1 Zyklus Brust und ein Brustbeinschlag schließt sich an. Dies lässt sich auch erweitern, sodass die Übenden z. B. 3 Zyklen Brust schwimmen und 2 Brustbeinschläge anschließen und dies im Wechsel.

Abb. 3.53 Video: BGS plus ein BAA (Eigene Darstellung) URL:
▶ https://doi.org/10.1007/000-arj

3.3.5.4 Brustschwimmen (Undulationstechnik): Vertiefung

▶ **Voraussetzungen für das Erlenen der Undulationstechnik als Variante der Brusttechnik sind:**

Gleitzugtechnik sicher und ausdauernd beherrschen
Kraul- und Delfintechnik in Grobform schwimmen können
Die Wellenbewegung in Verbindung mit der Delfinbeinbewegung und der Kopfsteuerung anwenden können (Abschn. 3.4)

Spezifisch

• Mithilfe der Kopfsteuerung die gewünschte Rumpfbewegung zu erzielen bzw. sie so zu steuern, dass eine wellenförmige Bewegung des Körpers im Rahmen der Wasserlage realisiert werden kann.

1. Um den größeren Hüftwinkel und den aktiven Hüfteinsatz zu schulen, nimmt der Schwimmer eine senkrechte Position im tiefen Wasser ein, nimmt ein Brett oder tellert (liegende Acht) mit den Händen, um sich an der Wasseroberfläche zu halten und führt den Brustbeinschlag durch. Der Übende drückt das Becken nach vorne unten (Richtung Beckenboden), zieht die Füße zum Gesäß, führt den Brustbeinschlag durch und mit der Beinstreckung werden die Beine aktiv vor den Körper gebracht, sodass eine visuelle Kontrolle über den Hüfteinsatz möglich ist (Abb. 3.54).
2. BBA mit Armen in Hochhalte. Während des Abdrucks der Beine das Gesicht in das Wasser tauchen und mit den Armen kurzzeitig schräg unter die Wasseroberfläche steuern (ca. 20°). Danach sofort den Kopf zum Auftauchen in den Nacken nehmen.
3. Wie 2., plus sofortiges Steuern der Hände zu Wasseroberfläche.
4. BAA mit 2 Delfinbeinschlägen pro Armzyklus. Der 1. Beinschlag erfolgt im Übergang von der Zug- zur Druckphase und der 2. Beinschlag setzt ein, wenn die Arme annähernd gestreckt sind (Ende der Rückholphase).

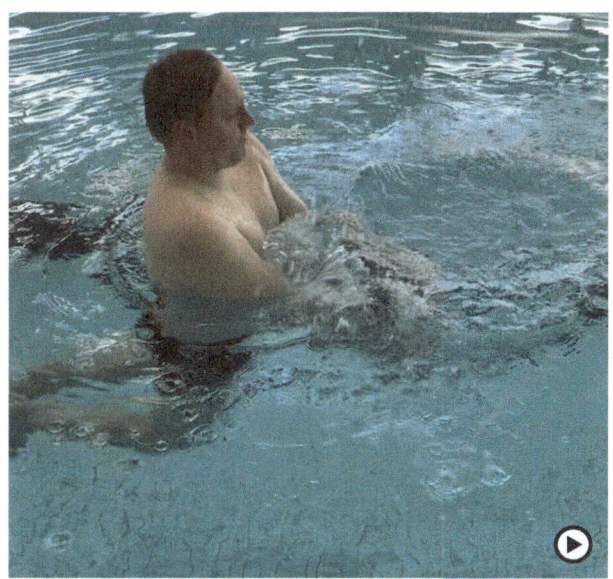

Abb. 3.54   Video: BBA in der Senkrechten (Eigene Darstellung) URL:
▸ https://doi.org/10.1007/000-ark

5. BAA mit 1 Delfinbeinschlag pro Armzyklus. Der Beinschlag erfolgt zum Ende der Rückholphase, hierdurch wird das Auftauchen unterstützt.
6. **Im Wechsel** 4 Zyklen BAA mit **2** Delfinbeinschlägen pro Armzyklus und im Anschluss 2 Zyklen Brustgesamtbewegung, danach Anzahl der Zyklen (BAA mit 2 Beinschlägen) bis auf 1 Zyklus reduzieren.
7. **Im Wechsel** 4 Zyklen BAA mit **1** Delfinbeinschlag (am Ende der Rückholphase) pro Armzyklus und im Anschluss 2 Zyklen Brustgesamtbewegung, danach Anzahl der Zyklen (BAA mit einem Beinschlag) bis auf 1 Zyklus reduzieren (Abb. 3.55).
8. mit sukzessiver Streckenverlängerung die Undulationstechnik schwimmen.

Wenn die Kraul- und Delfintechnik in Grobform beherrscht wird, können weitere Übungen die obige Methodik ergänzen.
Im Wechsel einarmig Delfin schwimmen und Brustarme mit Delfinbeinen:

• Es zieht 2-mal der rechte Arm, 2-mal der linke Arm jeweils mit 2 Delfinbeinschlägen und daran schließen sich 2 Zyklen Brustarme mit 2 Delfinbeinschlägen an (2x rechts/2x links mit je 2 DBA + 2 BAA mit 2 DBA),
• nur mit einem Delfinbeischlag in Verbindung mit der Brustarmbewegung (2x rechts/2x links mit je 2 DBA + 2 BAA mit 1 DBA),
• jetzt zieht jeweils nur einmal der rechte Arm und einmal der linke Arm jeweils mit 2 Delfinbeinschlägen und im Anschluss ein Brustarmzug mit 1 Delfinbeinschlag (1x rechts/1x links mit je 2 DBA + 1 BAA mit 1 DBA).

Abb. 3.55 Video: BAA mit 1 DBA im Wechsel mit BGS (Eigene Darstellung) URL:
▸ https://doi.org/10.1007/000-arm

Im Wechsel einarmig Delfinschwimmen und im Anschluss Brustgesamtbewegung
(Abb. 3.56):

- Jeweils 4 Armzüge Delfin einarmig pro Seite und im Anschluss 2 Zyklen Brustgesamtbewegung, einarmiges Schwimmen bis auf einen Armzug reduzieren,
  dann auch nur eine Brustgesamtbewegung (4x rechts/4x links mit je 2 DBA + 2
  BGS bis 1x rechts/1x links mit je 2 DBA + 1 BGS),
- einarmig Delfin mit rechts, dann einen Brustgesamtzyklus, einarmig Delfin mit
  links und ein Brustgesamtzyklus (1x rechts/1x BGS/1x links/1 BGS).

Im Wechsel 2 Zyklen Delfingesamtbewegung, 2 Zyklen Brustarme mit 1 Delfinbeinschlag und danach 2 Zyklen Brustgesamtbewegung (2 DGS + 2 BAA mit 1
DBA + 2 BGS).

Abb. 3.56 Video: Kombi aus einarmig DGS und BGS (Eigene Darstellung) URL:
▸ https://doi.org/10.1007/000-arn

3.3.6 Abweichungen von der Technik (Fehlerkorrektur)

Da es beim Brustschwimmen eine Vielzahl an individuellen Technikvariationen gibt, wird in der folgenden Übersicht auf die klassischen Technikabweichungen eingegangen und im Rahmen der Korrektur auf die Übungen in der methodischen Reihe verwiesen (Tab. 3.10).

Tab. 3.10 Brustschwimmen Abweichungen – Fehler – Ursache – Korrektur (Eigene Darstellung)

Fehler	Ursache	Korrektur
Wasserlage nahezu senkrechte Körperlage	Kopf im Nacken, Gesicht bleibt über Wasser, ineffektive Beinbewegung	Übung(en): Wiederholen von Übungen zum Gleiten in Bauchlage mit/ohne Abstoß, sowie die Übungen 15,16,19,20
Beinbewegung asymmetrisch (Schere)	Becken liegt nicht horizontal im Wasser, sondern ist zu einer Seite gekippt	Übungen 3, 6, 10 und 11
Knie ziehen unter den Bauch	bewusste Hüftstreckung beim Anfersen fehlt, verkürzte Hüftmuskulatur	Übungen 5, 9, 10, 17 und 18
Dorsalflexion des/der Fuß/Füße fehlt, d.h. Fuß/Füße stechen ins Wasser oder der Beinschlag erfolgt mit dem Spann	fehlende Wahrnehmung der Fußstellung im Wasser, eingeschränkte Beweglichkeit	Übungen 4, 6, 8, 12 und 13
Beine bleiben nach dem Schwingen geöffnet (aktives Schließen der Beine fehlt)		Übung 16 mit dem verbalen Hinweis „Deine Fußinnenkanten berühren sich nach jeder Beinbewegung"
Armbewegung Unterwasserphase Arme werden über Schulterlinie nach hinten geführt	fehlende Wahrnehmung der Armstellung	Übungen 2, 3 und 6
Armbewegung erfolgt nur auf einer Ebene („wischen an Wasseroberfläche")	fehlende Wahrnehmung/ Kraftdefizite	Übungen 2, 3 und 6
„weiche Handhaltung" – Hände bilden keine annähernd geschlossene und gespannte Fläche	fehlende Muskelanspannung der Hand/Hände	
Erzeugen von Blasen	geöffnete Fingerhaltung	Wahrnehmungsübung: Faust – gespreizt – flach/annähernd geschlossene Handhaltung
Atmung Einatmung zu früh zu spät		Erklären des Einatmenzeitpunkts bezogen auf die Armbewegung Atmung mit Teilkörperbewegungen wiederholen (Übung BA 16 und 20 AA 3, 5, 6 (Unterpunkt 3) und Übung 4 Bei BGS mit akustischen Hilfen arbeiten, um den Zeitpunkt der Atmung zu unterstützen
unvollständige Ausatmung	Pressatmung	bewusstes Ausatmen der Atemluft lang und vollständig - „pusten" pro Bewegungszyklus, erstmal mit Teilkörperbewegungen und in Verbindung mit GS eine Koordinationsübung: 1BGS + 1BBA, hierbei hat der Übende lange Zeit zum ausatmen
Kopf wird krampfhaft über Wasser gehalten	Atemprobleme, scheut Wasser im Gesicht	BBA mit Brett, nach jedem Beinschlag Gesicht ins Wasser bringen, zum Beckenboden schauen und durch Mund und Nase ausatmen
Koordination Bewegungsfluss zu langsam/mit Pausen - zu schnell	Arme über Schulterlinie hinweg, Pause nach der Druckphase, Timing Arme und Beine passt nicht	Übungen 2-6, dann mit Frequenzerhöhungen arbeiten oder den Schwimmer gegen den Zug eines Gummiseils schwimmen lassen

Die Checkliste zum Brustschwimmen (Tab. 3.11) kann dem Beobachter in der Praxis das Erkennen von Technikabweichungen erleichtern.

Tab. 3.11 Checkliste zum Brustschwimmen (Eigene Darstellung)

Bildreihe inkl. Kriterium	Bewegungsmerkmale	Erkennen des Bewegungsmerkmals			
Wasserlage (WL)	Körper gestreckt (Gleitphase/-position)	++++	+++	++	+
	Kopf zwischen den Armen (Blick nach unten)	++++	+++	++	+
	gestreckte Arme	++++	+++	++	+
	Hände liegen eng beieinander	++++	+++	++	+
	Körper ist während Bewegungszyklus angestellt/aufgerichtet	++++	+++	++	+
Beine (BA)	Bewegung der Beine gleichzeitig und in gleicher horizontaler Ebene	++++	+++	++	+
	Unterschenkel/Fersen ziehen mit geöffneten Knien (max. hüftbreit) Richtung Gesäß	++++	+++	++	+
	Anfersen hierbei Becken nach unten drücken	++++	+++	++	+
	Füße hochziehen und nach außen drehen	++++	+++	++	+
	kreisförmiges Schwingen der Beine	++++	+++	++	+
	aktives Schließen der Beine, Fußinnenseiten berühren sich (optimal: Fußsohlen zueinander)	++++	+++	++	+
Arme (AA)	Hände locker geschlossen (Finger zusammen)	++++	+++	++	+
	Unterwasserphase: **Ziehen/Beugen (Zugphase)** mit gestreckten Armen drehen die Handflächen (Anstellwinkel 40°) nach außen (Wasserfassen)	++++	+++	++	+
	Arme öffnen etwas weiter als schulterbreit	++++	+++	++	+
	Arme beugen und bis auf Höhe der Schultern	++++	+++	++	+
	nach hinten unten ziehen (Ellenbogen zeigt nach oben)	++++	+++	++	+
	Drücken (Druckphase) Arme vor der Brust zusammenführen	++++	+++	++	+
	Arme bewegen sich beschleunigt einwärts-vorwärts	++++	+++	++	+
	Wasseroberfläche: **Rückholphase** Arme vollständig strecken	++++	+++	++	+
Atmung (ATM)	Ein- und Ausatmen bei jedem Bewegungszyklus	++++	+++	++	+
	während Druckphase der Arme („Körper angehoben") durch Mund einatmen	++++	+++	++	+
	während Gleitphase/-position durch Nase und Mund ausatmen („Kopf im Wasser")	++++	+++	++	+
Koordination (GS)	mit Zusammenführen der Arme vor der Brust, die Fersen zum Gesäß bringen	++++	+++	++	+
	während Streckung der Arme, erfolgt Schwingen der Beine bis in die Streckung (Gleitposition/-phase)	++++	+++	++	+

3.3.7 Wettkampfbestimmungen

- Von Beginn des ersten Armzugs nach dem Start und nach jeder Wende muss der Körper in Bauchlage gehalten werden. Während des ganzen Rennens muss der Bewegungszyklus aus jeweils einem Armzug und einem Beinschlag, in dieser Reihenfolge, bestehen, außer während der Wende und beim Zielanschlag.
- Alle Bewegungen der Arme und Beine müssen gleichzeitig und in der gleichen waagerechten Ebene ohne Wechselbewegungen erfolgen.
- Die Hände müssen auf, unter oder über der Wasseroberfläche von der Brust nach vorne geführt werden. Ellenbogen müssen stets unter Wasser sein, außer beim letzten Armzug zum Anschlag an der Wende, während der Wende und beim letzten Armzug zum Zielanschlag.
- Die Hände müssen an oder unter der Wasseroberfläche nach hinten gebracht werden. Dabei dürfen sie nicht weiter als bis zu der Hüfte nach hinten gebracht werden.
- Beim Beinschlag müssen die Füße bei der Rückwärtsbewegung auswärts gedreht sein.
- Bei der Wende und am Ziel hat der Anschlag mit beiden Händen gleichzeitig zu erfolgen, und zwar an, über oder unter der Wasseroberfläche.
- Während eines jeden vollständigen Bewegungszyklus muss der Sportler mindestens einmal mit einem Teil des Kopfes die Wasseroberfläche vollständig durchbrochen haben.
- Nach dem Start und nach jeder Wende **darf** der Sportler, bevor er an die Wasseroberfläche zurückkehrt, einen vollständigen Bewegungszyklus unter Wasser ausführen, ohne mit dem Kopf die Wasseroberfläche durchbrochen zu haben (Tauchzug).
- Er darf vor dem ersten Brustbeinschlag zu jeder Zeit einen einzigen Delfinbeinschlag ausführen. Während des ersten Bewegungszyklus darf er einen vollen Armzug bis zu den Oberschenkeln ausführen. Der Kopf des Sportlers muss beim zweiten Bewegungszyklus nach Start und Wenden die Wasseroberfläche während der Rückwärtsbewegung der Arme vollständig durchbrochen haben, und dies, bevor die Hände nach innen gedreht und wieder nach vorne gebracht werden. (vgl. DSV § 128)

Elektronisches Zusatzmaterial
- BBA (ergänzende und vertiefende Videos zur Technikschulung),
- BAA (ergänzende und vertiefende Videos zur Technikschulung),
- BGS (ergänzende und vertiefende Videos zur Technikschulung),
- Variante: Undulation,
- PDF: Die Brusttechnik – Verbesserung über selbstgesteuertes Lernen.
- Übersicht Bewegungsmerkmale, methodische Einführung und Checkliste zu Brustschwimmen.

Das elektronische Zusatzmaterial finden Sie auf https://link.springer.com/10.1007/978-3-662-67198-6_3

3.4   Delfinschwimmen

Lernvoraussetzungen
- Konditionelle Voraussetzungen (Kraft- bzw. Kraftausdauer),
- Kraulschwimmen,
- Ab- und Auftauchen durch Kopfsteuerung,
- Gleiten mit Abstoß in Bauch- und Rückenlage unterhalb der Wasseroberfläche,
- Tauchzug beherrschen ist vorteilhaft.

3.4.1   Material/Medien

- Technikmerkmale erwerben: Kurzflossen (während der Übungsreihe) einsetzen,
- Technikmerkmale erweitern und vertiefen: Flossen,
- Video/Filme/Bilder zur Delfintechnik (Abb. 3.57).

3.4.2   Ergänzende Hinweise zum methodischen Vorgehen

Das Erzeugen einer Wellenbewegung des Körpers durch Kopfsteuerung ist das oberste Ziel der methodischen Einführung, denn nur mit dieser Körperwelle ist die Delfintechnik zu realisieren. Von daher ist das Vorgehen semiganzheitlich und unterscheidet sich in der Struktur des methodischen Vorgehens etwas von den anderen 3 Schwimmarten.

Bei der Einführung bietet es sich an, möglichst im **Flachwasser** zu schulen bzw. zu üben, denn so kann die Übung immer wieder abgebrochen werden und ein

Abb. 3.57 Video: Delfinschwimmen (Eigene Darstellung) URL: ▸ https://doi.org/10.1007/000-arp

Neustart ist über einen Delfinsprung möglich. Der Delfinsprung ist die Grundlage für das Erlernen der Delfintechnik.

Der korrekte Bewegungsablauf der Beinarbeit ist Voraussetzung für eine gute Umsetzung der Gesamtkoordination, sich dabei ausreichend Zeit lassen, mit kurzen Strecken beginnen und diese steigern.

Aus Gründen der didaktischen Reduktion wird nur der Antriebsschlag (Abwärtsschlag) bei der Beinbewegung berücksichtigt.

Kurzflossen und später Flossen unterstützen das motivierende Erleben des Antriebs, schaffen schnell Erfolgserlebnisse und das Erlernen. Allerdings sollte im Anschluss immer die Übung auch ohne Flosseneinsatz nochmals wiederholt werden.

▶   Flossen sind beim Erlernen das einzige Hilfsmittel.

Flossen sollten die einzigen Hilfsmittel beim Erlernen sein, denn ein Brett in den Händen oder eine Pull Buoy zwischen den Beinen fixiert den Körper und die Körperwelle kann dadurch kaum realisiert werden.

3.4.3   Bewegungsbeschreibung inkl. didaktisch reduzierter Bewegungsmerkmale

Lage im Wasser
Der Schwimmer befindet sich in Bauchlage und führt eine wellenförmige Körperbewegung mit einem optimalen kleinen Anstellwinkel durch. Eingeleitet wird dieses durch den Kopf, der sich in der Sagittalebene bewegt („Kopfvorneigen"/ „Kopfnicken").

Beinbewegung
Der Beinschlag wird durch den Kopf eingeleitet (Ganzkörperbewegung), setzt sich durch den Körper in wellenförmiger Bewegung fort. Der Beinschlag erfolgt gleichzeitig und die Beine liegen parallel eng nebeneinander. In der Aufwärtsphase sind die Beine gestreckt und die Fußgelenke locker. Mit dem aktiven Einsetzen der Hüfte (Bogenspannung) wird der Abwärtsschlag über die Oberschenkel eingeleitet. Während sich die Füße nach oben bewegen, ist das Kniegelenk passiv gebeugt. Im Anschluss daran erfolgt ein peitschenartiger Kick der Unterschenkel nach unten (Vortriebsfunktion) bis zur vollständigen Streckung des Kniegelenkes. Hierbei sind die Füße gestreckt und nach innen gedreht (Plantarflexion, Supination, Adduktion). Die Bewegungsamplitude beträgt ca. 25 % der Körperhöhe.

Armbewegung
Die Unterwasserphase des Delfinarmzugs gleicht einer „Mensch ärgere dich nicht"-Figur, einer Baum- oder einer Schlüssellochform.

Die *Zugphase* beginnt mit dem schulterbreiten Eintauchen der Hände in das Wasser und dem sofortigen Wasserfassen, dabei zeigen die Handflächen nach außen. Die Schultern sind hierbei in ausgeprägter Weise überstreckt und die annähernd gestreckten Arme bewegen sich vorwärts, abwärts, auswärts bis auf maximal doppelte Schulterbreite. Hierbei ist darauf zu achten, dass der Ellenbogen in der Horizontalen über den Händen ist. Die Hände bewegen sich einwärts, aufwärts, rückwärts, bis die Arme im Ellenbogengelenk ca. 90° angewinkelt sind und sich die Hände auf Brusthöhe annähern. Der Druck auf den Händen darf nicht verloren gehen.

Ab hier beginnt die *Druckphase,* wobei die Hände mit einer betonten rückwärts, aufwärts, auswärts Bewegung an den Oberschenkeln vorbeigeführt werden.

Die *Rückholphase* wird eingeleitet, indem die Arme seitlich neben dem Körper möglichst locker und mit leichter Beugung im Ellenbogen über Wasser nach vorne geführt werden, bis sie wieder annähernd gestreckt und schulterbreit eintauchen.

Atmung
Mit dem 2. Beinschlag am Ende der Druckphase und dem Verlassen der Arme aus dem Wasser wird der Kopf angehoben bzw. das Kinn nach vorne geschoben und durch den Mund eingeatmet. Anschließend wird der Kopf zurückgenommen, sobald die Arme die Schultern passieren bzw. noch bevor die Hände ins Wasser eintauchen. Während der Beendigung der Rückholphase und des Beginns der Zugphase wird durch Mund und Nase ausgeatmet. Der Atemrhythmus ist beliebig, allerdings ist dies auch von der Streckenlänge abhängig. Um erst mal einen fließenden Bewegungsrhythmus zu erreichen, empfiehlt sich die 2er-Atmung.

Koordination
Bei der Gesamtkoordination erfolgen 2 Beinschläge auf einen Armzug. Der 1. Beinschlag erfolgt beim Eintauchen der Arme ins Wasser (Beginn Zugphase) und der 2. erfolgt kurz vor Beendigung der Druckphase. Dieser ist nötig, um die Schwimmgeschwindigkeit aufrechtzuerhalten und um das Heben des Schultergürtels aus dem Wasser für die Einatmung zu ermöglichen bzw. zu erleichtern.

Diese Beschreibung der Delfintechnik findet sich in Tab. 3.12 in didaktisch reduzierter Form wieder.

3.4.4 Methodisches Vorgehen

3.4.4.1 Methodische Einführung Delfinschwimmen: Wasserlage, Beine und Atmung

Spezifische Lernziele
- Kopfsteuerung zwecks Einleitung Beinschlag und Atmung,
- Steuerung der Körperlage mithilfe der Hände,
- Beinarbeit erfolgt gleichzeitig und regelmäßig,
- regelmäßige Atmung.

Tab. 3.12 Didaktisch reduzierte Bewegungsmerkmale der Delfintechnik (D) mit Beispielen zur bildlichen Formulierung (Eigene Darstellung)

Kriterien inkl. Abbildung	Bewegungsmerkmale	
	bildlich	didaktisch reduziert
Wasserlage (WL)	„Welle" „Delfin"	Bauchlage Wellenbewegung ausgelöst durch Kopfsteuerung Welle mit kleinem Anstellwinkel
Beine (BA)		Beine schlagen gleichzeitig und parallel Bewegungsamplitude ca. 25% der Körperhöhe
	„Flossenschlag von Wal oder Delfin" „Meerjungfrau"	Impuls aus der Hüfte Abwärtsbewegung der Oberschenkel Beugewinkel im Kniegelenk geringer (20°) Unterschenkel bleiben liegen (passive Beugung) Peitschenartige Streckung des Kniegelenks
	„großer angespitzter Bleistift"; „Großzehen berühren sich"	Füße strecken und einwärtsdrehen (in Abwärtsbewegung)
Arme (AA)	„Hände ziehen auf dem kürzesten Weg vom Eintauchpunkt zum Austauchpunkt (Oberschenkel) mit hohem Ellenbogen (90°) auf Schulterhöhe" „Mensch-ärgere dich-Figur" „Baum" „Schlüsselloch"	Arme ziehen gleichzeitig **Unterwasserphase:** **Ziehen/Beugen (Zugphase):** Eintauchen der gestreckten Arme in Schulterbreite, Hände tauchen flach ein und fassen sofort Wasser (Wasserfassen = Hand dreht nach außen) Arme öffnen etwas weiter als schulterbreit Arme beugen und ziehen bis auf Höhe der Schultern nach hinten (Ellenbogen zeigt nach oben) **Drücken (Druckphase)** Unterarme drücken am Körper vorbei bis auf Oberschenkelhöhe
	„Falter öffnet die Flügel"	**Überwasserphase:** **Rückholphase** Hände kommen auf Höhe der Oberschenkel aus dem Wasser Arme locker seitlich am Körper nach vorne führen
Atmung (ATM)		Ende Druckphase Kopf anheben bzw. Kinn nach vorne schieben Einatmung durch Mund
	„nicken"	Kopf zurücknehmen, sobald die Arme die Schultern passiert haben Ausatmung durch Nase und Mund bis zur nächsten Einatmung
Koordination (GS)	bewusst zählen „1 – 2"	Zwei Beinschläge auf einen Armzug 1. Beinschlag beim Eintauchen der Arme 2. Beinschlag kurz vor Beendigung der Druckphase

Bewegungsmerkmale
- Wellenbewegung ausgelöst durch Kopfsteuerung
- Beine schlagen gleichzeitig und parallel
- Impuls aus der Hüfte, Abwärtsbewegung der Oberschenkel, Beugewinkel im Kniegelenk geringer (20°), Unterschenkel bleiben liegen (passive Beugung)
- Peitschenartige Streckung des Kniegelenks
- Gestreckte, einwärts gedrehte Füße (in Abwärtsbewegung)
- Regelmäßige Atmung mithilfe der Kopfsteuerung

1. Mithilfe von Abbildungen, Filmen, Demonstrationen und eigenen Erfahrungen Bewegungsmerkmale *vor* oder *während* der Übungseinheit in sprachlich angepasster Form erarbeiten und visualisieren.

▶   Ziel: Erzeugen der Körperwelle mithilfe von Kopf- und Körpersteuerung und unterstützend die Hände.

2. „Stelle einen Delfin dar. Wie bewegt sich ein Delfin im Wasser?" Hieraus ergibt sich in der Regel die Fortbewegungsform: Delfinsprung, „Flippersprung".
3. Delfinsprung erproben (Abb. 3.58).

▶   Das Gesäß ist immer der höchste Punkt, Kopf bleibt zwischen den gestreckten Armen.

4. Delfinsprung mit den Armen in Hochhalte und einer hohen Flugkurve.
5. Delfinsprung mit den Armen in Hochhalte und einer flachen Flugkurve.
6. Delfinsprünge über/unter Hindernisse (Abb. 3.59):

   – über eine vom Partner gehaltene Poolnudel oder Stab springen,
   – durch die gespreizten Beine eines Partners tauchen,
   – als 3er-Gruppe beide Aufgaben verbinden.

Abb. 3.58 Video: Delfinsprung (Eigene Darstellung) URL: ▶ https://doi.org/10.1007/000-arq

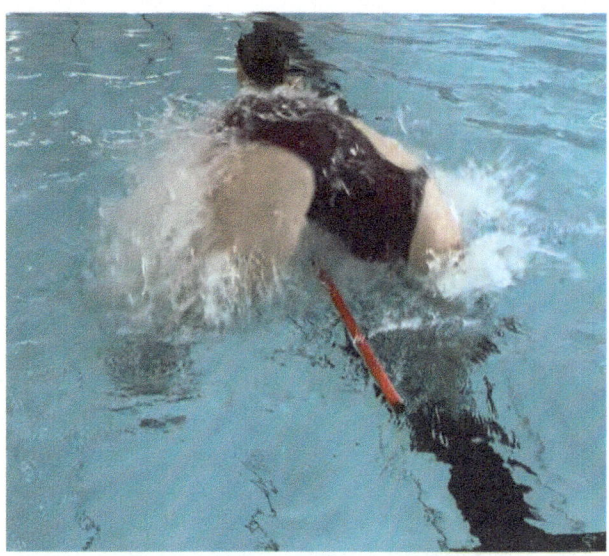

Abb. 3.59 Delfinsprung mit Partner/Hindernis (Eigene Darstellung)

Abb. 3.60 Video: DBA unter Wasser (Eigene Darstellung) URL:
▸ https://doi.org/10.1007/000-arr

7. Delfinsprung und eine Welle anschließen, hinstellen und erneut den Delfin-sprung mit einer Welle anschließen.
8. Wie 7., weitere Wellen anschließen.

Die Übungen 9 und 10 können an der Wasseroberfläche oder unter Wasser erfolgen.

9. Vom Beckenrand in Bauchlage mit Armen in Hochhalte (Kopf ist zwischen den Armen) abstoßen, gleiten und die Wellenbewegung vom Kopf aus einleiten, diese durch den Körper bis zu den Beinen weiterlaufen lassen. Es erfolgt kein aktiver Beinschlag, nur die Arme unterstützen die Bewegung (Abb. 3.60).

Abb. 3.61   Video: DBA in Rückenlage (Eigene Darstellung) URL:
▶ https://doi.org/10.1007/000-ars

10. Vom Beckenrand in Bauchlage mit angelegten Armen abstoßen, gleiten und
    die Wellenbewegung vom Kopf aus einleiten, diese durch den Körper bis zu
    den Beinen weiterlaufen lassen.
11. Von der Delfinwelle in Rückenlage zu Delfinkicks in Rückenlage (Abb. 3.61):
    – Delfinwelle in RL mit angelegten Armen (Vorteil: freie Atmung),
    – Delfinkicks in RL mit angelegten Armen (Beinamplitude verkleinern und
      Frequenz erhöhen). „Achte darauf, dass Knie unter Wasser bleiben."
12. Delfinkicks in Bauchlage mit gestreckten Armen, mit dieser vorher
    in Rückenlage ausprobierten Amplitude bzw. Frequenz unter Wasser
    schwimmen; kurze Strecken (Abb. 3.62).
13. Delfinkicks in Bauchlage an Wasseroberfläche mit gestreckten Armen ohne
    Atmung, ggf. bei Bedarf Atmung, dann sich hinstellen und mit einem Delfin-
    sprung die Bewegung wieder einleiten.
14. Delfinkicks mit Atmung auf der Kurzstrecke („Achte bewusst darauf, dass du
    ausatmest und nach dem Einatmen den Kopf zurücknimmst."):
    – erst einmal pro Strecke atmen,
    – 2-mal pro Strecke atmen,
    – bei jedem 4. Abwärtsschlag atmen,
    – bei jedem 2. Abwärtsschlag atmen.

Abb. 3.62 Video: DBA in Bauchlage mit gestreckten Armen (Eigene Darstellung) URL: ▸ https://doi.org/10.1007/000-art

3.4.4.2 Methodische Einführung Delfintechnik: Gesamtkoordination (Arme und Atmung)

▶ Ziel: Über die Wellenbewegung, den Beinschlag und mithilfe der Arme zur Gesamtkoordination finden und regelmäßige Atmung integrieren.

Spezifische Lernziele
- Rhythmisches Ziehen der Arme in Verbindung mit der Körperwelle,
- langes schulterbreites Einsetzen und langes lockeres Herausführen der Arme,
- über die Körperwelle und den Beinschlag in die Gesamtkoordination überleiten,
- Bewegungsrhythmus 1 Armzug und 2 Delfinkicks umsetzen,
- Technikmerkmale über eine kurze Strecke von 10–15 m mit regelmäßiger Atmung bewältigen.

Unterwasserphase Bewegungsmerkmale

- Eintauchen der gestreckten Arme in Schulterbreite
- Wasserfassen – Arme öffnen etwas weiter als schulterbreit – ziehen bis auf Höhe der Schultern nach hinten (Ellenbogen zeigt nach oben) – Unterarme drücken am Körper vorbei bis auf Oberschenkelhöhe

Überwasserphase

- Arme locker seitlich am Körper nach vorne führen

Atmung

- Ende Druckphase Kopf anheben bzw. Kinn nach vorne schieben – Einatmung durch Mund
- Kopf zurücknehmen, sobald die Arme die Schultern passiert haben – Ausatmung durch Nase und Mund bis zur nächsten Einatmung

Gesamtkoordination

- Zwei Beinschläge pro Armzyklus: 1. Beinschlag beim Eintauchen der Arme – 2. Beinschlag kurz vor Beendigung der Druckphase

1. Delfinsprünge mit Armführung über Wasser über die Seite nach vorne „Vorne lang einsetzten, hinten lang herauskommen."
2. Wie 1., mit bewusstem Abdrücken der Hände vom Beckenboden. Hierbei deutlich machen, dass ein kompletter Bewegungszyklus bei dieser Sprungform gemacht wird, allerdings intrazyklisch auseinandergezogen.
   - Beinschlag ist der Absprung mit dem Einsetzten der Arme und der Abdruck der Hände vom Boden wird durch den 2. Beinschlag unterstützt (Beine schlagen dabei nahezu selbstverständlich) (Abb. 3.63).
3. Delfinsprung mit 2 Beinschlägen. Nach dem Sprung zur Wasseroberfläche steuern, Abdruck vom Wasser (Arme ziehen zu den Oberschenkeln) und ein Beinschlag erfolgt. Sobald der Kopf und die Schultern die Wasseroberfläche durchbrechen, werden die Arme nach vorne geschwungen und im Moment des Eintauchens erfolgt der nächste Beinschlag, der den Schwimmer dann vorantreibt; Hinstellen und von Neuem beginnen.
4. Wie 3., am Ende der Druckphase bewusst einatmen.

▶   Alle folgenden Übungen erfolgen aus dem Abstoß vom Beckenrand in Bauchlage mit Einsatz der Delfinbeine und Steuerung der Körperwelle. Dies erleichtert den Übergang in die Gesamtbewegung.

Abb. 3.63 Video: Delfinsprung mit Armführung (Eigene Darstellung) URL:
▸ https://doi.org/10.1007/000-arv

Abb. 3.64 Video: Delfinkicks mit einem Armzug (Eigene Darstellung) URL:
▸ https://doi.org/10.1007/000-arw

5. Abstoß – Delfinkicks, einen Armzug anschließen und dann mit Delfinkicks weiterschwimmen (Abb. 3.64).
6. Abstoß – Delfinkicks und 2 Armzüge anschließen, dann mit Delfinkicks weiterschwimmen (Bewusstmachen des 2:1-Rhythmus).
7. Abstoß – Delfinkicks – Übergang in die Gesamtbewegung und die Strecke bzw. die Anzahl der Zyklen möglichst ohne Atmung verlängern bzw. erhöhen. Den 2:1-Rhythmus mit bewusstem Zählen „1 – 2" verinnerlichen.

8. Delfinschwimmen über kurze Distanzen, atmen nach Bedarf bis zur 2er-Atmung. Die 2er-Atmung ist sinnvoller, denn generell gilt: Jeder Atemvorgang unterbricht den Fluss der Bewegung. Der Atemvorgang muss optimal integriert werden. Dies ist am Anfang noch nicht immer realistisch, sollte aber das Ziel sein.

9. Delfinschwimmen über kurze Distanz ohne/mit Atemvorgang, aber mit geschlossenen Augen, um die Technikwahrnehmung zu verstärken.

10. Alternative zur Rhythmusschulung: Delfinschwimmen in Rückenlage hat den Vorteil, dass die Atmung erst mal außen vor ist. Die Arme werden gleichzeitig nach hinten geführt, beim Eintauchen erfolgt der 1. Beinschlag nach oben an die Wasseroberfläche, die Arme ziehen am Körper vorbei und der 2. Beinschlag erfolgt, wenn die Arme an der Hüfte sind (Abb. 3.65).

Sobald der Rhythmus verinnerlicht ist, kann die Delfintechnik **mit Flossen** geschwommen werden. Durch das Flossenschwimmen können die Technikmerkmale verstärkt und bewusster wahrgenommen werden, da der Antrieb durch die Flossen gegeben ist. Die Strecke kann dadurch auch leichter verlängert werden. Im Anschluss immer ohne Flossen eine kurze Strecke schwimmen, um den optimalen zeitlichen Ablauf im Rhythmus wieder bewusst zu haben.

3.4.4.3 Delfinschwimmen: Vertiefung von Technikmerkmalen
Mit ausreichender Übungserfahrung kann dann mit der **Vertiefung** von Technikmerkmalen begonnen werden. Auch hier kann mit und ohne Flossen geschwommen werden.

Abb. 3.65 Video: DGS in Rückenlage (Eigene Darstellung) URL:
▸ https://doi.org/10.1007/000-arx

Abb. 3.66 Video: DBA aus der Senkrechten (Katapult) (Eigene Darstellung) URL:
▶ https://doi.org/10.1007/000-aqj

Körperwelle und Beinbewegung

- Delfinbeinarbeit in Seitenlage – unterer Arm in Hochhalte („Supermann"),
  Kopf liegt auf dem Arm. Zum Atmen wird der Kopf zur Wasseroberfläche
  gedreht.
- Delfinbeinarbeit aus senkrechter Position, gestreckt abtauchen und mit
  Delfinkicks und der Körperwelle sich an bzw. über die Wasseroberfläche kata-
  pultieren (Tiefwasser) (Abb. 3.66).
- Körperwelle und Beinbewegung in verschiedenen Körperlagen:
  - Abstoß in Rückenlage, Arme an die Hüfte nehmen, mit Drehung um 180°
    nach 4 Beinschlägen in die Bauchlage und dies immer im Wechsel.
  - Abstoß in Rückenlage, Arme an die Hüfte nehmen, mit Drehung um 90°:
    immer im Wechsel 4 Beinschläge in Rückenlage – auf der einen Seite – in
    Bauchlage – auf der anderen Seite.
  - Wie Übungen zuvor, mit gestreckten Armen über dem Kopf.
- Mit Partner/in (Abb. 3.67):
  - in Seitenlage im Abstand mit Blick zueinander,
  - als Spiegel, einer in Bauchlage und der andere in Rückenlage übereinander,
  - als Schlange in einer 3er- bis 5er-Gruppe.

Abb. 3.67 DBA mit Partner (Spiegel) (Eigene Darstellung)

- Mit anderen Techniken kombinieren:
  - Brustarme mit Delfinbeinbewegung,
  - Rückenarme mit Delfinbeinbewegung,
  - Kraularme mit Delfinbeinbewegung.

Armbewegung

- Wahrnehmung der Armführung unter Wasser mit dem Beobachtungsauftrag:
  - Wie bewege ich meine Arme unter Wasser?
  - Sind sie gebeugt/gestreckt? Wenn sie gebeugt sind, wo beugen sie sich?
  - Was schreiben meine Hände unter Wasser?
  - Wo zeigen meine Hände am Ende der Unterwasserphase hin?

Gesamtbewegung

Über die Kombination Kraularme und Delfinbeine kann die Akzentuierung des Rhythmus gut geschult werden: 1. Beinschlag – Einsetzen der Arme; 2. Beinschlag – kurz vor Beendigung der Unterwasserphase (Druckphase):

- Über eine halbe Bahn zieht nur der rechte Arm – dann Wechsel mit linkem Arm, der andere Arm liegt passiv gestreckt in Hochhalte.
- Im Wechsel 4 Züge rechts, 4 Züge links und bis auf 2 Züge pro Seite reduzieren – der passive Arm bleibt immer gestreckt in Hochhalte.
- Abschlagschwimmen: Hierbei wird jeweils im Wechsel ein Arm gezogen. Der eine gestreckte Arm beginnt zu ziehen, wenn er von dem anderen Arm (quasi) abgeschlagen wird: 2-mal rechts, 2-mal links, einmal rechts, einmal links immer im Wechsel.

Einbeziehen der Gesamtbewegung und der Atmung:

- 2-mal rechts, 2-mal links und dann 2 Gesamtbewegungen. Beim einarmigen Schwimmen wird zur Seite geatmet, bei der Gesamtbewegung nach vorne (Abb. 3.68).

Abb. 3.68 Video: DGS in Kombi (Eigene Darstellung) URL: ▸ https://doi.org/10.1007/000-arz

- Im Wechsel werden 6 Delfinbeinschläge und 3 Gesamtzyklen geschwommen. Als Steigerung 10 Delfinbeinschläge und 5 Gesamtbewegungen.
- Delfingesamtbewegung mit 2er- und 1er-Atmung im Wechsel schwimmen.
- Beim Eintauchen der Arme in die Hände klatschen.
- Beim Herausnehmen der Arme in die Hände klatschen.

3.4.5 Abweichungen von der Technik (Fehlerkorrektur)

Die Tab. 3.13 ermöglicht einen Überblick über mögliche Abweichungen beim Delfinschwimmen, die Ursachen und Hinweise zur Korrektur. Die Checkliste (Tab. 3.14) kann dem Beobachter in der Praxis das Erkennen von Technikabweichungen erleichtern.

3.4.6 Wettkampfbestimmungen

- Während des gesamten Wettkampfes muss der Schwimmer in Bauchlage bleiben, während der Wendenausführung ist ein beliebiges Drehen erlaubt, sofern der Körper beim Verlassen der Wand wieder in die Bauchlage zurückgekehrt ist.
- Nach dem Start und nach jeder Wende darf der Sportler bis zu 15 m völlig untergetaucht einen oder mehrere Beinschläge und einen Armzug ausführen. An der 15-m-Marke muss der Kopf die Wasseroberfläche durchbrochen haben. Der Sportler muss an der Wasseroberfläche bleiben bis zur nächsten Wende oder bis zum Ziel.
- Beide Arme müssen nach vorne gleichzeitig über Wasser und nach hinten gleichzeitig unter Wasser bewegt werden.
- Alle Auf- und Abwärtsbewegungen der Beine müssen gleichzeitig ausgeführt werden.

Tab. 3.13 Delfinschwimmen Abweichungen – Fehler – Ursache – Korrektur (Eigene Darstellung)

Fehler	Ursache	Korrektur
Wasserlage Kopf (permanent im Nacken) Körper bleiben aufgerichtet	fehlende Kopfsteuerung Beinschlag erfolgt aus den Knien	
Keine/zu starke Wellenbewegung (zu tiefes Abtauchen)	fehlende Kopfsteuerung Hüftimpuls zu stark/zu schwach	Wiederholen der Übungen 2-14
Beinbewegung Beinschlag aus den Knien bzw. Knie steif	fehlender Impuls über die Körperwelle aus der Hüfte	Delfinsprünge, DBA unter Wasser, DBA mit Flossen, DBA in Rückenlage
fehlende Fußstreckung, Füße sind nicht nach innen gedreht	Fehlende Wahrnehmung der Fußstellung im Wasser oder eingeschränkte Beweglichkeit	Fußstellung im Wasser visualisieren, mit Flossen – Kontraste bzgl. Vortrieb wahrnehmen - Dehnung
Beine über Hüftbreite auseinander		verbaler Hinweis: " Großzehen berühren sich"
Füße aus dem Wasser heraus	Beinschlag aus den Knien	DBA unter Wasser, DBA mit Flossen in Rücken- und Bauchlage „Füße nur bis zur Wasseroberfläche bewegen
Asymmetrische Beinbewegung mit unterschiedlicher Intensität und Amplitude		Kontrastübungen: 2 starke/ 2 schwache Beinschläge; kleine/große Amplituden
Wechselbeinschlag		Verbaler Hinweis: " Bewege die Beine gleichzeitig", evtl. Fußgelenke mit einem Gummiband z.B. von einer Taucherbrille oder einem flexiblen Band fixieren
Armbewegung Überwasserphase Kein hoher Ellenbogen, Arme gestreckt Ellenbogen tauchen vor den Händen ins Wasser	hoher Ellbogen fehlt	Fingerspitzen in der Rückholphase über das Wasser schleifen, vor der Rückholphase mit den Händen das Gesäß berühren
Asymmetrie der Arme	Kraftdefizit, eingeschränkte Beweglichkeit	Dehnung im Schultergürtelbereich, konditionelle Schulung, Partnerübung: Partner führt Stab nebenher, andere versucht den Stab gleichzeitig zu berühren
Arme zu Beginn nicht gestreckt, Einstechen der Hände vor dem Kopf in das Wasser		Verbaler Hinweis: weit nach vorne greifen - lang machen Partnerübung: Partner führt Stab nebenher, andere versucht den Stab gleichzeitig zu berühren

Unterwasserphase Grobkoordination: Armzug nicht progressiv		betonte Unterwasserphase, d.h. innerhalb des Zuges beschleunigen, hierbei mit Flossen schwimmen lassen
Erzeugen von Blasen	Anstellwinkel der Hände fehlerhaft/geöffnete Fingerhaltung	Wahrnehmungsübung: Faust – gespreizt – flach/annähernd geschlossene Handhaltung Hundekraulen ohne/mit Paddles/Mitts, um Anstellen der Hand wahrzunehmen (kurze Strecken)
Einsetzen der Arme zu eng bzw. zu weit/breit	eingeschränkte Beweglichkeit, Kopf zurücknehmen fehlt	über Kontrast, je nach Extrem schulen Kopfsteuerung, vor dem Eintauchen der Hände in die Hände klatschen
gestreckte, zu stark (absinkender Ellenbogen) oder zu wenig angewinkelte Armführung		Hundekraulen ohne/mit Paddles/Mitts, um Anstellen der Hand und des Ellenbogens zu erfahren (kurze Strecken)
Arme verlassen Wasser auf Hüfthöhe	Zu früher Abbruch der Druckphase (Kraftdefizit)	Daumen berühren am Ende der Druckphase die Oberschenkel
Atmung zu früh/zu spät		Stand und Oberkörper auf die Wasseroberfläche legen, nur die Arme durchführen, bewusst Kinn nach vorne schieben und am Ende der Druckphase einatmen, Kopf zurück, sobald die Arme den Schultergürtel passieren Übungen in Verbindung mit der Gesamtbewegung (8 + 9)
unvollständige Ausatmung (Pressatmung)		bewusstes Ausatmen der Atemluft „pusten" - Blasenbildung
Koordination		
2. Beinschlag zu früh/zu spät		
beide Beinschläge beim Eintauchen der Arme	Arme bleiben zu lange liegen	Korrekturhilfen alle Formen der Koordinationsschulung Übungen 5-10 und Vertiefungsübungen
nur ein Beinschlag beziehungsweise 3 Beinschläge pro Armzug		
Pause/Wischen im Bewegungszyklus z.B. durch Zeitpunkt der Einatmung oder im Übergang von der Zug- zu Druckphase		

Tab. 3.14 Checkliste zum Delfinschwimmen (Eigene Darstellung)

Bildreihe inkl. Kriterium	Bewegungsmerkmale	Erkennen des Bewegungsmerkmals			
Wasserlage (WL)	Kopfsteuerung löst Welle aus	++++	+++	++	+
	Welle mit kleinem Anstellwinkel	++++	+++	++	+
Beine (BA)	Beine schlagen gleichzeitig und parallel	++++	+++	++	+
	Impuls aus der Hüfte	++++	+++	++	+
	passive Beugung Knie	++++	+++	++	+
	Peitschenartige Streckung des Kniegelenks	++++	+++	++	+
	Füße strecken und einwärtsdrehen (in Abwärtsbewegung)	++++	+++	++	+
Arme (AA)	Arme ziehen gleichzeitig	++++	+++	++	+
	Unterwasserphase: **Ziehen/Beugen (Zugphase):** Eintauchen der gestreckten Arme in Schulterbreite	++++	+++	++	+
	Hände tauchen flach ein und fassen sofort Wasser (Hand dreht nach außen)	++++	+++	++	+
	Arme öffnen etwas weiter als schulterbreit	++++	+++	++	+
	Arme beugen und ziehen bis auf Höhe der Schultern nach hinten	++++	+++	++	+
	Drücken (Druckphase) Unterarme drücken am Körper vorbei bis auf Oberschenkelhöhe	++++	+++	++	+
	Überwasserphase: **Rückholphase** Hände kommen auf Höhe des Oberschenkels aus dem Wasser	++++	+++	++	+
	Arme locker seitlich am Körper nach vorne führen	++++	+++	++	+
Atmung (ATM)	Ende Druckphase Kinn nach vorne schieben	++++	+++	++	+
	Einatmung durch Mund	++++	+++	++	+
	Kopf zurücknehmen, sobald die Arme die Schultern passiert haben	++++	+++	++	+
	Ausatmung durch Nase und Mund bis zur nächsten Einatmung	++++	+++	++	+
Koordination (GS)	Zwei Beinschläge auf einen Armzug	++++	+++	++	+
	1. Beinschlag beim Eintauchen der Arme	++++	+++	++	+
	2. Beinschlag kurz vor Beendigung der Druckphase	++++	+++	++	+

- Bei jeder Wende und am Ziel muss der Sportler mit beiden Händen gleichzeitig in Brustlage anschlagen, und zwar an, über oder unter der Wasseroberfläche (vgl. DSV § 129).

Elektronisches Zusatzmaterial
- DBA (ergänzende und vertiefende Videos zur Technikschulung),
- Übersicht Bewegungsmerkmale, methodische Einführung und Checkliste zu Delfinschwimmen.

Das elektronische Zusatzmaterial finden Sie auf https://link.springer.com/10.1007/978-3-662-67198-6_3.

Literatur

Elbracht M (2015a) Schwimmen: Die Brusttechnik. Verbesserung über selbstgesteuertes Lernen. Betrifft Sport 2:16–21

Elbracht M (2015b) Die Schere – ein typisches Fehlerbild der Brustbeintechnik. Grundschule Sport 7:8–9

Elbracht M (1996–1999). Schwimmen. In: Sahre E (Hrsg.) Fertig ausgearbeitete Unterrichtsbausteine für das Fach Sport. Eine Ideenbörse für alle Pflicht- und Wahlthemen in der Sekundarstufe I und II, Kapitel 4/4, Losebl.-Ausg. Weka Verlag, Kissing

Elbracht M, Schnittger R (2003) Sport unterrichten: Bewegen im Wasser – Schwimmen. WEKA, Kissing

Ungerechts B, Volck G, Freitag W (2009) Lehrplan Schwimmsport. Band 1: Technik. Schwimmen – Wasserball – Wasserspringen – Synchronschwimmen (2. überarbeitete Aufl.). Hofmann, Schorndorf

https://www.dsv.de/fileadmin/dsv/documents/schwimmen/Amtliches/WB-Fachteil_Schwimmen_Fassung_11_09_2021.pdf

Starts

4

Beim Schwimmen wird von oben, d. h. vom Startblock bzw. beim Rückenschwimmen (Einzelstart/Staffelrennen) an den Griffen des Blocks festhaltend aus
dem Wasser heraus bei einem Wettkampf gestartet.

Bei Einzelstarts wird in der Regel die Variante des Grabstarts genutzt und bei
Staffelrennen kommen der Armkreisstart (Füße parallel, Arme in Vorhalte und als
Auftaktbewegung werden die Arme kreisförmig über oben nach hinten geführt)
oder Armschwungstart (Füße parallel, Arme befinden sich hinten und in der Auftaktbewegung werden sie von hinten nach vorne geschwungen) zum Einsatz.

Beim Greifstart oder auch **Grabstart** werden die Hände an die Startblockkante
genommen und unterstützen den Abdruck der Beine vom Block. Unterschieden
wird beim Grabstart hinsichtlich der Fußposition (parallel bzw. versetzt [Schritt-
stellung]). Der Start in Schrittposition wird **Trackstart** genannt und als Variante
hierzu, bedingt durch die Abdruckkante, die auf dem Startblock installiert ist, wird
dieser dann **Kickstart** genannt.

Die Fußstütze kann entsprechend auf eine optimale Beinposition und den
Abstand der Füße eingestellt werden. Beim Trackstart/Kickstart kann in der Ausgangsposition der Körperschwerpunkt (KSP) nach vorne oder nach hinten verlagert sein. Kibele et al. (2014) fanden heraus, dass eine Ausgangsstellung mit
engem Fußabstand und einem Körperschwerpunkt nach vorne oben verlagert die
schnellsten Blockzeiten erzielen. Der Vorteil bei der Verlagerung des KSP nach
vorne ist die kürzere Blockzeit, weil der Körper weniger Weg zurücklegen muss.
Dies setzt aber auch eine gute Gleichgewichtsfähigkeit voraus. Beim Start mit

Ergänzende Information Die elektronische Version dieses Kapitels enthält Zusatzmaterial,
auf das über folgenden Link zugegriffen werden kann https://doi.org/10.1007/978-3-662-
67198-6_4. Die Videos lassen sich durch Anklicken des DOI Links in der Legende einer
entsprechenden Abbildung abspielen, oder indem Sie diesen Link mit der SN More Media
App scannen.

Verlagerung des Körpers nach hinten ist ein kräftigerer Abdruck möglich, setzt aber gute muskuläre Voraussetzungen des hinteren Oberschenkels voraus, und es ergibt sich ein längerer Beschleunigungsweg.

Welche Startvariante für das Wettkampfschwimmen Anwendung findet, hängt auch von den individuellen Voraussetzungen des Einzelnen ab.

Auch wenn in der Weltspitze annähernd nur noch mit Trackstart/Kickstart gestartet wird, soll beim Erlernen des Grabstarts die parallele Fußposition im methodischen Aufbau erst mal genutzt werden, da die Schrittposition höhere koordinative Ansprüche vom Starter abverlangt und die Vor- und Nachteile (bzgl. Blockzeit, horizontale Absprunggeschwindigkeit und Effizienz von Eintauchen- und Umlenken) dieser beiden Startvarianten sich die Waage halten.

Die Abb. 4.1 zeigt die möglichen Starttechniken beim Einzelstart, auf die im Folgenden in Bezug auf Bewegungsbeschreibung, Methodik, Abweichungen und Korrekturmöglichkeiten eingegangen wird.

Der Start wird in 5 Phasen aufgeteilt:

Die **Ausgangsstellung** auf dem Block, die in Verbindung mit dem Start-kommando „Auf die Plätze" eingenommen wird, dann erfolgt beim Startsignal die Auftaktbewegung (mit Lösen der Hände vom Block), die dann die **Absprung**phase einleitet. Nach dem Absprung erfolgt die **Flug**phase, die **Eintauch**phase mit der Umlenkung zur **Gleit- und Übergangs**phase.

Durch den Absprung von der Wand bzw. vom Block wird der Körper aus der Ruheposition auf eine hohe Bewegungsgeschwindigkeit beschleunigt und schafft damit gute Bedingungen für die nachfolgende Schwimmtechnik. Die Starteffektivität ist abhängig von der technischen Ausführung, der Reaktion-,

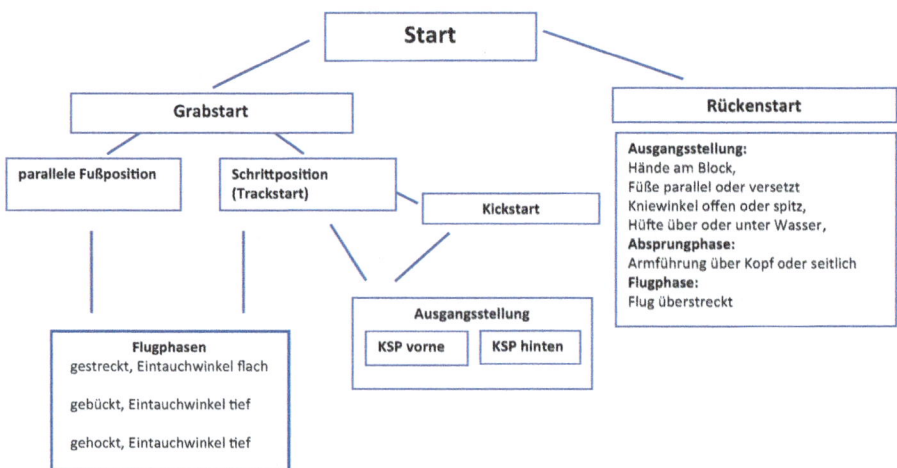

Abb. 4.1 Starttechniken beim Einzelstart. (Modifiziert nach einer Abbildung von Ungerechts et al. (2002, S. 111), Wolfram (1999), Graumitz (2015, S. 23))

Aktions- und Abstoßzeit, der Dynamik des Absprungs sowie des Abflug- und Eintauchwinkels und der entsprechenden Umlenkung (vgl. Elbracht, 1996–1999).

Wettkampfbestimmungen
Bei Brust-, Freistil, Schmetterling- und Lagenschwimmen erfolgt der Start von oben. Beim Rückenschwimmen sowie bei der Lagenstaffel erfolgt der Start aus dem Wasser heraus.
Startkommando:

- Mehrere kurze Pfiffe signalisieren, dass sich die Sportler auf den Start vorbereiten.
- Langer Pfiff: Die Sportler stellen sich unverzüglich auf den Startblock bzw. gehen beim Rückenschwimmen/Lagenstaffel ins Wasser.
- Langer Pfiff: Die Sportler gehen in die Startposition.
- Beim Start aus dem Wasser heraus, stellen sich die Schwimmer mit dem Gesicht zur Startwand auf, fassen mit beiden Händen an die Startgriffe (so weit möglich). Die Füße dürfen *nicht* in oder auf der Überlaufrinne stehen oder die Zehen über den Rand der Überlaufrinne gebeugt sein zu beugen.
- Beim Kommando „Auf die Plätze!" nehmen die Sportler die Starthaltung ein.
- Kurzer Pfiff, Hupe oder Schuss ist das Startsignal.
- Beim Fehlstart gilt bei der Ein-Start-Regel, dass der Sportler nach Beendigung des Wettkampfes dann im Anschluss disqualifiziert wird.
- Bei der Zwei-Start-Regel ertönen mehrere kurze Pfiffe, Hup- oder Schussgeräusche (das Signal muss gleich zum Startsignal sein), die den Fehlstart signalisieren und die Sportler damit zurückruft. Wenn der 2. Start erfolgt und dann ein Sportler zu früh startet, wird er direkt bzw. nach Beendigung des Wettkampfes disqualifiziert.
(vgl. DSV § 125)

4.1 Grabstart

4.1.1 Lernvoraussetzungen

- Kopfwärts eintauchen (Abschn. 2.2.2),
- Abspringen vom Block,
- Schwimmtechnik,
- Sprungkraft.

4.1.2 Material/Medien

- Poolnudeln, Reifen,
- Video/Filme/Bilder zum Grabstart/Trackstart (Abb. 4.2 und 4.3).

Abb. 4.2 Video Grabstart (parallele Fußposition) (Eigene Darstellung) URL:
▸ https://doi.org/10.1007/000-as5

4.1.3   Ergänzende Hinweise zum methodischen Vorgehen

Als eher offenen Einstieg in das Thema könnten die Lernenden verschiedene Startpositionen bzw. Startausführungen hinsichtlich Arm-, Körper- und Fußpositionen erproben, um zu starten. Und mit Beobachtungsaufträgen wie „Was hat Einfluss auf den Start und die Umlenkung ins Schwimmen?" oder „Wie schaffe ich es schnell zu starten?" und sich über das Experimentieren mit dem Start bewusst auseinanderzusetzen.

4.1.4   Didaktisch reduzierte Bewegungsmerkmale des Grabstarts inkl. der verschiedenen Ausgangspositionen

Der Grabstart wird in der Tab. 4.1 mit seinen unterschiedlichen Ausgangspositionen sowie mit der gebückten Körperposition in der Flugphase beschrieben. Eine Mischung aus gestreckter und gebückter Position in der Flugphase ist optimal, allerdings abhängig von den individuellen Voraussetzungen.

Abb. 4.3 Video Trackstart (Schrittposition) (Eigene Darstellung) URL:
▸ https://doi.org/10.1007/000-as1

4.1.5 Methodisches Vorgehen

4.1.5.1 Methodische Einführung: Grabstart

1. Erklärung und Demonstration des Starts auch im Hinblick auf die Ausgangs-positionen der parallelen und der versetzten Fußposition (Trackstart).
2. Delfinsprünge im Flachwasser mit hoher Flugkurve „Gesäß nach oben bringen", um den Einsatz der Hüfte zu verdeutlichen (Abschn. 3.4.4.1).
3. Vom Beckenrand, dabei krallen die Zehen um den Beckenrand, Hände auf die Oberschenkel legen und sich mit den Händen von den Oberschenkeln nach vorne oben abdrücken und kopfwärts ins Wasser eintauchen (Ziel: Hände auf Oberschenkel, um das direkte Führen der Arme nach vorne inklusive des Abdrucks zu schulen).
4. Flugköpper vom Startblock mit Hüfte nach oben (Ziel: Bückposition).
5. Wie 4., es wird eine Poolnudel auf Oberschenkelhöhe des Springenden gehalten (Ziel: Absprung nach vorne oben und Bückposition) (Abb. 4.4).
6. Wie 5., zusätzlich dabei die Hände auf die Oberschenkel legen und sich mit den Händen von den Oberschenkeln nach vorne oben abzudrücken (Abb. 4.5).

Tab. 4.1 Didaktisch reduzierte Bewegungsmerkmale des Grabstarts gebückt (Eigene Darstellung; Abbildungen in Anlehnung swimsportnews)

Phasen inkl. Abbildung	Bewegungsmerkmale Grabstart (gebückt)		
	parallele Fußposition	Schrittposition mit KSP vorne	Schrittposition mit KSP hinten
Ausgangsstellung			
1	Füße hüftbreit auseinander	Sprungbein vorne	Sprungbein vorne
2	Zehen umklammern die Vorderkante des Startblocks	Zehen umklammern Startblockkante; hintere Bein (Schwungbein) weit oben an Abdruckkante	Zehen umklammern Startblockkante; hintere Bein (Schwungbein) weit oben an Abdruckkante
3	Hände greifen neben oder zwischen den Füßen um die Vorderkante des Startblocks	Hände greifen um die Vorderkante des Startblocks	Hände greifen um die Vorderkante des Startblocks
4	stabile Ausgangsposition mit nach vorn verlagertem Körperschwerpunkt (KSP)	KSP vorne	KSP hinten (auf Schwungbein)
5	Schultern in Höhe oder vor der Blockkante	Schultern in Höhe oder vor der Blockkante	Schultern hinter der Blockkante
6	Beugewinkel der Knie etwa 100-120°	Beugewinkel des hinteren Knies etwa 90°	Beugewinkel des hinteren Knies weniger als 90°
Absprung KSP hinten	Abdruck der Hände von Startblockkante (Beugung Ellenbogengelenk ca. 10°) Vorschwingen der Arme – Beschleunigung in horizontaler Richtung	Arme etwa auf Hüfthöhe (4) und werden erst gestreckt während Flugphase (Vorteil: zusätzliche Schwungbewegung)	
		Knie- und Fußgelenk des Sprungbeins streckt (1) sich Schwungbein geht nach oben (2)	
	Absprungwinkel 25-30° explosive Körperstreckung nach vorne (Sprungrichtung nach vorne (3))		
Flug	Abbremsen der Arme in Schulterhöhe		
	Vorbereiten einer optimalen Eintauchhaltung, Einnahme der Bückhaltung nach dem ersten Drittel der Flugphase (Hüftbeugung ca. 135°)		
	Kinn zur Brust – Kopf zwischen die Arme – Arme gestreckt – Hände liegen aufeinander		
Eintauchen	Eintauchwinkel ca. 45°		

Tab. 4.1   (continued)

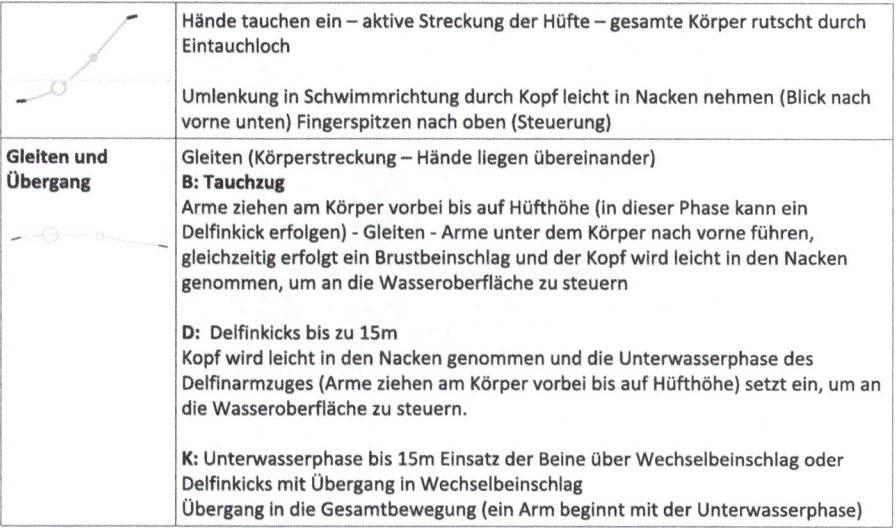	Hände tauchen ein – aktive Streckung der Hüfte – gesamte Körper rutscht durch Eintauchloch
	Umlenkung in Schwimmrichtung durch Kopf leicht in Nacken nehmen (Blick nach vorne unten) Fingerspitzen nach oben (Steuerung)
Gleiten und Übergang	Gleiten (Körperstreckung – Hände liegen übereinander)
	B: Tauchzug
	Arme ziehen am Körper vorbei bis auf Hüfthöhe (in dieser Phase kann ein Delfinkick erfolgen) - Gleiten - Arme unter dem Körper nach vorne führen, gleichzeitig erfolgt ein Brustbeinschlag und der Kopf wird leicht in den Nacken genommen, um an die Wasseroberfläche zu steuern
	D: Delfinkicks bis zu 15m
	Kopf wird leicht in den Nacken genommen und die Unterwasserphase des Delfinarmzuges (Arme ziehen am Körper vorbei bis auf Hüfthöhe) setzt ein, um an die Wasseroberfläche zu steuern.
	K: Unterwasserphase bis 15m Einsatz der Beine über Wechselbeinschlag oder Delfinkicks mit Übergang in Wechselbeinschlag
	Übergang in die Gesamtbewegung (ein Arm beginnt mit der Unterwasserphase)

Abb. 4.4   Video: Flugköpper mit Poolnudel Eigene Darstellung) URL:
▸ https://doi.org/10.1007/000-as2

7.   Einnehmen der Startposition, die Hände umgreifen die Startblockkante. Aus dieser Position die Arme auf direktem Wege aktiv nach vorne nehmen. Die Poolnudel kann auf Oberschenkelhöhe und mit etwas mehr Abstand vom Springenden gehalten werden, danach ohne die Poolnudel.

Abb. 4.5 Video: Start mit Händen auf Oberschenkel (Eigene Darstellung) URL:
▶ https://doi.org/10.1007/000-as3

Nachdem nun Absprung und Flugphase im Fokus standen (Armführung,
Absprung nach vorne oben und Einnehmen der Bückposition), liegt dieser
jetzt auf dem Eintauchen (optimaler Eintauchwinkel, der gesamte Körper
rutscht durch ein Eintauchloch/einen Eintauchtunnel), dem Umlenken
(Zeitpunkt und Steuerung Kopf, um in Horizontale zu gelangen) und dem
Übergang in eine Schwimmtechnik (passende Tiefe für die Gleit- und Übergangsphase erlangen).

8. Es werden 2 Poolnudeln, die mit Verbindungsstücken oder auch ohne
    zusammengehalten werden, im individuellen Abstand zum Starter aufs Wasser
    gelegt, um den Eintauchpunkt zu markieren und eine bewusste Fixierung
    beim Starter zu erzielen. Dieser taucht mit Körperstreckung in dieses/n Ein-
    tauchloch/-tunnel ein/durch.
9. Wie 8., zusätzlich wird ein Reifen in einer Tiefe von ca. 70–80 cm senk-
    recht im Abstand zu den Poolnudeln unter Wasser gehalten bzw. positioniert.
    Dieser unterstützt das Umlenken und die Steuerung der Wassertiefe für das
    Gleiten und damit den Übergang in die entsprechenden Schwimmtechniken
    (Abb. 4.6).
10. Wie 9., mit Gleitphase, dann zusätzlich mit einem frei wählbaren Über-
    gang (Delfinkicks, Wechselbeinschlag oder Tauchzug) und 2 Zyklen in ent-
    sprechender Technik weiterschwimmen.
11. Wie 10., ohne Hilfen.
12. Start mit unterschiedlichen Ausgangspositionen (parallel oder versetzt)
    erproben.
13. Start mit Startkommando und Übergang in eine frei wählbare Schwimm-
    technik (Abb. 4.7).

Abb. 4.6   Start in den Poolnudelring und durch den Reifen (Eigene Darstellung)

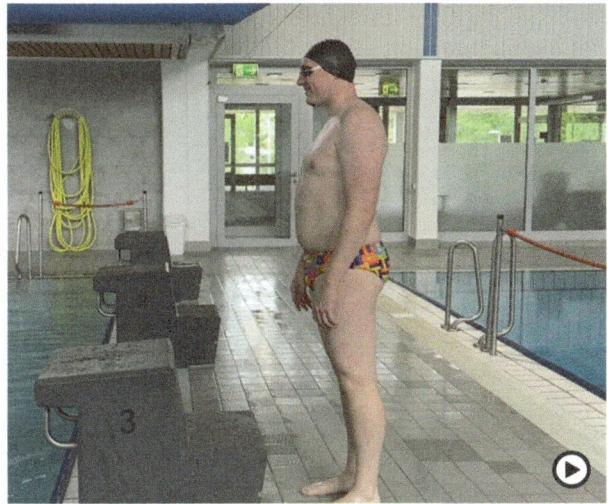

Abb. 4.7   Video: Start mit Startkommando (Eigene Darstellung) URL:
▸ https://doi.org/10.1007/000-as4

4.1.6   Abweichungen von der Technik (Fehlerkorrektur)

Die Tab. 4.2 ermöglicht einen Überblick über mögliche Abweichungen beim Grabstart, die Ursachen und Hinweise zur Korrektur. Die Checkliste (Tab. 4.3) kann dem Beobachter in der Praxis das Erkennen von Technikabweichungen erleichtern.

Elektronisches Zusatzmaterial

• Grabstart (weitere ergänzende Videos zur Starttechnikschulung),

Das elektronische Zusatzmaterial finden Sie auf https://link.springer.com/10.1007/978-3-662-67198-6_4.

Tab. 4.2 Grabstart Abweichungen – Fehler – Ursache – Korrektur (Eigene Darstellung in Anlehnung an Elbracht/Schnittger 2003,95)

Fehler	Ursache	Korrektur
Ausgangsstellung Starten vom hinteren Teil des Startblocks		verbaler Hinweis: Zehen umklammern die Startblockkante
Keine/kaum Auftaktbewegung	KSP nicht passend positioniert, Schwächen in der Gleichgewichtsfähigkeit	Köperwahrnehmungsübungen zum Austesten der Körperposition (Vorlage/Rücklage)
Absprung wirkungsloser bzw. kraftloser Abdruck (geringe horizontale Absprunggeschwindigkeit)	fehlende Auftaktbewegung bzw. Vorspannung,	heranziehen an den Startblock und Abdruck der Hände vom Block
	uneffektive Gestaltung des Absprungs (Richtung/ Koordination)	über Poolnudel springen
	geringe Sprungkraft	Hockstrecksprünge
Flug - Eintauchen Flugkurve zu flach Flugkurve zu hoch „Bauchklatscher"	Absprungwinkel < 25° Absprungwinkel > 30° Kopf im Nacken	Sprünge über Poolnudel Sprünge über Poolnudel verbaler Hinweis: „Kopf bleibt zwischen Armen" oder einen Gegenstand zwischen Kinn und Brust einklemmen durch Eintauchlöcher mit Hilfe von Poolnudeln starten (vgl. Übungen 8 + 9)
hoher Geschwindigkeitsverlust beim Eintauchen	großes Eintauchloch durch unzweckmäßige Bewegungen (Flugbewegung, Hände, Richtungsumkehr); unzureichende Körperspannung	
zu tiefes Eintauchen	Einleitung der Umlenkung zu spät, Kopf wird zu spät in den Nacken genommen	durch einen senkrecht ins Wasser in ca. 70-80cm Tiefe gehaltene Reifen tauchen
Gleit- und Übergang Einleiten der Übergangsphase zu früh oder zu spät (geringe Geschwindigkeit im Übergang)	fehlendes Timing, abrupter Wechsel in das Schwimmen uneffektive Gestaltung der Gleit-Antriebsphase durch Körperhaltung, Dauer und Tiefe); geringe Rumpfkraft, eingeschränkte Beweglichkeit im Fußgelenk (D/K)	Übungen zum Gleiten in Bauchlage mit Körperspannung wiederholen. verbaler Hinweis: „lang machen", Blickrichtung nach vorne unten. Kontrastübungen kurzes und langes Gleiten mit Übergang.
zur Einleitung des Auftauchens erfolgt ein Doppelarmzug zu den Oberschenkeln	meistens noch zu tief unter Wasser	verbaler Hinweis: Arme gestreckt vorne lassen; Fingerspitzen nach oben zeigen und mit Beinbewegung an die Wasseroberfläche steuern. K: ein Arm bleibt gestreckt liegen und nur ein Arm beginnt mit der Unterwasserphase D/B: beide Arme beginnen mit der Unterwasserphase und bei B wird der Tauchzug dann weiter fortgesetzt

Tab. 4.3 Checkliste zum Grabstart: parallele Fußposition (Eigene Darstellung)

Bildreihe inkl. Phase	Bewegungsmerkmale	Erkennen des Bewegungsmerkmals			
Ausgangsstellung					
	Füße hüftbreit auseinander	++++	+++	++	+
	Zehen umklammern die Vorderkante des Startblocks	++++	+++	++	+
	Hände greifen neben oder zwischen den Füßen um die Vorderkante des Startblocks	++++	+++	++	+
	stabile Ausgangsposition mit nach vorn verlagertem Körperschwerpunkt (KSP)	++++	+++	++	+
	Schultern in Höhe oder vor der Blockkante	++++	+++	++	+
	Beugewinkel der Knie etwa 100-120°	++++	+++	++	+
Absprung					
	Abdruck der Hände vom Startblock	++++	+++	++	+
	Vorschwingen der Arme – Beschleunigung in horizontaler Richtung	++++	+++	++	+
	explosive Körperstreckung nach vorne	++++	+++	++	+
Flug					
	Abbremsen der Arme in Schulterhöhe	++++	+++	++	+
	Einnahme der Bückhaltung nach dem ersten Drittel der Flugphase (Hüftbeugung ca. 135°)	++++	+++	++	+
	Kinn zur Brust – Kopf gerade zwischen den gestreckten Armen	++++	+++	++	+
	Hände liegen aufeinander	++++	+++	++	+
Eintauchen					
	Eintauchwinkel ca. 45°	++++	+++	++	+
	Hände tauchen ein – aktive Streckung der Hüfte – gesamte Körper durch Eintauchloch	++++	+++	++	+
	Umlenkung in Schwimmrichtung durch Kopf leicht in Nacken (Blick nach vorne unten) und Fingerspitzen nach oben (Steuerung)	++++	+++	++	+
Gleiten und Übergang					
	Gleiten (Körperstreckung – Hände liegen übereinander)	++++	+++	++	+
	Passendes Timing für den Beginn der Übergangsphase	++++	+++	++	+
	Regelkonformer Übergang	++++	+++	++	+

4.2   Rückenstart

4.2.1   Lernvoraussetzungen

- Gleiten in Rückenlage mit entsprechender Ausatmung durch die Nase,
- Kopfwärts eintauchen,
- Abspringen vom Beckenrand rückwärts,
- Rückentechnik in Grobform über mindestens 25 m,
- Sprungkraft.

4.2.2   Material/Medien

- Poolnudeln, Zauberschnur,
- Video/Filme/Bilder zum Rückenstart (Abb. 4.8).

Abb. 4.8   Video: Rückenstart (Eigene Darstellung) URL: ▸ https://doi.org/10.1007/000-as0

4.2.3   Ergänzende Hinweise zum methodischen Vorgehen

Als eher offenen Einstieg in das Thema könnten die Lernenden mit verschiedenen Startposition (Arm-, Körper- und Fußpositionen) erproben zu starten und sich mit Beobachtungsaufträgen wie „Was hat Einfluss auf den Start und die Umlenkung ins Schwimmen?" oder „Wie schaffe ich es, schnell zu starten?" mit dem Start bewusst auseinanderzusetzen.

4.2.4 Didaktisch reduzierte Bewegungsmerkmale des Rückenstarts

Der Rückenstart wird in der Tab. 4.4 hinsichtlich seiner Bewegungsmerkmale in den einzelnen Startphasen beschrieben.

Tab. 4.4 Didaktisch reduzierte Bewegungsmerkmale des Rückenstarts (Eigene Darstellung)

Phasen inkl. Abbildung	Bewegungsmerkmale Rückenstart
Ausgangsstellung	Fassen der Haltevorrichtung am Startblock (hohe Griffhaltung)
	leicht versetzte oder parallele Fußposition (unterhalb der Überlaufrinne)
	Heran- und Hochziehen des Oberkörpers (Starthaltung: Vorspannung aufbauen)
Absprungphase	Lösen der Hände und explosiven Abstoß nach hinten oben und aktive Hüft-, Knie- und Fußstreckung, um Abrutschen der Füße zu vermeiden
	Arme auf dem kürzesten Weg (seitlich/über Kopf) in Schwimmrichtung bringen
Flugphase	Überstreckung der Halswirbelsäule
	Bogenspannung
Eintauchen	Eintauchen mit Fingerspitzen zuerst
	Körper rutscht durch Eintauchloch
	Umlenkung (Kopf gerade mit Blick zur Wasseroberfläche) in Schwimmrichtung (Horizontale) beginnt, sobald der Kopf und die Schultern unter Wasser sind, die Hüfte nach unten zeigt und endet bis die Füße eingetaucht sind. Fingerspitzen zeigen nach oben (zwecks Steuerung)
Gleiten und Übergang	Gleiten (Körperstreckung – Hände liegen übereinander)
	Unterwasserphase bis 15m, Einsatz der Beine über Wechselbeinschlag oder Delfinkicks mit Übergang in Wechselbeinschlag Übergang in die Gesamtbewegung (ein Arm beginnt mit der Unterwasserphase)

4.2.5   Methodisches Vorgehen

4.2.5.1 Methodische Einführung: Rückenstart
1. Erklärung und Demonstration (Simulation an Land) des Rückenstarts.
2. Hockstrecksprünge an Land mit Zurückführen der Arme (seitlich) und des Kopfes (Bogenspannung).
3. Wie 2., im **Flachwasser (Abb.** 4.9)**.

Abb. 4.9 Rückenstart: Hockstrecksprung (Eigene Darstellung)

▶   Denke an das Ausatmen durch die Nase nach dem Eintauchen.

4. Flache Delfinsprünge rückwärts direkt an der Wasseroberfläche. Der Lernende springt nach hinten, nimmt den Kopf in den Nacken, führt die Arme seitlich oder über Kopf nach hinten und bringt die Hüfte nach oben.
5. Wie 4., nach dem Eintauchen nimmt der Lernende den Kopf leicht Richtung Brust bzw. stellt ihn gerade und die Arme und Hände steuern die Aufwärtsbewegung an die Wasseroberfläche (Abb. 4.10).
6. Wie 5., mit Ausgleiten und dabei bewusst auf die Ausatmung achten.

Übergang Flachwasser zu Tiefwasser

▶   Versuche, in der Flugphase immer die gegenüberliegende Seite zu sehen und lasse so lange den Kopf im Nacken, bis dieser ins Wasser eingetaucht ist und stelle erst dann den Kopf wieder gerade.

7. Die Partner stehen sich gegenüber, ein Partner verschränkt die Hände zu einer Räuberleiter, der andere Partner stellt einen Fuß in die Hände und mit leichter

Abb. 4.10 Video: Delfinsprung rückwärts (Eigene Darstellung) URL:
▸ https://doi.org/10.1007/000-as6

Unterstützung des Partners und dem eigenen Abdruck erfolgt der Delfinsprung
rückwärts nach hinten mit der Armführung, Bogenspannung, Eintauchen und
Umlenkung in den tieferen Bereich (Abb. 4.11).

Abb. 4.11 Video: Rückenstart-
Räuberleiter (Eigene Darstellung)
URL:
▸ https://doi.org/10.1007/000-as7

8. Wie 7., der startende Partner legt die Hände auf die Schultern des Haltenden, damit wird die Haltung am Block simuliert (Abb. 4.12).

Abb. 4.12 Rückenstart-
Räuberleiter mit
Schulterfassung (Eigene
Darstellung)

Tiefwasser

9.   Delfinsprünge rückwärts von einer Ausstiegsleiter ins tiefe Wasser (Vorteil Treppenstufe: noch besserer Halt; Simulieren der Fassung wie bei den Start-halterungen) (Abb. 4.13).
10. Die Starthaltung am Beckenrand üben.

Abb. 4.13 Video: Delfinsprung rückwärts von einer Ausstiegsleiter (Eigene Darstellung) URL:
► https://doi.org/10.1007/000-as8

▶ Fußbreite Schrittstellung, Heranziehen zur Wand (Armbeugung), um den Rumpf auf Höhe der Hüfte aus dem Wasser zu bringen, jedoch nicht zu hoch, da sonst die Gefahr des Abrutschens besteht.

11. Wie 10., direkt mit Handfassung am Startblock bzw. an den für den Rückenstart vorgesehenen Haltegriffen.
12. Rückenstart über eine Zauberschnur oder Poolnudel. Material erst auf der Wasseroberfläche, dann etwas über der Wasseroberfläche positionieren.
13. Rückenstart mit Absprung, eintauchen und umlenken. Um den passenden Zeitpunkt zum Umlenken zu finden, wird eine Poolnudel im Abstand zur Wand platziert, die nach dem Eintauchen sofort mit dem Blick gesucht werden soll.
14. Rückenstart mit Absprung, eintauchen, umlenken und ausgleiten.
15. Wie 14., mit Übergang in die Rückentechnik.
16. Rückenstart mit Startkommando und Übergang in die Rückentechnik (Abb. 4.14).

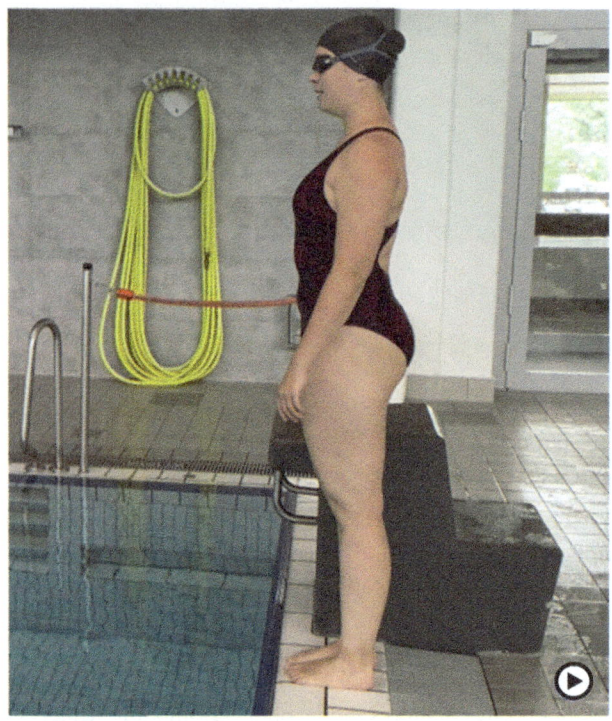

Abb. 4.14 Video: Rückenstart mit Kommando(Eigene Darstellung) URL:
▶ https://doi.org/10.1007/000-as9

4.2.6 Abweichungen von der Technik (Fehlerkorrektur)

Die Tab. 4.5 ermöglicht einen Überblick über mögliche Abweichungen beim
Rückenstart, die Ursachen und Hinweise zur Korrektur. Die Checkliste (Tab. 4.6)
kann dem Beobachter in der Praxis das Erkennen von Technikabweichungen
erleichtern.

Elektronisches Zusatzmaterial
- Rückenstart (weitere ergänzende Videos zur Starttechnikschulung),
- Übersicht Bewegungsmerkmale, methodische Einführung und Checkliste zu
  Grab- und Rückenstart.

Das elektronische Zusatzmaterial finden Sie auf https://link.springer.com/10.1007/978-
3-662-67198-6_4.

Tab. 4.5 Rückenstart Abweichungen – Fehler – Ursache – Korrektur (Eigene Darstellung (Eigene in Anlehnung an Elbracht/Schnittger 2003, 100/101))

Fehler	Ursache	Korrektur
Ausgangsstellung Zehen befinden sich oberhalb der Wasseroberfläche		Hinweis auf Regelverstoß
Absprung Abrutschen beim Absprung an der Wand	Fußstellung zu weit auseinander, zu tief oder auf gleicher Höhe	verbaler Hinweis: Fußstellung
wirkungsloser bzw. kraftloser Abdruck	fehlende Auftaktbewegung bzw. Vorspannung, uneffektive Gestaltung des Absprungs (Richtung/ Koordination) geringe Sprungkraft fehlerhafte Koordination	heranziehen an den Startblock über Poolnudel/Zauberschnur springen
gleichzeitiges Lösen der Hände und Abdruck von der Wand		verbaler Hinweis: Lösen der Hände erfolgt vor dem Abdruck der Füße und Anheben der Hüfte
Flug – Eintauchen Flugkurve ist zu flach	Anheben der Hüfte und Hohlkreuz Haltung nicht vorhanden Kopf nicht im Nacken Abbruch nach hinten oben fehlt oder der Abdruck an sich ist zu kraftlos	Delphinsprünge rückwärts, Rückenstarts über eine parallel zur Wasseroberfläche gehaltenen Zauberschnur oder Poolnudel, verbale Korrektur: „Kopf in den Nacken mit gleichzeitigem Zurückschwingen der Arme, Blickrichtung zur gegenüberliegenden Wand
Flugkurve ist zu hoch, nach der Eintauchphase Rolle rückwärts	steiles abspringen und dadurch tiefes Eintauchen kein Lösen der Bogenspannung bzw. Kopf zu lange im Nacken	s.o. verbaler Hinweis: sobald der Kopf und die Schultern ins Wasser eingetaucht sind, Kopf geradestellen und Umlenken. Poolnudel auf Wasseroberfläche legen im Abstand zur Wand und nach dem Eintauchen soll die Poolnudel angeschaut werden
„Rückenklatscher" fallen auf den Schulterblätterbereich	Sitzhaltung in der Flugphase, Kopf nicht bzw. nicht lange genug im Nacken, Fehlen der Bogenspannung	s.o. verbaler Hinweis: so lange in der Position „Kopf in den Nacken" bleiben, bis der Kopf und die Schultern ins Wasser eingetaucht sind, dann erst Kopf gerade zum Umlenken.
hoher Geschwindigkeitsverlust beim Eintauchen	Beugen der Hüfte fehlt Eintauchloch Hüfte/Füße nicht identisch mit Eintauchloch Hände/Arme/Kopf	verbale Korrektur „Hüfte nach unten"
Arme tauchen in der Eintauchphase angewinkelt ein		verbaler Hinweis: Arme strecken
Gleit- und Übergang Fehlende Körperstreckung in der Gleitphase	„sitzen" im Wasser, fehlende Hüftstreckung; Kopf auf der Brust oder gebeugte Arme	Übungen zum Gleiten in Rückenlage mit Körperspannung wiederholen verbaler Hinweis: „lang machen", Blickrichtung zur Wasseroberfläche
Einleiten der Unterwasserphase eines Armes zu früh oder zu spät	fehlendes Timing	Kontrastübungen kurzes und langes Gleiten. Poolnudel auf Wasseroberfläche legen, um Orientierungshilfe für das Timing zu bekommen
zur Einleitung des Auftauchens erfolgt ein Doppelarmzug zu den Oberschenkeln	meistens zu tief unter Wasser	verbaler Hinweis: Arme gestreckt vorne lassen und durch Steuerung Fingerspitzen nach oben und Beinbewegung an die Wasseroberfläche steuern; ein Arm bleibt gestreckt liegen und nur ein Arm beginnt mit der Unterwasserphase
Wasser in der Nase	fehlendes Ausatmen durch die Nase	Übungen zum Ausatmen durch die Nase (Lernvoraussetzungen); Startsprung mit bewusstem Ausatmen durch die Nase in der Eintauch-, Gleit- und Übergangsphase

Tab. 4.6 Checkliste zum Rückenstart (Eigene Darstellung)

Bildreihe inkl. Phase	Bewegungsmerkmale	Erkennen des Bewegungsmerkmals			
Ausgangsstellung	Fassen der Haltevorrichtung am Startblock	++++	+++	++	+
	Leicht versetzte oder parallele Fußstellung (unterhalb der Überlaufrinne)	++++	+++	++	+
Absprungphase	Heran- und Hochziehen des Oberkörpers	++++	+++	++	+
	Abstoß nach hinten oben durch explosive Hüft-, Knie- und Fußstreckung	++++	+++	++	+
	Arme auf dem kürzesten Weg (seitlich/über Kopf) in Schwimmrichtung bringen	++++	+++	++	+
Flugphase	Überstreckung der Halswirbelsäule	++++	+++	++	+
	Bogenspannung	++++	+++	++	+
Eintauchen	Eintauchen mit Fingerspitzen zuerst	++++	+++	++	+
	Körper rutscht durch Eintauchloch	++++	+++	++	+
	Umlenkung (Kopf gerade mit Blick zur Wasseroberfläche) in Schwimmrichtung erfolgt, sobald der Kopf und die Schultern unter Wasser sind.	++++	+++	++	+
	Fingerspitzen zeigen nach oben (zwecks Steuerung)	++++	+++	++	+
Gleiten und Übergang	Gleiten (Körperstreckung – Hände liegen übereinander)	++++	+++	++	+
	Passendes Timing für den Beginn der Übergangsphase	++++	+++	++	+
	Unterwasserphase bis 15m, Einsatz der Beine über Wechselbeinschlag oder Delfinkicks mit Übergang in Wechselbeinschlag	++++	+++	++	+
	Übergang in die Gesamtbewegung (ein Arm beginnt mit der Unterwasserphase)	++++	+++	++	+

Literatur

Elbracht M, Schnittger R (2003) Sport unterrichten: Bewegen im Wasser – Schwimmen. WEKA, Kissing.

Elbracht M (1996–1999) Schwimmen. In: Sahre E (Hrsg.) Fertig ausgearbeitete Unterrichtsbausteine für das Fach Sport. Eine Ideenbörse für alle Pflicht- und Wahlthemen in der Sekundarstufe I und II, Kapitel 4/4. Losebl.-Ausg. Weka-Verlag, Kissing

Graumitz J (2015) Der Start im Schwimmen – Trainerhandmaterial. In: Freitag W (Hrsg.) Schwimmen. Lernen und optimieren, 37. DSTV, Rüsselsheim, S 21–46

Kibele A, Biel K, Fischer S (2014) Optimising individual stance position in swim start on the OSB11. In: XIIth International Symposium for Biomechanics and Medicine in Swimming

Kuhn A (2017) Anforderungen und ausgewählte Beispiele der methodischen Gestaltung des Trainings zur Verbesserung des Absprungs beim Schrittstart. In: Sperling W (Hrsg.) Schwimmen. Lernen und optimieren, 41. DSTV, Leipzig, S. 56–86

Schleichardt A, Küchler J, Graumitz J (2011) Simulative Untersuchungen zum Startsprung im Sportschwimmen. SWIM&MORE 5:46–48

Ungerechts B, Volck G, Freitag W (2002/2009) Lehrplan Schwimmsport. Band 1: Technik. Schwimmen – Wasserball – Wasserspringen – Synchronschwimmen (2., überarbeitete Aufl.). Hofmann, Schorndorf

https://www.dsv.de/fileadmin/dsv/documents/schwimmen/Amtliches/WB-Fachteil_Schwimmen_Fassung_11_09_2021.pdf

https://swimsportnews.de/8251-die-fuenf-phasen-eines-perfekten-startsprungs?start=1. Zugegriffen: 7. Juni 2022

https://swimsportnews.de/8251-die-fuenf-phasen-eines-perfekten-startsprungs?start=4. Zugegriffen: 13. Aug. 2022

Wenden

5

Im Sportschwimmen ist eine schnelle Zeit ausschlaggebend und um diese zu erreichen, spielen effektive Wenden eine wichtige Rolle.

Um den schnellen Richtungswechsel zu vollziehen, gibt es verschiedene Wendeformen.

Die Kippwende oder auch Seitfallwende genannt, ist eine Universalwende, d. h., sie kann bei jeder Technik angewendet werden. Einen Unterschied gibt es nur beim Anschlag, der durch das Regelwerk vorgegeben ist. Beim Delfin- und Brustschwimmen muss mit beiden Händen angeschlagen werden und beim Rücken- und Kraulschwimmen reicht eine Hand. Beim Lagenschwimmen gilt von Delfin auf Rücken und von Brust auf Kraul mit zwei Händen anschlagen und von Rücken auf Brust reicht eine Hand oder es wird mit einer Saltowende gewendet.

Die Rollwende findet nur beim Rücken- und Kraulschwimmen Anwendung.

Die Abb. 5.1 zeigt die möglichen Wendeformen im Schwimmen, auf die in den Folgekapiteln in Bezug auf Bewegungsbeschreibung, Methodik, Abweichungen und Korrekturmöglichkeiten eingegangen wird.

Gute und effektive Wendetechniken sind abhängig von guten konditionellen und koordinativen Fähigkeiten. Im Rahmen der koordinativen Fähigkeiten spielen besonders die Orientierungs-, Gleichgewichts- und Differenzierungsfähigkeit eine wichtige Rolle, aber auch die Reaktionsfähigkeit. Ebenfalls trägt eine gute Abstoßkraft der Beine dazu bei, die Wende effektiv zu gestalten, denn durch den Abstoß vom Beckenrand wird eine größere Geschwindigkeit erreicht als auf der Schwimmstrecke. Übergeordnetes Kriterium für die Qualität der Wende ist die Aufrechterhaltung der Körperspannung in allen Phasen.

Ergänzende Information Die elektronische Version dieses Kapitels enthält Zusatzmaterial, auf das über folgenden Link zugegriffen werden kann https://doi.org/10.1007/978-3-662-67198-6_5. Die Videos lassen sich durch Anklicken des DOI Links in der Legende einer entsprechenden Abbildung abspielen, oder indem Sie diesen Link mit der SN More Media App scannen.

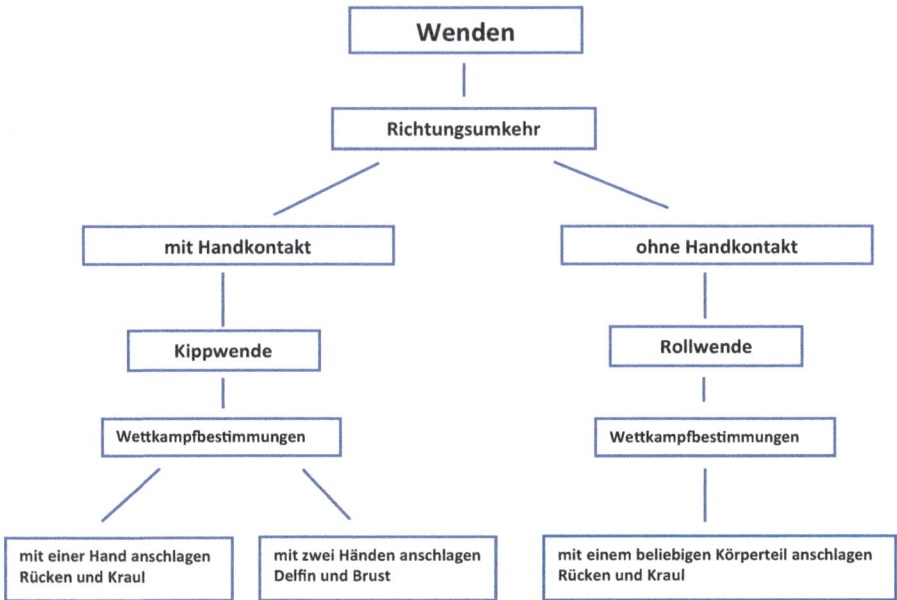

Abb. 5.1 Wenden beim Schwimmen. (Modifiziert nach Ungerechts et al. 2002, S. 133)

Die Wende wird in die 4 Phasen Anschwimmen (Adaptation), Drehen, Abstoßen, Gleiten inkl. Übergang in die Schwimmbewegung unterteilt.

Beim **Anschwimmen** ist es wichtig, ohne Geschwindigkeitsverlust das passende Timing für den Anschlag bzw. die Einleitung der Wende zu finden.

Die **Drehung** dient dem Richtungswechsel um 180° und unterstützt die Positionierung der Füße für einen wirkungsvollen Abstoß.

Der **Abstoß** erfolgt in erster Linie über die Fußballen und Zehen, dabei liegt der Kniewinkel ca. zwischen 90–100°. Die Kontaktzeit der Füße sollte möglichst kurz sein und der kraftvolle Abstoß erfolgt nahezu parallel und in einer entsprechenden Wassertiefe, um einen geringen Wellenwiderstand zu haben.

Nach Wick (2009, S. 162) sollte die Tauchtiefe „mindestens 1/3 der Körperlänge" sein, Ungerechts et al. (2002, S. 135) geben „etwa 0,70 m bis 0,90 m" für die Abstoßtiefe an. Diese unterschiedlichen Angaben liegen in den unterschiedlichen Körperformen und hängen daraus resultierend mit der Größe des Wasserwiderstands zusammen, so Küchler (2015, S. 60) und sagt als Orientierung für den Praktiker „keine Wellen an der Wasseroberfläche sind ein Hinweis für eine ausreichende Wassertiefe". An dieser Stelle wird daher eine Wassertiefe von ca. 50–80 cm angeben.

Das **Gleiten** erfolgt mit einer widerstandsarmen und stromlinienförmigen Körperhaltung. Sobald sich die Gleitgeschwindigkeit reduziert, beginnt die **Übergangsphase** unter Berücksichtigung der Wettkampfbestimmungen und leitet in die Schwimmtechnik über.

Die Beinbewegung bzw. der Tauchzug dienen dazu, die Übergangsphase zu verlängern, um über die Strecke weniger Wellenwiderstand ausgesetzt zu sein und um damit eine höhere Geschwindigkeit als an der Wasseroberfläche zu erzielen. Und mit Beginn des ersten Armzugs und Durchbrechen des Kopfes zur Wasseroberfläche kann diese in die zyklische Bewegung der Schwimmtechnik (Gesamtkoordination) mitgenommen werden.

Durch den festen Stütz der Beckenwand beim Abstoß können höhere Geschwindigkeiten erzielt werden als auf der Schwimmstrecke. Wenn das gelingt, ist eine Wende effektiv.

Bei technisch richtiger Wendenausführungen kann im Messbereich von 10 m (Bereich vor und nach der Wand) ein relativer Zeitgewinn zu einer gleichlangen Schwimmstrecke erreicht werden: Rollwende 0,70–0,90 s, Kippwende beim Delfinschwimmen 0,20–0,30 s und beim Brustschwimmen mit Tauchzug 0,50–0,95 s (vgl. Schramm 1987, S. 121).

Wettkampfbestimmungen (vgl. DSV)

Rücken
- Bei jeder Wende muss sich der Schwimmer in Rückenlage abstoßen.
- Während der Wende dürfen die Schulter über die Senkrechte in die Bauchlage gedreht werden, worauf unverzüglich ein kontinuierlicher einfacher oder Doppelarmzug ausgeführt werden darf, dem die eigentliche Wendenbewegung unverzüglich folgt. Der Schwimmer muss in die Rückenlage zurückgekehrt sein, wenn er die Beckenwand verläßt.

Rücken und Kraul
- Bei der Wende darf der Schwimmer bis zu 15 m völlig untergetaucht schwimmen; am 15 m Punkt muss der Kopf die Wasseroberfläche durchbrochen haben.
- Bei der Wende muss der Schwimmer mit einem beliebigen Teil seines Körpers die Wand berühren.

Delfin und Brust
- Bei der Wende erfolgt der Anschlag mit beiden Händen gleichzeitig, und zwar an, über oder unter der Wasseroberfläche.

Brust
- Von Beginn des ersten Armzugs nach jeder Wende muss der Körper in Bauchlage gehalten werden.
- Ellenbogen dürfen beim letzten Armzug zum Anschlag an der Wende über Wasser geführt werden.
- Nach jeder Wende *darf* der Sportler, bevor er an die Wasseroberfläche zurückkehrt, einen vollständigen Bewegungszyklus unter Wasser ausführen, ohne mit dem Kopf die Wasseroberfläche durchbrochen zu haben (Tauchzug).

- Er darf vor dem ersten Brustbeinschlag zu jeder Zeit einen einzigen Delfinbein-schlag ausführen.
- Während des ersten Bewegungszyklus darf er einen vollen Armzug bis zu den Oberschenkeln ausführen. Der Kopf des Sportlers muss beim 2. Bewegungs-zyklus nach der Wende die Wasseroberfläche während der Rückwärtsbewegung der Arme vollständig durchbrochen haben und dies, bevor die Hände nach innen gedreht und wieder nach vorne gebracht werden.

Delfin

- Ab Beginn des 1. Armzugs nach jeder Wende muss der Körper in die Bauch-lage zurückgekehrt sein.
- Nach jeder Wende darf der Sportler bis zu 15 m völlig untergetaucht einen oder mehrere Beinschläge und einen Armzug ausführen. An der 15-m-Marke muss der Kopf die Wasseroberfläche durchbrochen haben.

5.1   Kippwende

5.1.1   Lernvoraussetzungen

- Verlängertes Atemanhalten,
- Gleiten über 4–6 m,
- Körperspannung,
- Schwimmtechnik,
- Sprungkraft.

5.1.2   Material/Medien

- Stab, Poolnudeln, Reifen.
- Video/Filme/Bilder zur Kippwende (Abb. 5.2 und 5.3).

Abb. 5.2 Video: Kippwende, einhändiger Anschlag (Eigene Darstellung) URL:
▶ https://doi.org/10.1007/000-asq

Abb. 5.3 Video: Kippwende, beidhändiger Anschlag (Eigene Darstellung) URL:
▸ https://doi.org/10.1007/000-asb

5.1.3   Ergänzende Hinweise zum methodischen Vorgehen

Bei der Vermittlung der Wende kann mit einem offenen problemorientierten Zugang die Wendetechnik erarbeitet werden (Wie schaffe ich einen schnellen Richtungswechsel, ohne Geschwindigkeit bei der Wende zu verlieren und mit optimaler Geschwindigkeit weiterschwimmen zu können?).

Im Folgenden wird mithilfe der Zergliederung in die einzelnen Phasen und deren Zusammensetzung die Wende vermittelt.

5.1.4   Didaktisch reduzierte Bewegungsmerkmale der Kippwende

Die Kippwende wird in der Tab. 5.1 mit ihren unterschiedlichen Phasen beschrieben.

5.1.5   Methodisches Vorgehen

5.1.5.1 Methodische Einführung: Kippwende

1. Bewegungsbeschreibung der Kippwende, Demonstration an Land, im Wasser, mit Video und Erklärung der Wettkampfbestimmungen.
2. Abstoß und Gleiten aus verschiedenen Körperpositionen wiederholen:

   – Bauchlage, Rückenlage, beide Seitenlagen (Abb. 5.4),
   – von Seitenlage während des Gleitens in Rückenlage drehen,
   – von Seitenlage während des Gleitens in Bauchlage drehen.

Tab. 5.1 Didaktisch reduzierte Bewegungsmerkmale der Kippwende (Eigene Darstellung)

Phasen inkl. Abbildung	Bewegungsmerkmale Kippwende
Anschwimmen (Adaptation)	Anschwimmen ohne Reduzierung der Schwimmgeschwindigkeit D/B Anschlag erfolgt mit beiden Händen gleichzeitig
Drehen	Drehen zu beiden Seiten möglich Bei beidhändigem Anschlag zieht der Wendearm vom Anschlag unter Wasser in die neue Schwimmrichtung Anhocken der Beine und Kippen des Körpers (Körpertiefenachse) zur Seite: Wendearm unter Wasser in die neue Schwimmrichtung Handfläche zeigt und drückt Richtung Wasseroberfläche, um Drehen und Abtauchen zu unterstützen **gleichzeitig** Anschlagarm sichelförmig über Wasser in die neue Schwimmrichtung Füße stehen seitlich an der Wand Körper taucht ab, dabei beide Arme zusammenführen
Abstoßen	Abstoß in Seitlage in einer Tiefe von ca. 50-80 cm Abstoß in Rückenlage beim Rückenschwimmen
Gleiten und Übergang	Gleiten und Drehen in Bauchlage Gleiten = Körperstreckung - Hände liegen übereinander - Kopf zwischen den Armen - Blick zum Boden - Körperspannung Gleitgeschwindigkeit reduziert sich und der Übergang beginnt **B: Tauchzug** Arme ziehen am Körper vorbei bis auf Hüfthöhe (in dieser Phase kann ein Delfinkick erfolgen – Gleiten - Arme unter dem Körper nach vorne führen, gleichzeitig erfolgt ein Brustbeinschlag und der Kopf wird leicht in den Nacken genommen, um an die Wasseroberfläche zu steuern **D: Delfinkicks bis zu 15m** Kopf wird leicht in den Nacken genommen und die Unterwasserphase des Delfinarmzuges (Arme ziehen am Körper vorbei bis auf Hüfthöhe) setzt ein, um an die Wasseroberfläche zu steuern. **R/K:** Unterwasserphase bis 15m Einsatz der Beine über Wechselbeinschlag oder Delfinkicks mit Übergang in Wechselbeinschlag Übergang in die Gesamtbewegung (ein Arm beginnt mit der Unterwasserphase)

Abb. 5.4 Abstoß in Seitenlage (Eigene Darstellung)

Abb. 5.5 Kippen mit zwei Brettern (Eigene Darstellung)

Kippbewegung schulen (Drehen)

3. Liegestütz seitlings; Lagewechsel zur anderen Seite durch Abdrücken des stützenden Arms zur Gegenseite durchführen. Der Lernende hockt die Beine dabei an.
   - Der Abdruck erfolgt vom Beckenboden in stütztiefem Wasser.
   - Im hüfttiefen Wasser drückt der Lernende sich von der Überlaufrinne und mithilfe eines Partners oder mit 2 Partnern oder zwei Brettern ab (Abb. 5.5).
   - In Seitenlage an der Wasseroberfläche schwebend mit der Handfläche vom Wasser abdrücken. Der Arm ist dabei gestreckt und drückt nach unten (Abb. 5.6).
   - Im hüfttiefen Wasser drückt der Lernende sich von der Überlaufrinne und mithilfe eines Partners ab und führt den Wendearm sichelförmig in die Hand des Partners.

4. Kippen an der Wand
   - Der Wendearm befindet sich am Beckenrand, Körper und Beine sind seitlich weggestreckt und der andere Arm liegt an der Hüfte, dann Beine anhocken und diese Richtung Beckenwand kippen und Füße seitlich an der Wand positionieren. Der an der Hüfte liegende Arm zeigt nun in die neue Schwimmrichtung. **Beide Seiten schulen.**

Abb. 5.6 Video: Kippen ohne Hilfsmittel (Eigene Darstellung) URL:
▸ https://doi.org/10.1007/000-asc

Abb. 5.7 Video: Kippen an der Wand mit Wendearm (Eigene Darstellung) URL:
▸ https://doi.org/10.1007/000-asd

 – Zusätzlich den Wendearm sichelförmig über Wasser führen und den Körper
   absinken lassen (Abb. 5.7).
5. Kippen und Abstoßen
 – Jetzt zusätzlich mit seitlich unter Wasser abstoßen, hier kann als Hilfe ein
   Stab/eine Poolnudel oder ein Reifen gehalten werden, unter dem bzw. durch
   den der Schwimmer dann gleiten muss (optimale Tiefe 70–80 cm).
 – Mit zusätzlicher Drehung in die Bauchlage, danach auch ohne Hilfsmittel
   (Abb. 5.8)
6. Angleiten
 – Angleiten, Anschlag mit einer Hand, Kippen/Drehung auf die Seite, freien Arm
   zur Hüfte ziehen, Anschlagarm beugen, abdrücken von der Wand, dadurch
   kippt der seitlich aufgerichtete Körper in die neue Richtung und der Wendearm
   schwingt in die neue Richtung. Der Körper taucht unter, die Füße sind an der
   Wand.

Abb. 5.8 Video: Kippen an der Wand und Abstoß (Eigene Darstellung) URL:
▶ https://doi.org/10.1007/000-ase

Abb. 5.9 Video: Kippwende aus dem Angleiten (Eigene Darstellung) URL:
▶ https://doi.org/10.1007/000-asf

- Wie oben, mit bewusstem Einsatz des freien Arms, der sich von der Hüfte aus
  mit der Handfläche nach oben am Wasserwiderstand fixiert und den Körper
  schneller unter Wasser zieht.
- Wie oben mit Abstoß und Gleiten aus der Seitenlage in die Bauchlage
  (Abb. 5.9).

7. Anschwimmen
   - Mit Kraultechnik, Anschlagen, Kippen, Abtauchen, Abstoßen, Gleiten und
     Übergang in die Kraultechnik (mit Delfinkicks und/oder Wechselbeinschlag
     und Beginn mit der Unterwasserphase eines Arms) (Abb. 5.2).
   - Unterwasserphasen verlängern, hierbei auf den Abstoß in ca. 80 cm Tiefe
     achten, um eine Verlängerung zu realisieren (bis max. 15 m).

- Mit erhöhter Geschwindigkeit auf die Wand zuschwimmen.
- Bei Brust und Delfin muss laut Wettkampfbestimmungen mit beiden Händen angeschlagen werden. Um das zu schulen, kann vorab folgende Vorübung gemacht werden: Festhalten mit beiden Händen am Beckenrand in Bauchlage, eine Hand löst sich, zieht zur Hüfte und leitet damit verbunden die Drehung bzw. das Kippen in die Seitenlage ein.
- Anschwimmen in Brusttechnik – beidhändiger Anschlag – Kippwende – Abtauchen – Abstoß – Gleiten.
- Wie oben mit Steigerung der Geschwindigkeit.
- Wie oben mit Tauchzug als Möglichkeit des Übergangs zur Brusttechnik (Abb. 5.3).
  Hierbei kann auch der Tauchzug in Verbindung mit dem erlaubten einen Delfinkick erprobt werden (zu Beginn bzw. zum Ende des 1. Armzugs).

Die Schulung des Tauchzugs ist in Abschn. 2.2.2 dargestellt und Videomaterial für die methodischen Schritte sind im elektronischen Zusatzmaterial zu finden.

5.1.6 Abweichungen von der Technik (Fehlerkorrektur)

Die Tab. 5.2 ermöglicht einen Überblick über mögliche Abweichungen bei der Kippwende, die Ursachen und Hinweise zur Korrektur. Die Checkliste (Tab. 5.3) kann dem Beobachter in der Praxis das Erkennen von Technikabweichungen erleichtern.

Tab. 5.2 Kippwende Abweichungen – Fehler – Ursache – Korrektur (Eigene Darstellung)

Fehler	Ursache	Korrektur
Anschwimmen hohe Adaptationszeit	fehlerhafte Raumgestaltung- Timing	aus dem vollen Anschwimmen auf die Wende zu und die Bewegung auf den Anschlag einstellen
Drehen hohe Drehzeit	inaktive Auftaktbewegung (Anhocken) fehlende Kopplung der Achsendrehung	Übungen zur Schulung der Kippbewegungen (Übungen 3 bis 6)
Abstoßen wirkungsloser bzw. kraftloser Abdruck (geringe Abstoßgeschwindigkeit)	unzweckmäßige Abstoßposition und -richtung	Übungen (2) zum Abstoßen Gleiten Orientierungshilfen geben für die Position der Füße Kontrastübungen für die Richtung des Abstoßes (flach/tief abstoßen –Körperhaltung mit Kopf im Nacken oder zur Brust) Kontrast: zu enge/ zu weite Hocke beim Abstoß einnehmen gleich starker kraftvoller Abstoß mit beiden Füßen
	geringe Sprungkraft	Hockstrecksprünge
Gleit- und Übergang Einleiten der Übergangsphase zu früh oder zu spät (geringe Geschwindigkeit im Übergang)	fehlendes Timing, abrupter Wechsel in das Schwimmen uneffektive Gestaltung der Gleit- und Antriebsphase durch die Körperhaltung (Dauer und Tiefe); geringe Rumpfkraft; eingeschränkte Beweglichkeit im Fußgelenk (D/K)	Übungen zum Gleiten in Bauchlage mit Körperspannung wiederholen. verbaler Hinweis: „lang machen", Blickrichtung nach vorne unten. Kontrastübungen kurzes und langes Gleiten mit Übergang.
zur Einleitung des Auftauchens erfolgt ein Doppelarmzug zu den Oberschenkeln	meistens noch zu tief unter Wasser	verbaler Hinweis: Arme gestreckt vorne lassen; Fingerspitzen nach oben zeigen und mit Beinbewegung an die Wasseroberfläche steuern. R/K: ein Arm bleibt gestreckt liegen und der andere Arm beginnt mit der Unterwasserphase D/B: beide Arme beginnen mit der Unterwasserphase und bei Brust wird der Tauchzug dann weiter fortgesetzt

Tab. 5.3 Checkliste zur Kippwende (Eigene Darstellung)

Bildreihe inkl. Phase	Bewegungsmerkmale	Erkennen des Bewegungsmerkmals			
Anschwimmen (inkl. Anschlag)	Anschwimmen ohne Reduzierung der Schwimmgeschwindigkeit	++++	+++	++	+
	bei D/B regelkonformer Anschlag (mit beiden Händen gleichzeitig)	++++	+++	++	+
Drehen	Anhocken der Beine	++++	+++	++	+
	Kippen des Körpers (Körpertiefenachse) zu einer Seite	++++	+++	++	+
	Wendearm unter Wasser in die neue Schwimmrichtung	++++	+++	++	+
	Handfläche zeigt und drückt Richtung Wasseroberfläche	++++	+++	++	+
	gleichzeitig				
	Anschlagarm sichelförmig über Wasser in die neue Schwimmrichtung	++++	+++	++	+
	Füße stehen seitlich an der Wand	++++	+++	++	+
	Körper taucht ab, dabei	++++	+++	++	+
	beide Arme zusammenführen	++++	+++	++	+
Abstoßen	Abstoß in Seitlage	++++	+++	++	+
	in einer Tiefe von ca. 50-80 cm	++++	+++	++	+
	Abstoß in Rückenlage beim Rückenschwimmen	++++	+++	++	+
Gleiten und Übergang	Gleiten (Körperstreckung – Hände liegen übereinander)	++++	+++	++	+
	Passendes Timing für den Beginn der Übergangsphase	++++	+++	++	+
	Regelkonformer Übergang	++++	+++	++	+

Elektronisches Zusatzmaterial

• Kippwende (weitere ergänzende Videos zur Wendenschulung).

Das elektronische Zusatzmaterial finden Sie auf https://link.springer.com/10.1007/978-3-662-67198-6_5.

5.2   Rollwende

5.2.1   Lernvoraussetzungen

- Rücken- bzw. Kraultechnik ggf. Delfintechnik,
- Gleiten mit Abstoß in Rücken-, Bauch- und Seitenlage über 4–6 m,
- Orientierungsfähigkeit und Differenzierungsfähigkeit zwecks Timings bzw. Einleitung der Wende bzw. des Rollvorganges (Augen auf unter Wasser),
- Kopplungsfähigkeit,
- bewusste Steuerung der Ausatmung durch die Nase,
- Erfahrungen mit Drehungen um Achsen (Grundfertigkeit Drehen und Rollen),
- Körper- und Kopfsteuerung,
- Sprungkraft.

5.2.2   Material/Medien

- Stab, Poolnudeln, Reifen, Orientierungshilfen (Fähnchen, Leiter, Poolnudel, Person am Rand, Markierungen am Beckenboden, Tauchringe, Wäscheklammern),
- Video/Filme/Bilder zur Rollwende (Abb. 5.10 und 5.11).

Abb. 5.10 Video:
Rückenrollwende (Eigene
Darstellung)URL:
▶ https://doi.org/10.1007/000-asg

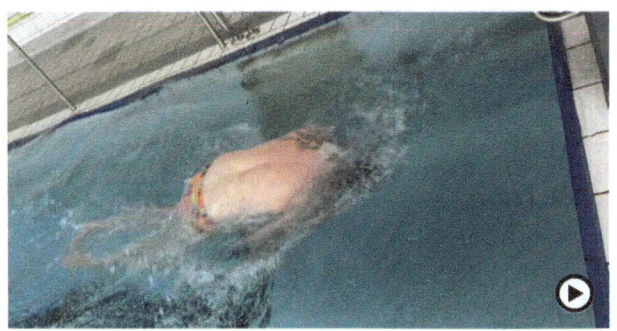

Abb. 5.11   Video: Kraulrollwende (Eigene Darstellung) URL: ▶ https://doi.org/10.1007/000-ash

5.2.3   Ergänzende Hinweise zum methodischen Vorgehen

Die beiden Rollwenden können gut parallel geschult werden, da es viele Gemeinsamkeiten im Hinblick auf die Bewegungsmerkmale gibt. Der Unterschied liegt im Anschwimmen und ist bedingt durch die Wettkampfbestimmungen beim Rückenschwimmen im Abstoß.

Im Folgenden wird mithilfe der Zergliederung in die einzelnen Phasen und deren Zusammensetzung die Rollwende vermittelt.

Um die Kompetenzen der Lernenden zu fördern, kann man ihnen die Aufgabe geben, ihre eigene Reihenfolge hinsichtlich der Phasen zu gestalten, zu bestimmen und zu erproben. Ebenso können sie sich überlegen „Wie schaffe ich es, einen Richtungswechsel vorzunehmen?" Denkbare Antworten sind:

- schnell = ohne Reduktion der Schwimmgeschwindigkeit auf die Wand zu;
- widerstandsarm = Qualität der Wendenausführung;
- regelkonform = Möglichkeiten des Regelwerkes nutzen und einhalten.

5.2.4   Didaktisch reduzierte Bewegungsmerkmale der Rücken- und Kraulrollwende

Die Rollwenden werden in der Tab. 5.4 mit ihren unterschiedlichen Phasen beschrieben.

Tab. 5.4 Didaktisch reduzierte Bewegungsmerkmale der Rücken- und Kraulrollwende (Eigene Darstellung)

Bewegungsmerkmale Rollwende			
Abbildungen	Rückenrollwende	Kraulrollwende	Abbildungen
Anschwimmen (Adaptation)			
	ohne Reduzierung der Schwimmgeschwindigkeit		
	Rotation um die Körperlängsachse		
	Einleiten der Rotation durch Armzug (Delfinkick kann unterstützen)		
Drehen			
	Rollen um Körperbreitenachse - Hockstellung an der Wand		
	in Rückenlage	mit Vierteldrehung um Körperlängsachse	
Abstoßen			
	Abstoß in Rückenlage	Abstoß in Seitlage	
	in einer Tiefe von ca. 50-80 cm		
Gleiten und Übergang			
	Gleiten (Körperstreckung - Hände liegen übereinander - Kopf zwischen den Armen – Körperspannung)		
	Blick zur Wasseroberfläche	Drehen in Bauchlage Blick zum Beckenboden	
	Gleitgeschwindigkeit reduziert sich und der Übergang beginnt		
	Unterwasserphase bis zu 15m - Einsatz der Beine über Wechselbeinschlag oder Delfinkicks mit Übergang in Wechselbeinschlag und ein Arm beginnt mit der Unterwasserphase und leitet in die Gesamtbewegung über.		

5.2.5   Methodisches Vorgehen

5.2.5.1 Methodische Einführung: Rollwende

1. Didaktisch reduzierte Bewegungsmerkmale mithilfe von Abbildungen, Demonstrationsvideos und eigenen Erfahrungen erarbeiten.

Rollbewegungen frei im Wasser

2. Verschiedene Roll- und Drehbewegungen, auch in Kombination um die verschiedenen Achsen erproben. „Achte darauf, dass du während der Drehphase durch die Nase ausatmest."
3. Dreiergruppe nebeneinander, der in der Mitte Stehende neigt seinen Oberkörper nach vorne, legt seine Hände zum Abdrücken in jeweils eine Hand der Partner oder die Partner halten einen Stab. Der Übende springt vom Beckenboden ab, führt eine halbe Rolle vorwärts in die Rückenlage aus und schwimmt RBA weiter.

Beachte:

- Vorwärtsrollen durch bewusste Kopfsteuerung und aktiven Absprung vom Beckenboden – Beine gestreckt über Wasser führen.
- Hände stützen neben der Hüfte (Wahrnehmung des Wasserwiderstandes) (Abb. 5.12).

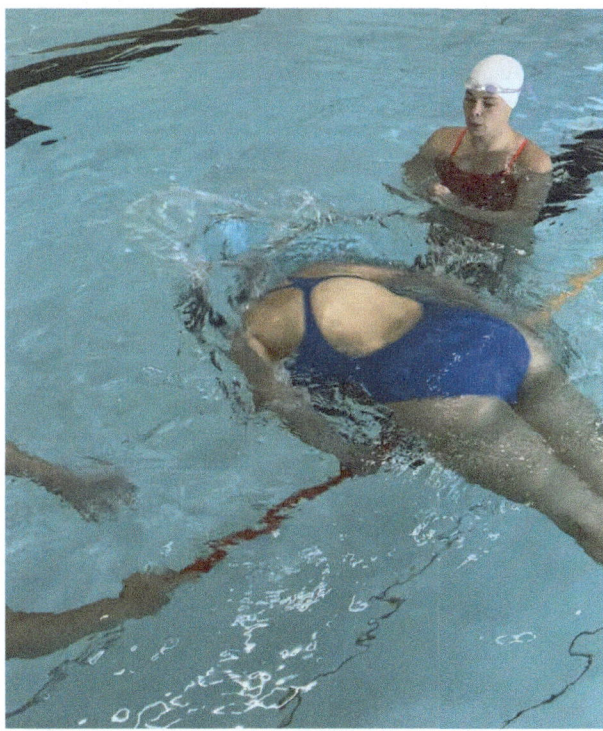

Abb. 5.12 Rollen mit Partnern (Eigene Darstellung)

4. Lernende befindet sich Bauchlage, hält mit gestreckten Armen in Hochhalte einen Stab oder Poonudel fest. Durch einen beidbeinigen Abwärtsschlag der Beine (Delfinkick), sowie das Ziehen des Stabes zu den Oberschenkeln wird das Rollen in die Rückenlage eingeleitet bzw. unterstützt. Der Stab dient als fester Stütz, um die Rolle beschleunigt durchführen zu können.
   Beachte:
   - Erreichen der Rückenlage durch bewusste Kopfsteuerung,
   - Körperstreckung durch Zurücknehmen des Kopfes in eine gerade Position und Streckung der Hüfte,
   - Hechten der Beine während des Drehens über Wasser.
5. Der Partner hält den Stab. Der andere schwimmt mit **Kraulbeinarbeit** auf den Stab zu, ergreift den Stab, zieht ihn zu den Oberschenkeln, leitet die Rolle vorwärts ein und nach dem Überschlagen der Beine lässt der Schwimmer den Stab los und treibt in die gestreckte Rückenlage und führt den Wechselbeinschlag durch.

Schulung Timing zur Wendewand

6. Wie 5., der Stab wird der Wand immer mehr angenähert, sodass der Schwimmer irgendwann die Wand mit den Füßen berührt und nach dem Berühren der Wand stößt er sich in Rückenlage ab.
7. Aus dem Absprung vom Beckenboden in Bauchlage auf die Wendewand zugleiten, Armzug zu den Oberschenkeln und Rolle vorwärts in die Rückenlage (Abb. 5.13). Um das Timing zu schulen, sich der Wand immer weiter annähern. Unterstützen können Hilfsmittel, die als optische Orientierungshilfe dienen, wie z. B. Tauchringe, Wäscheklammern oder am Beckenboden vorhandene Markierungen.

Abb. 5.13 Video: Rolle vorwärts in Rückenlage (Eigene Darstellung) URL:
▸ https://doi.org/10.1007/000-asj

Abb. 5.14   Video: in Supermann-Position – Rollen mit Wandkontakt (Eigene Darstellung) URL:
▸ https://doi.org/10.1007/000-ask

- In Supermann-Position bzw. mit Beinbewegung frei und auf die Wand zu gleiten (Abb. 5.14),
- Anschwimmen in gestreckter Körperlage mit Wechselbeinschlag,
- Anschwimmen in Kraultechnik auf die Wand zu und Abstoß in Rückenlage,
- Orientierungshilfen reduzieren.

8. Anschwimmen in Kraultechnik und die Drehung aus einem Arm einleiten und Abstoß in Rückenlage (Abb. 5.15).

Abb. 5.15   Video: Rollwende in Rückenlage (Eigene Darstellung) URL:
▸ https://doi.org/10.1007/000-asm

Kraulrollwende:
- **90°-Drehung um die Körperlängsachse zum seitlichen Abstoß.**

▷   Drehe dein Kinn in Richtung Achsel.

a) Frei im Wasser mit Kraultechnik schwimmen, ein Arm zieht zum Oberschenkel, leitet Rolle vorwärts um die Breitenachse ein, Beine über Wasser
   bringen und kurz bevor die Beine die Wasseroberfläche treffen, den Körper um
   90° um die Körperlängsachse drehen (Abb. 5.16).
b) Mit Kraultechnik auf die Wand zu, Rolle um die Körperbreitenachse, an der
   Wand die Füße seitlich positionieren und in dieser Hockstellung verharren.
   „Überprüfe die Position deiner Füße" (Abb. 5.17).

Abb. 5.16 Video: Frei Rollen mit 90°-Drehung (Eigene Darstellung) URL:
▸ https://doi.org/10.1007/000-asn

Abb. 5.17 Video: Kraulrollwende mit seitlicher Abstoßposition (Eigene Darstellung) URL:
▸ https://doi.org/10.1007/000-asp

c) Wie b), mit Abstoß in Seitenlage und drehen während des Gleitens in die Bauchlage.

d) Wie c), der Übende unterstützt seine erste Teildrehung um die Körperlängsachse, indem der drehungsäußere Arm zum Kopf zieht und der andere Arm sich in Schwimmrichtung streckt.

Rückenrollwende:
- **90°-Drehung um die Körperlängsachse zur Einleitung der Rollbewegung vor der Wand und in Verbindung mit der Rollbewegung um die Körperbreitenachse.**

a) Drehen um die Körperlängsachse, sowohl aus der Bauchlage in die Rückenlage als auch von der Rückenlage in die Bauchlage.

b) Im Wechsel 3 Züge Rücken, drehen um die Körperlängsachse in Bauchlage, 3 Züge Kraul, drehen um Körperlängsachse in Rückenlage (Abb. 5.18).
   Frei im Wasser (ohne Wandkontakt)

Abb. 5.18 Video: Rücken und Kraul im Wechsel (Eigene Darstellung) URL:
▸ https://doi.org/10.1007/000-asa

Abb. 5.19 Video: Rückenrollwende frei (Eigene Darstellung) URL:
▶ https://doi.org/10.1007/000-asr

c) „Supermann" in Rückenlage, d. h. ein Arm gestreckt in Hochhalte, der andere
   an der Hüfte.
   Beispiel: Der rechte Arm liegt gestreckt in Hochhalte hinter dem Kopf, es
   erfolgt eine Drehung nach rechts in die Bauchlage, dabei zieht der rechte Arm
   zum Oberschenkel und gleichzeitig wird der an der Hüfte linke Arm über
   Wasser in die Hochhalte gebracht.
   • Aus der RGS (ca. 3–4 Züge) schwimmen, dann drehen, ziehen und gleiten.
d) Drehen aus der Rückenlage mithilfe eines Armzuges in die Bauchlage und Ausführen einer Rolle vorwärts in die Rückenlage:
   • aus der RGS (3–4 Züge) (Abb. 5.19),
   • im ständigen Wechsel (RGS – Drehung in Bauchlage – Rolle vorwärts in
     Rückenlage – RGS).

e) Wie d), mit Annähern an die Wand, erst aus dem Drehen, dann mit
   Anschwimmen auf die Wand zu. Hierbei optische und/oder akustische Hilfen
   (Fähnchen, Lichtleiste an der Decke, Poolnudel, Partner/Lehrkraft) nutzen, um
   das passende Timing für die Drehung um die Körperlängs- und Körperbreitenachse zu finden.

9. Aus dem Anschwimmen in Rücken- bzw. Krpaultechnik drehen, abstoßen und in
   50–80 cm Tiefe gleiten. Orientierungshilfen nutzen.
10. Mit Übergang in die Schwimmbewegung, beginnend mit Delfin- und/oder
    Wechselbeinschlag, anschließend Übergang in die Gesamtbewegung mit der
    Unterwasseraktion eines Arms.
11. Die Entfernung zur Wand vergrößern.
12. Mit Geschwindigkeitserhöhung anschwimmen.

5.2.6 Abweichungen von der Technik (Fehlerkorrektur)

Die Tab. 5.5 ermöglicht einen Überblick über mögliche Abweichungen bei der Rollwende, die Ursachen und Hinweise zur Korrektur. Die Checkliste (Tab. 5.6) kann dem Beobachter in der Praxis das Erkennen von Technikabweichungen erleichtern.

Tab. 5.5 Rollwende Abweichungen – Fehler – Ursache – Korrektur (Eigene Darstellung)

Fehler	Ursache	Korrektur
Anschwimmen hohe Adaptationszeit bzw. Timing für die Längsachsen- und Breitachsendrehung ist zu früh /zu spät	fehlerhafte Raumgestaltung- Timing - fehlende Orientierung; ggf. Angst	aus dem vollen Anschwimmen auf die Wende zu und das passende Timing für die Achsendrehung mit Orientierungshilfen schulen; ggf. eine große Matte in den Wendebereich stellen (Angstreduzierung)
Rückenrollwende falsches bzw. fehlendes Einleiten über Kraularmzug		wechselseitig 3 Züge Rücken - 3 Züge Kraul schwimmen
Drehen hohe Drehzeit (zu langsam)	inaktive Auftaktbewegung (Delfinkick); zu langsames Anschwimmen; Nutzung des Armzugs zu gering (Drehimpuls)	bei der Anschwimmgeschwindigkeit bleiben, Arme durchziehen und drehen bzw. rollen und sich langsam der Wand annähern
Drehung um Breitenachse erfolgt seitlich/schief	fehlende Orientierung (z.B. Augen während Drehung geschlossen und/oder fehlendes Bewegungsgefühl)	Rollen frei im Wasser (ggf. dicken Markierstift unter dem Kinn einklemmen), oder um einen Stab herum aus dem Stand, dann auch vor der Wand
Bei der Drehung um Breitachse, bekommt der Schwimmer Wasser in die Nase	fehlendes Ausatmen durch die Nase während des Rollvorganges	Rollen frei im Wasser mit bewusster Steuerung der Atmung durch die Nase oder verschließen der Nasenlöcher mit der Oberlippe
Wand wird mit den Füßen nicht erreicht	zu frühes Einleiten der Drehung oder die Beine sind zu eng an den Körper herangezogen (Pakethaltung)	Schulung des Abstandes zur Wand bzw. das Überschlagen der annähernd gestreckten Beine mit Hilfe von Orientierungshilfen z.B. Ringe am Boden schaffen
Vierteldrehung um die Körperlängsachse zu weit – falsche Richtung *(Kraulrollwende)*		Verbaler Hinweis: „Kinn zur Achsel der offenen Seite"
Abstoßen wirkungsloser bzw. kraftloser Abdruck (geringe Abstoßgeschwindigkeit)	unzweckmäßige Abstoßposition und -richtung	Orientierungshilfen im Bereich der Beckenwand (andersfarbige Kacheln, Brett hineinhalten etc.) für die Position der Füße geben Kontrastübungen für die Richtung des Abstoßes (Füße zu hoch bzw. zu tief ansetzten)
	Füße berühren die Wand nicht vollständig oder der Kniewinkel ist zu eng bzw. zu groß	Kontrast: zu enge/ zu weite Hocke beim Abstoß einnehmen gleich starker kraftvoller Abstoß mit beiden Füßen
	geringe Sprungkraft	Hockstrecksprünge
Gleit- und Übergang Einleiten der Übergangsphase zu früh oder zu spät (geringe Geschwindigkeit im Übergang)	fehlendes Timing, abrupter Wechsel in das Schwimmen uneffektive Gestaltung der Gleit- und Antriebsphase durch Körperhaltung (Dauer und Tiefe); geringe Rumpfkraft; eingeschränkte Beweglichkeit im Fußgelenk (R/K)	Übungen zum Gleiten in Bauchlage bzw. Rückenlage mit Körperspannung wiederholen. verbaler Hinweis: „lang machen", Blickrichtung nach vorne unten bzw. Richtung Wasseroberfläche. Kontrastübungen kurzes und langes Gleiten mit Übergang.
zur Einleitung des Auftauchens erfolgt ein Doppelarmzug zu den Oberschenkeln	meistens noch zu tief unter Wasser	verbaler Hinweis: Arme gestreckt vorne lassen; Fingerspitzen nach oben zeigen und mit Beinbewegung an die Wasseroberfläche steuern. R/K: ein Arm bleibt gestreckt liegen und der andere Arm beginnt mit der Unterwasserphase

Tab. 5.6 Checkliste zur Rücken- und Kraulrollwende (Eigene Darstellung)

Bildreihe inkl. Phase	Bewegungsmerkmale	Erkennen des Bewegungsmerkmals			
Anschwimmen					
	Anschwimmen ohne Reduzierung der Schwimmgeschwindigkeit	++++	+++	++	+
	Rotation um die Körperlängsachse *(Rückenrollwende)*	++++	+++	++	+
	Einleiten der Rotation durch Armzug (ggf. unterstützender Delfinkick)	++++	+++	++	+
Drehen					
	Rollen um die Körperbreitenachse	++++	+++	++	+
	Anhocken der Beine	++++	+++	++	+
	hierbei Vierteldrehung um die Körperlängsachse *(Kraulrollwende)*	++++	+++	++	+
	Füße stehen seitlich an der Wand	++++	+++	++	+
	Hockstellung an der Wand	++++	+++	++	+
	in Rückenlage *(Rückenrollwende)*	++++	+++	++	+
Abstoßen					
	Abstoß in Seitlage *(Kraulrollwende)*	++++	+++	++	+
	Abstoß in Rückenlage *(Rückenrollwende)*	++++	+++	++	+
	in einer Tiefe von ca. 50-80 cm	++++	+++	++	+
Gleiten und Übergang	Gleiten (Körperstreckung – Hände liegen übereinander – Kopf zwischen den Armen - Körperspannung)	++++	+++	++	+
	Blick zur Wasseroberfläche *(Rückenrollwende)*	++++	+++	++	+
	Blick zum Beckenboden *(Kraulrollwende)*	++++	+++	++	+
	Einsatz der Beine (Wechsel- bzw. Delfinbeinschlag)	++++	+++	++	+
	Passendes Timing für den Beginn der Unterwasserphase mit einem Arm in die Gesamtbewegung	++++	+++	++	+
	Regelkonformer Übergang	++++	+++	++	+

Elektronisches Zusatzmaterial
- Rollwende (weitere ergänzende Videos zur Wendenschulung),
- Übersicht Bewegungsmerkmale, methodische Einführung und Checkliste zu Kipp- und Rollwende,
- Tauchzug.

Das elektronische Zusatzmaterial finden Sie auf https://link.springer.com/10.1007/978-3-662-67198-6_5.

Literatur

Elbracht M, Schnittger, R (2003) Bewegen im Wasser – Schwimmen. Sport unterrichten. WEKA Kissing.

Elbracht M (1996–2000) Schwimmen. In: Sahre E (Hrsg.) Fertig ausgearbeitete Unterrichtsbausteine für das Fach Sport. Eine Ideenbörse für alle Pflicht- und Wahlthemen in der Sekundarstufe I und II, Kapitel 4/4. Losebl.-Ausg. Weka-Verlag, Kissing

Küchler J (2015) Physikalische Grundlagen des Schwimmens – Trainerhandmaterial. In: W. Freitag (Hrsg.) Schwimmen. Lernen und optimieren, 37. DSTV, Rüsselsheim, S 7–20

Schramm E (1987) Sportschwimmen. Sportverlag, Berlin, S 121

Ungerechts B, Volck G, Freitag W (2002) Lehrplan Schwimmsport. Band 1: Technik. Schwimmen – Wasserball – Wasserspringen – Synchronschwimmen (2., überarbeitete Aufl.). Hofmann, Schorndorf.

Wick D (2009) Biomechanik im Sport. Lehrbuch der biomechanischen Grundlagen sportlicher Bewegung. 2. Aufl. Spitta-Verlag, Balingen, S 162

https://www.dsv.de/fileadmin/dsv/documents/schwimmen/Amtliches/WB-Fachteil_Schwimmen_Fassung_11_09_2021.pdf

Koordinative Fähigkeiten

6

▶ **Definition** Als Koordination wird das Zusammenspiel Zentralnervensystem und Skelettmuskulatur innerhalb eines gezielten Bewegungsablaufs bezeichnet (aus Rudolph 2008, S.195 vgl. Hollmann und Hettinger 2000).

Eine gute Koordination ist Voraussetzung für effektive Bewegungen und damit für das Erreichen sportlicher Ziele (vgl. Kent et al. 1996, S. 218).

Es wird zwischen intra- und intermuskulärer Koordination unterschieden (vgl. Weineck 2010, S. 166):

- **Intra**muskuläre Koordination: synchrone Aktivierung der höchstmöglichen Zahl von Muskelfasern **eines** Muskels.
- **Inter**muskuläre Koordination: Zusammenspiel der agonistisch und antagonistisch tätigen Muskulatur innerhalb einer Bewegung.

Bedeutung der koordinativen Fähigkeiten

Nach Weineck (2010)
- Koordinative Fähigkeiten sind die motorische Lerngrundlage. Je höher das Niveau koordinativer Fähigkeiten ist, desto besser und schneller sind neue, schwierigere Bewegungen zu erlernen bzw. sporttechnische Fertigkeiten aus anderen Sportarten umzusetzen.
- Hochentwickelte koordinative Fähigkeiten erlauben eine präzise Bewegungssteuerung und somit gleiche Bewegungen mit geringem Kraft- und Energie-

---

Ergänzende Information Die elektronische Version dieses Kapitels enthält Zusatzmaterial, auf das über folgenden Link zugegriffen werden kann https://doi.org/10.1007/978-3-662-67198-6_6. Die Videos lassen sich durch Anklicken des DOI Links in der Legende einer entsprechenden Abbildung abspielen, oder indem Sie diesen Link mit der SN More Media App scannen.

M. Elbracht, *Schwimmen – Vom Anfänger bis zum Schwimmer,* Sportpraxis, https://doi.org/10.1007/978-3-662-67198-6_6

aufwand, d. h., die Höhe des Ausnutzungsgrades konditioneller Fähigkeiten wie Ausdauer, Kraft, Schnelligkeit und Beweglichkeit sind von der Qualität der koordinativen Fähigkeiten abhängig.

Nach Bissig und Gröbli (2008)

- Die Qualität der koordinativen Fähigkeiten hängt vom Zusammenwirken der Sinne, des Nervensystems und der Muskulatur ab.
- Eine gut entwickelte Körperwahrnehmung (visuell, akustisch, taktil, kinästhetisch, vestibulär) bildet eine wichtige Voraussetzung für das Lösen von Bewegungsaufgaben und damit zur Weiterentwicklung der Fähigkeiten.

Die im Folgenden dargestellten koordinativen Fähigkeiten stellen die grundlegende Basis auch der schwimmsportlichen Ausbildung dar.

▶   Der Begriff „DORFKRUG" stellt eine Eselsbrücke dar, um sich die 7 Fähigkeiten merken zu können, das „F" steht für „Fähigkeiten".

Die hier aufgeführten Definitionen zu den einzelnen koordinativen Fähigkeiten sind allgemein als auch schwimmspezifisch angelegt.

Die Bedeutung für den Lernprozess gewichten Eich und Stut (1995, S. 33) wie folgt:

„Im Prozess des Erlernens der Schwimmarten sind die Gleichgewichts-, Orientierungs-, Differenzierungs- und Kopplungsfähigkeit und im Prozess der Vervollkommnung die Differenzierungs-, Rhythmisierungs-, Kopplungs- und Reaktionsfähigkeit zu schulen. Beim Erlernen und Vervollkommnen der Starts und Wenden spielen besonders die Orientierungs-, Kopplungs- und Gleichgewichtsfähigkeit sowie zusätzlich bei den Starts die Reaktionsfähigkeit eine dominierende Rolle".

Differenzierungsfähigkeit:

… ermöglicht eine variable räumlich, zeitlich und dynamische Gestaltung bestimmter Bewegungen (Armzüge) in Relation zum gegebenen Wassergefühl und Beweglichkeitsniveau (nach Frank 2019, S. 19).
… als eine Fähigkeit, feine Nuancen in der zeitlichen, räumlichen und dynamischen Struktur der Bewegung unterscheiden zu können (nach Schramm 1987, Komar 1994).

Orientierungsfähigkeit:

… ermöglicht, anhand der von den optischen und kinästhetischen Analysatoren vermittelten Informationen, sich räumlich zielgerichtet zu bewegen (Rollwende) (nach Frank 2019, 19).
… bezieht sich auf die Bestimmung der Lage des Körpers und seiner Teile im Raum, während sportlicher Handlungen mit stärkeren Lageveränderungen wie sie beispielsweise zur Realisierung einer zweckmäßigen und ökonomischen Wendetechnik notwendig sind (nach Schramm 1987, Komar 1994).

Rhythmisierungsfähigkeit:

> … ermöglicht eine dynamische Gliederung und Akzentuierung von Bewegungsmustern in einem von Individuen selbst gewählten Zeitraum (nach Frank 2019, S. 19).
> … ist die Fähigkeit, Bewegungen in einer charakteristischen, zeitlichen und dynamischen Verlaufsform umsetzen zu können und hat vorrangig auf die Bewegungsökonomie, wie z. B. die Schwimmtechnik, grundlegenden Einfluss (nach Schramm 1987, Komar 1994).

Kopplungsfähigkeit:

> … ermöglicht das fließende Verbinden verschiedener Teilkörper- oder Einzelbewegungen sowie das Übertragen von Bewegungsimpulsen (nach Frank 2019, S. 19).
> … ist die Voraussetzung für die Koordination der verschiedenen Teilbewegungen und für das Schwimmen bedeutsam in dem Zusammenspiel der Arm-, Beinbewegung und der Atmung sowie die Kette verschiedenartiger, ineinander übergehende Bewegungen bei den Wenden (nach Schramm 1987, Komar 1994).

Reaktionsfähigkeit:

> … ermöglicht, auf einen Reiz (optisch, akustisch) in kürzester Zeit mit der Einleitung und Ausführung einer motorischen Aktion zu reagieren (Start) (nach Frank 2019, S. 19).

Umstellungsfähigkeit:

> … ermöglicht einen reibungslosen Wechsel vom Schwimmen zur Wende, von verschiedenen Bewegungsmustern (Lagenschwimmen) oder Bewegungsfrequenzen (Zwischen-, Endspurt) (nach Frank 2019, S. 19).

Gleichgewichtsfähigkeit:

> … Einhalten einer stabilen Körperlage durch Ausgleichsbewegungen oder Ausgleichshaltungen (Start) (nach Frank 2019, S. 19).
> …bedeutet, wenn z. B. beim Startsprung eine Verlagerung des Körperschwerpunktes eintritt oder nach dem Start und der Wende die gewünschte Körperlage eingenommen wird (nach Schramm 1987, Komar 1994).

Bei der Vermittlung stehen die koordinativen Fähigkeiten in Wechselbeziehung, d. h., sie können nicht isoliert geschult, sondern es können nur Schwerpunkte zu einzelnen koordinativen Fähigkeiten gesetzt werden. Die Schulung bzw. das Training der koordinativen Fähigkeiten sollte nicht im ermüdeten Zustand erfolgen, da zu diesem Zeitpunkt die Steuerungsprozesse nicht optimal geschult werden können (nach Weineck 2010, S. 824). Die folgenden Praxisbeispiele zeigen Möglichkeiten, koordinative Fähigkeiten im Allgemeinen im Medium Wasser und auch schwimmspezifisch zu schulen (Vgl. Elbracht 1996–1999; 2003; 2006; Graumann/Weitendorf 1999).

6.1   Differenzierungsfähigkeit

6.1.1   Allgemein

• Von der Wand sich in Bauch- und Rückenlage mit den Händen abstoßen und durch Einsatz der Arme fortbewegen.
  – Bauchlage/Rückenlage: Arme von hinten nach vorn in Kreisform führen in („Schiffschraube").
  – Rückenlage: Hände führen neben der Hüfte kreisende Bewegung durch. Füße zeigen in Schwimmrichtung. („Dampfer voraus"; „Badewanne") (Abb. 6.1).
  – Rückenlage/Bauchlage: Arme liegen gestreckt oben und durch Stoß- oder Kreisbewegungen der Hände in Form einer liegenden Acht sich vorwärts bewegen (Abb. 6.2).
• Gleiten: Abstoßen wie ein Pfeil (gestreckte Arme mit aufeinanderliegenden Händen, Kopf zwischen den Armen, Beine geschlossen und gestreckt; Körperspannung) in Bauch- und Rückenlage. Kontraste, um die optimale Gleitposition deutlich werden zu lassen:
  – Kontraste, um die optimale Gleitposition deutlich werden zu lassen:

    – Abstoß mit den Armen an der Hüfte;

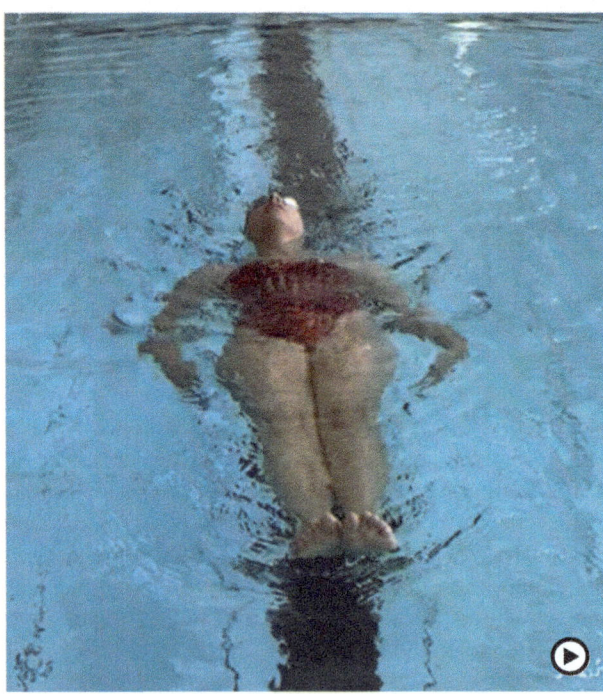

Abb. 6.1   Video: Dampfer voraus (Eigene Darstellung) URL: ▸ https://doi.org/10.1007/000-asw

Abb. 6.2   Video: liegende Acht (Eigene Darstellung) URL: ▸ https://doi.org/10.1007/000-ast

- – Abstoß, dabei die Arme um den Kopf legen;
- – Abstoß, Arme und Beine spreizen;
- – Abstoß, Kopf in den Nacken, Arme sind gestreckt;
- – Abstoß, Arme sind gestreckt, Füße hochziehen;
- – Abstoß, Arme sind gestreckt, Knie zum Oberkörper ziehen;
- – Abstoß, Arme sind gestreckt Hände liegen aufeinander und der Kopf liegt zwischen den Armen (optimal).
- • In eine Jauchegrube gefallen. Wie würde man sich bewegen, um aus dieser Grube herauszukommen?
- • Ruderboot: Auf einem Brett sitzen/stehen und die Arme wechselseitig mit Handinnenflächen in Bewegungsrichtung von vorne nach hinten führen:
  - – Bewegung der Arme langsam, schnell und beschleunigt durchführen,
  - – Arme geradlinig und zickzack,
  - – ein Arm geradlinig, der andere zickzack,
- • Dreiergruppe: Ein Partner legt sich gestreckt in Rückenlage auf das Wasser, die anderen beiden fassen Füße und Hände und schaukeln den Partner sacht durch das Wasser (Arme und Beine des Liegenden bleiben im Wasser). Der liegende Partner kann die Augen schließen.
- • Dreiergruppe: Ein Partner steht frontal oder seitlich mit verschränkten Armen und mit Körperspannung zwischen den beiden anderen Partnern. Der in der Mitte Stehende lässt sich fallen, die anderen fangen ihn auf und bewegen ihn wie ein Pendel vor und zurück.
- • Variation 7er-Gruppe in Kreisformation: Einer stellt sich mit verschränkten Armen und Körperspannung in die Mitte und lässt sich fallen, die anderen fangen ihn auf und pendeln ihn in alle Richtungen.

6.1.2   Schwimmspezifisch

- Schwimmen mit verschiedenen Handstellungen (Faust, Handkante, gespreizte Finger) bzw. Fußstellungen. Wichtig ist, dass nach solchen Kontrastübungen immer die korrekte Technik geschwommen wird (vgl. Abb. 3.37 und 3.38). Variation: Auch jede Hand/jeder Arm führt einen anderen Kontrast durch.
- Schwimmen mit Veränderungen der zeitlichen Gestaltung (langsam, mittel, schnell),
  Schwimmen mit Veränderung der räumlichen Gestaltung der Armbewegung:
  - seitlich neben dem Körper, Körpermitte, deutlich über Körpermitte, geradlinig oder s-zugförmig.
  - Brusttechnik schwimmen mit unterschiedlich großen Arm- und Beinbewegungen (klein, mittel, groß) sowie die Kombination von z. B. kleinem Armzug und großem Beinschlag.
- Schwimmen mit und ohne Flossen bzw. mit und ohne Paddels.
- Synchronschwimmen: Der Partner passt sich dem Schwimmrhythmus des anderen an.
  - Wunschschwimmen: Der eine ahmt eine vorgemachte Bewegung seines Partners nach.
  - Schwimmen mit verschiedenen Geschwindigkeitsstufen (langsam, zügig, schnell, sprinten).
- Seehund: Rückenbeine, die Arme liegen als Erstes neben der Hüfte, danach werden die Hände über Wasser gehalten und der Schwimmer klatscht in die Hände; als Zusatzaufgabe ruft der Schwimmer wie ein Seehund (Abb. 6.3). Als weitere Erschwernis kann noch ein Knie (Segelboot) aus dem Wasser

Abb. 6.3 Seehund (Eigene Darstellung)

genommen werden (sehr anspruchsvoll). Oder die Arme werden gestreckt über der Brust gehalten (U-Boot). Als Hilfe können Flossen dienen (Abb. 6.4).

- Brett fassen und dieses quer und senkrecht in das Wasser stellen (Widerstands-erhöhung). Mit diesem quergestellten Brett Kraul- oder Brustbeine schwimmen. Das Schwimmbrett wird bis zur Hälfte oder komplett eingetaucht (Abb. 6.5).
- Schwimmbrett/Pull Buoy zwischen die Beine nehmen und Rücken-, Brust- oder Kraularme schwimmen (Oberschenkel-, Knie- Waden- und Fußgelenkshöhe).
- Es wird in einer beliebigen Technik geschwommen, dabei schlägt nur das rechte Bein, danach wechseln.
- Variante Spitalbein: Hierbei wird das nicht arbeitende Bein mit dem nicht arbeitenden Arm festgehalten und der Übende schwimmt, z. B. Kraul oder eine andere Technik, mit einem Arm und einem Bein (Abb. 6.6).
- Man stellt sich vor, man ist ein Roboter. Wie würde man sich durch das Wasser bewegen? Die nächste Bewährungsaufgabe lautet: Der Roboter hat einen Kurz-schluss und rastet aus und es soll versucht werden, dies darzustellen.
- Man stellt sich vor, man ist eine Spaghettinudel: Man kommt vom kalten ins warme Wasser. Was passiert mit der Nudel? Wie bewegt sie sich im Wasser?
- Schwimmtechniken in tauchender Weise durchführen. Die Rückholphase erfolgt bei Delfin, Rücken- und Kraultechnik nicht über Kopf, sondern die Arme werden am Körper vorbei unter Wasser wieder in die Ausgangsposition gebracht.

Abb. 6.4 U-Boot (Eigene Darstellung)

Abb. 6.5 Schwimmen mit Widerstand (Eigene Darstellung)

Abb. 6.6 Video: Spitalbein (Eigene Darstellung) URL: ▸ https://doi.org/10.1007/000-asv

- Am Beispiel Rückenschwimmen: Kurz in der Rückholphase die Bewegung stoppen (Abb. 6.7).

6.2   Orientierungsfähigkeit

6.2.1   Allgemein

- Der Übende erfasst optisch die Distanz zum Beckenrand und versucht anschließend, mit geschlossenen Augen die Strecke zu bewältigen.

Abb. 6.7 Video: Rückholphase verzögern (Eigene Darstellung) URL:
▶ https://doi.org/10.1007/000-ass

- Am Ort: Rolle vorwärts, Rolle rückwärts, Rollen um die Körperlängsachse „Rollmops", Rolle vorwärts in Rückenlage, Rolle rückwärts in Bauchlage oder die Rollen mit verschiedenen Beinstellungen durchführen (gegrätscht, gestreckt, ein Bein gestreckt, das andere angezogen etc.). Die verschiedenen Rolltechniken aneinanderreihen und variieren.
- Fußsprünge vom Rand: Der Übende springt mit halber oder ganzer Drehung. Eine mögliche Zusatzaufgabe wäre, einen zugeworfenen Gegenstand zu fangen und diesen evtl. zurückzuwerfen.
- Ein „Blinder" schließt seine Augen und wird von seinem Partner durch akustische Befehle (oder taktile Hilfen) kreuz und quer im Schwimmbecken umher dirigiert (im Flachwasser: gehen; im Tiefwasser: schwimmen). Nach einer gewissen Zeit muss der Blinde seinen Standort beschreiben. Danach erfolgt ein Partnerwechsel.
- Die gesamte Gruppe teilt sich in 2er-Gruppen auf. Jedes Paar tauscht untereinander z. B. Name und einen 4-stelligen Zahlencode aus. Danach stellen sich die Partner in einem Abstand von ca. 10 m gegenüber. Der eine Teil der Gruppe schließt seine Augen, der andere Teil der Gruppe vermischt sich und jeder aus dieser Gruppe dirigiert seinen Partner durch Zurufen des Namens zu sich. Die Schwierigkeit besteht darin, seinen Partner herauszuhören, da fast alle gleichzeitig rufen. Danach erfolgt ein Partnerwechsel. Dasselbe erfolgt mit dem 4-stelligen Code: Diejenigen, die ihren Partner dirigieren, bleiben nicht an derselben Stelle stehen, sondern bewegen sich kreuz und quer und führen ihren Partner durch immer wieder erneutes Zurufen des Namens/des Codes durch das Becken. Danach erfolgt ein Partnerwechsel.
- Spiel Schatzraub: Jeder hat einen Schatz (Pull Buoy), dieser liegt auf einem Brett und darf nicht festgehalten werden. Das Brett wird auf dem Wasser gehalten, jeder versucht jedem den Schatz zu rauben. Nach einer bestimmten

Zeit wird das Spiel beendet und derjenige, der die meisten Schätze hat, ist der Sieger.

• Es werden 20–30 Gegenstände (Bretter, Ringe, Pull Buoys, Paddels, Bälle etc.) von einer Gruppe in das Wasser geworfen und muss von einer anderen Gruppe wieder an Land gebracht werden:
  – jeder darf immer nur ein Gerät an Land bringen,
  – eine bestimmte Anzahl darf transportiert werden (z. B. 2 oder 3),
  – möglichst viele Gegenstände gleichzeitig sollen gebracht werden oder
  – die Gegenstände dürfen geworfen werden.
  Bei allen Übungsformen wird die benötigte Zeit gestoppt.
  – Variation: Herausholen von Gegenständen:
    • nach mehreren Gegenständen gleichzeitig tauchen,
    • nur bestimmte Gegenstände aus dem Wasser fischen oder
    • der Gegenstand darf erst herausgeholt werden, wenn vorher durch einen Reifen getaucht wurde.

6.2.2 Schwimmspezifisch

• Während der Fortbewegung, z. B. in Kraultechnik, Rolle vorwärts oder eine andere Rolltechnik durchführen und weiterschwimmen oder
  – mehrere Rollen nacheinander oder hintereinander schalten,
  – eine halbe Bahn in Kraultechnik, Rolle vorwärts in Rückenlage und mit Rückentechnik zurück,
  – Rückentechnik schwimmen, in der Bahnmitte Rolle rückwärts in die Bauchlage und mit Kraultechnik zurückschwimmen,
  – eine Kombination von Kraulrollwende und 1–3 Ringen ertauchen,
  – Rückenstart, eine halbe Bahn Rückentechnik schwimmen, Rückenrollwende frei im Wasser, zurück bis zur Wand in Rückentechnik und erneut Rückenrollwende.
• In einer beliebigen Technik schwimmt der Übende auf die Wand zu, macht vor der Wand eine Rolle vorwärts, schlägt dann mit den Händen am Beckenrand an, führt eine Kippwende durch und dreht sich während des Abstoßens um seine Körperlängsachse und schwimmt weiter.
• Im Wechsel 2 Züge Rücken – 2 Züge Kraultechnik schwimmen.
• Die Schwimmrichtung wird durch auf dem Boden liegende Gegenstände (z. B. Ringe) bestimmt.
• Slalom schwimmen.
• Wenden üben mit den Schwerpunkten Einschätzen der Distanz, Drehung und Abstoßrichtung.

6.3 Rhythmisierungsfähigkeit

Im Folgenden wird nicht immer nur die Rhythmisierungsfähigkeit geschult, sondern meistens auch die Differenzierungsfähigkeit.

6.3.1 Allgemein

- Die Lehrkraft gibt einen Rhythmus vor und die Lernenden versuchen, mit den Handflächen auf der Wasseroberfläche den Rhythmus aufzunehmen.
  - Partneraufgabe: Der Partner gibt bis zu 10 Schläge vor, der andere macht sie nach.
  - Rechte Hand ist doppelt so schnell wie die linke Hand und umgekehrt.
- Die Lernenden führen Geh-, Lauf- und Sprungformen nach Musik durch.
- Rhythmisches Delfinspringen: Die Übenden führen Delfinsprünge über Gymnastikstäbe durch, die von einem Teil der anderen Übenden gehalten wird.

6.3.2 Schwimmspezifisch

- Mit verschiedenen Atemrhythmen schwimmen:
  - Atemrhythmen einzeln erhöhen,
  - im Wechsel 2er- und 3er-Atmung,
  - in Form einer Pyramide den Atemrhythmus gestalten, z. B. 2er-, 2er-, 4er-, 5er-, 4er-, 3er-, 2er-Rhythmus.
- Den Übenden werden Zeiten vorgegeben, in denen sie eine bestimmte Strecke zurücklegen sollen.
- Schwimmen mit verschiedenen Armfrequenzen über kurze Strecken (z. B. 25 m):
  - 25 m mit normaler Armfrequenz;
  - 25 m mit leicht erhöhter Armfrequenz;
  - 25 m mit stark erhöhter Armfrequenz;
  - 25 m mit normaler Armfrequenz
  - 25 m mit leicht erniedrigter Armfrequenz;
  - 25 m mit stark erniedrigter Armfrequenz
- Synchronschwimmen in verschiedenen Techniken mit verschiedenen Geschwindigkeiten.
- Rhythmisches Schwimmen mit zusammengesetzten Bewegungen (z. B. Gesamtbewegung und Teilkörperbewegung).
- Kraulbeinarbeit mit Brett, dabei die Beinfrequenzen variieren. Über eine vorgegebene Strecke mit einer 2er-, 4er- und 6er-Frequenz schwimmen. Beinfrequenzen mit der Gesamtkoordination verbinden, z. B. halbe Bahn 2er-Beinschlag, halbe Bahn 6er-Beinschlag und Kombinationen in jeglicher Form.

6.4 Kopplungsfähigkeit

6.4.1 Allgemein

- Durch das Wasser gehen und mit der rechten Hand auf den Kopf klopfen und mit der linken Hand kreisende Bewegungen auf dem Bauch durchführen, dann

Wechsel. Die rechte Hand führt Rührbewegungen durch und die linke Hand schlägt auf das Wasser, dann Wechsel. Kreisen mit der einen Hand unter Wasser und mit der anderen Hand das Wasser schneiden („Brot schneiden"), dann Wechsel.

- Mississippidampfer: Auf den Bauch legen und sich mit rotierenden Bewegungen der Unterarme umeinander („Wolle aufwickeln") fortbewegen.

6.4.2 Schwimmspezifisch

- In verschiedene Lagen wechseln (auch Umstellungsfähigkeit):
  - 2 Züge Brust – 2 Züge Rücken – 2 Züge Kraul usw.;
  - in Lagenreihenfolge (Delfin, Rücken, Brust, Kraul);
  - in Lagen**staffel**reihenfolge (Rücken, Brust, Delfin, Kraul);
  - Kombination aus Lagen- und Lagenstaffelreihenfolge.
- Es werden einzelne Körperteile bewegt, z. B. in Brusttechnik:
  - Nur die rechte Körperseite arbeitet, dann die linke Körperseite (Abb. 6.8).
  - Es bewegt sich nur der rechte Arm, dann der linke Arm, als Nächstes das rechte Bein und zum Schluss das linke Bein.
  - Der rechte Arm und das linke Bein führen die Brusttechnik durch, danach die andere Diagonale.
  - Der Übende schwimmt Brust und lässt dabei seinen rechten Arm liegen, als Nächstes den linken Arm, dann das rechte Bein und im Anschluss das linke Bein.
  - Kombiniert werden kann dies folgendermaßen: Der Übende schwimmt 4 Züge Brust und lässt dabei seinen rechten Arm liegen, dann 4 Züge, indem der linke Arm liegen gelassen wird, dies erfolgt im ständigen Wechsel.
  - Das Gleiche erfolgt auch mit den Beinen.

Abb. 6.8 Video: nur eine Körperseite schwimmt (Eigene Darstellung) URL:
► https://doi.org/10.1007/000-asx

Abb. 6.9 Video: KAA mit BBA (Eigene Darstellung) URL: ▶ https://doi.org/10.1007/000-asy

- Die Extremitäten werden jeweils nacheinander für 4 Züge liegen gelassen (rechter Arm, linker Arm, linkes Bein, rechtes Bein; sehr anspruchsvoll).
- Teilbewegungen aneinanderreihen:
  - Brustgesamtbewegung plus ein Brustbeinschlag,
  - Brustgesamtbewegung plus ein Brustarmzug,
  - beides kombinieren.
- Kraul- oder Rückentechnik schwimmen, dabei wird immer ein Arm über Wasser in die Schwimmrichtung geführt und der andere Arm nur unter Wasser.
- Schwimmkombinationen: Die verschiedenen Schwimmtechniken werden miteinander kombiniert (Abb. 6.9).
  - Delfinbeine mit Kraul- oder Brustarmen,
  - Kraulbeine mit Brust- oder Delfinarmen,
  - Brustbeine mit Delfin- oder Kraularmen,
  - Rückenarme und Brust- oder Delfinbeine,
  - Rückengleichschlag mit Delfin-, Brust- und Kraul- bzw. Rückenbeinschlag,
  - Brustarme mit Wasserballtreten.

6.5 Reaktionsfähigkeit

6.5.1 Allgemein

- Hakenschlagen – Partnerschwimmen nebeneinander: Der eine versucht durch Beschleunigen und Abbremsen den anderen abzuhängen.
- Ein Partner taucht im Wasser und der andere Partner schwimmt über ihm und versucht, alle Richtungsänderungen seines Partners mitzuschwimmen.

- Abschlagspiele wie Kettenfangen oder 3er-Fangen (A fängt B, B fängt C und der wieder A etc.).
- Ballspiele wie Wasserball oder 10er-Ball (jede Gruppe muss 10 Ballkontakte schaffen, dann erhält sie einen Punkt, die andere Mannschaft versucht, dies zu verhindern).
- Die Gruppe hält sich in der Mitte des Schwimmbeckens auf, mit dem Rücken zur Lehrkraft. Auf Pfiff drehen sich alle um und schwimmen in die Richtung, die die Lehrkraft mit ihrem ausgestreckten Arm angibt.
- Tag und Nacht oder Weihnachtsmann und Engel: Je 2 Partner stehen Rücken an Rücken im Abstand von 1 bis 1,5 m. Die Lehrkraft erzählt eine Geschichte, in der die Begriffe Tag/Nacht bzw. Weihnachtsmann/Engel vorkommen. Bei „Tag" versucht Partner A Partner B zu fangen, bevor dieser den Beckenrand erreicht hat und umgekehrt bei „Nacht". Das Spiel ist auch bekannt unter dem Begriff „Schwarz/Weiß", allerdings werden hierbei nur die Begriffe hereingerufen. Variationen hierzu sind:
  - Affe/Giraffe (auditive Diskrimination),
  - jeder Gruppe werden mehrere Obstsorten als Signalgeber gegeben, z. B. Kirsche/Banane/Kiwi und Apfel/Melone/Orange (auditive Merkfähigkeit) oder
  - aus verschiedenen Ausgangspositionen starten.

6.5.2 Schwimmspezifisch

- Die Lehrkraft/der Trainer gibt akustische oder optische Signale, auf die die Trainierenden dann reagieren müssen, indem sie 3–5 m sprinten.
- Die Trainierenden legen sich auf den Bauch und auf Kommando beginnen sie so schnell wie möglich eine Strecke von 5 m zurückzulegen.
- Staffeln in allen Variationen schulen die Reaktionsfähigkeit; Startpositionen variieren.
- Die Gruppe schwimmt im Kreisverkehr (im laufenden Band) mit gleichen Abständen und ruhigem Tempo. Einer fängt an zu sprinten, bis er die Füße des vor ihm Schwimmenden berührt (taktiler Reiz) hat, um dann wieder langsam zu schwimmen. Derjenige, der berührt wurde, beginnt nun seinen Spurt usw.

6.6   Umstellungsfähigkeit

Diese wird in vielen anderen genannten Praxisbeispielen auch geschult, hier auch noch mal ein gutes Beispiel dafür, dass koordinative Fähigkeiten nicht isoliert geschult werden können, sondern andere Fähigkeiten auch mit einhergehen.

6.6.1 Allgemein

- kleine Spiele, wie z. B. Lauf-, Fang- oder Ballspiele
- große Spiele, wie zum Beispiel Wasserball, Volleyball, Unterwasserrugby oder -hockey

6.6.2 Schwimmspezifisch

- Schulung von Übergängen nach Start und Wende:
  - mit verschiedenen Geschwindigkeiten auf die Wand zuschwimmen, Wende vollziehen, Abstoß und Übergang in die Schwimmtechnik,
  - mit einer ausgewählten Technik auf die Wand zuschwimmen, wenden und in einer anderen Technik weiterschwimmen;
- Lagenschwimmen;
- Schwimmen mit Zwischen- und Endspurt.

6.7 Gleichgewichtsfähigkeit

6.7.1 Allgemein

- Die Übenden versuchen, in Bauch- und Rückenlage solange wie möglich zu schweben.
- Pfeilschießen oder „Pfeil und Bogen" (Partnerübung): Ein Partner legt sich mit gestreckten Armen auf das Wasser in Bauchlage, dabei ist der Kopf zwischen den Armen. Der andere hält seinen Partner an den Füßen fest und „schießt" ihn wie ein Pfeil durch das Wasser. Dasselbe wird in Rückenlage durchgeführt.
- Der Übende balanciert ein Brett/eine Pull Buoy auf dem Kopf durch das Wasser. Als Einstieg kann als Fortbewegung das Gehen gewählt werden, danach wird die Übung in schwimmender Form (Rücken/Brust) durchgeführt.
- Liegestütz: Der Übende hat 2 Bretter, stützt sich mit den Händen auf diese und legt sich auf das Wasser. Er stabilisiert oder beugt und streckt die Arme. Zusätzlich wird unter jeden Fuß ein Brett oder eine Pull Buoy („Hundeposition") gelegt – mit Unterstützung durch den Partner.

Abb. 6.10 Schweben auf Brettern in Rückenlage (Eigene Darstellung)

- Ein Brett legt sich der Übende unter den Kopf, das andere Brett unter die Füße und versucht in Rückenlage auf dem Wasser zu schweben (Abb. 6.10).
- Der Übende nimmt ein Brett, legt sich dieses unter die Schulterblätter und spreizt seine Arme und Beine, um in Rückenlage die Schwebeposition einzunehmen.
- Der Übende hält sein Schwimmbrett vor dem Körper fest und dreht sich um seine Körperlängsachse. Danach erfolgen auch Drehungen um die Körperbreitenachse vorwärts und rückwärts.
- Der Übende setzt sich auf ein Brett und versucht sich durch Paddelbewegungen der Hände auf der Stelle zu halten oder im Kreis zu drehen.
- Der Übende sitzt (aufrecht) auf dem Brett und versucht sich mit Ruderbewegungen der Arme vorwärts und rückwärts fortzubewegen, anschließend mit Brust-, Kraul- und Rückenarmarbeit.
  - Als Steigerung kann der Hinweis gegeben werden, die Augen zu schließen.
  - Als weitere Steigerung kann sich der Übende auf das Brett knien, beidbeinig oder einbeinig daraufstellen. Hierbei hat das Brett keinen Bodenkontakt (Abb. 6.11 und 6.12).
  - Surfen (Abb. 6.13).
  - Roller fahren: Hierbei steht der Übende einbeinig (ohne Bodenkontakt) auf dem Brett und versucht, mit dem anderen Bein Vortrieb zu erzeugen und sich fortzubewegen.
  - Alle Übungen können mithilfe verschiedener Brettgrößen und Erhöhung der Bretteranzahl variiert werden.
- Reiterwettkampf: Die Übenden sitzen jeder auf einem Brett und versuchen, sich gegenseitig „umzustupsen". Jeder versucht, auf seinem Brett sitzenzubleiben. Auch hier kann die Position auf dem Brett variieren (knien, beidbeinig oder einbeinig stehen).

Abb. 6.11 Auf dem Brett knien (Eigene Darstellung)

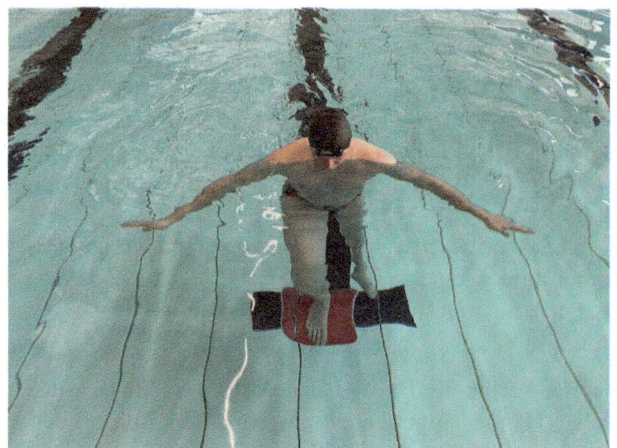

Abb. 6.12 Einbeinig das Brett herunterdrücken (Eigene Darstellung)

Abb. 6.13 Surfen auf dem Brett (Eigene Darstellung)

- Ein Schwimmbrett liegt vor dem Übenden, dieser versucht, ohne seine Hände einzusetzen, in den Stand auf das Brett zu kommen.
- Handstand auf dem Brett/einer Pull Buoy, in verschiedenen Wassertiefen. „Wie kann man das schaffen?"
  - Partnerübung (1,80 m): Ein Partner macht auf dem Brett einen Handstand, der Partner versucht den Handstand zu halten. „Kann der Partner helfen, im Handstand zu bleiben?"
  - Steigerung: Der Haltende steht selbst noch auf einem Brett. „Kann er seinen Partner halten, wenn er selbst auf einem Brett steht?"
- Der Übende stellt sich mit einem Bein auf das Brett (kein Bodenkontakt) und stabilisiert das Brett unter Wasser, das andere Bein hat Bodenkontakt, mit Beinwechsel:
  - Als Steigerung drückt der Übende das Brett im Wasser hoch und herunter und kann zusätzlich die Augen schließen.

- Ein weiteres Brett/eine weitere Pull Buoy unter das Standbein schieben und sich fortbewegen, auch hier kann man es mit geschlossenen Augen versuchen.
- Partnerübung: Ein Brett dem Partner unter Wasser übergeben, dann übergibt jeder jedem ein Brett, auch in unterschiedlichen Wassertiefen (Abb. 6.14).

- Ruderboot – Partner sitzen auf einem Brett und rudern durch das Becken (Abb. 6.15):
  - Zu zweit oder zu dritt, jeder sitzt dabei auf seinem eigenen Brett.
  - Die Übenden bilden eine Reihe, halten sich mit einer Hand an der Schulter des vorderen Partners fest und Rudern mit einem Arm.
  - Als Staffel.

- Basketballspieler dribbelt Ball (Partnerübung): Ein Partner geht in die Hockeschwebe (Hände umfassen die angehockten Beine), der andere Partner drückt denjenigen in der Quallenposition mit sanftem Druck unter Wasser, lässt ihn wieder auftreiben und drückt ihn erneut nach unten.

Abb. 6.14 Brettübergabe (Eigene Darstellung)

Abb. 6.15 Ruderboot (Eigene Darstellung)

- Akrobatik: Bauen einer Pyramide (3er-Gruppe): 2 Teilnehmer stellen sich nebeneinander und verschränken ihre Hände hinter dem Rücken. Der Dritte steigt in die Hände seiner Partner, hält sich an deren Schultern fest und versucht, das Gleichgewicht zu halten. Auch ohne Schulterfassung. Danach erfolgt ein Partnerwechsel.
- Krokodilwanderung: 8–12 Teilnehmer stellen sich eng nebeneinander im Kreis auf. Jeder stellt sich auf sein Brett und hält sich an den Schultern seines Nachbarn fest. Ein Fuß bleibt auf dem eigenen Brett stehen und der andere wird auf das Nachbarbrett gestellt. Dann sollen die Übenden, z. B. im Uhrzeigersinn, von Brett zu Brett gehen. Ziel ist es, dass kein Brett an die Wasseroberfläche kommt. Variation: mit geschlossenen Augen.
- Es wird ein großer Kreis gebildet und die Übenden laufen hintereinander und sie versuchen, die Laufgeschwindigkeit so zu erhöhen, dass sich ein Strudel bildet. Auf Kommando der Lehrkraft legen sich die Übenden auf den Rücken und lassen sich treiben.
- Die Gruppe in Reihen aufstellen – jeder sitzt auf einem Brett – und die Augen schließen lassen. Auf Kommando dreht sich die Gruppe um 90° nach rechts, wenn kein Kommando kommt, schwimmt jeder mit Brustarmen vorwärts weiter.
- Kleingruppe: Auf dem Brett sitzend einen Ball hochhalten.

6.7.2 Schwimmspezifisch

- Der Übende legt sich mit dem Bauch auf das Brett und schwimmt Kraul- oder Brustarme vorwärts; im Anschluss daran auch mit geschlossenen Augen sowie beide Formen in der Rückenlage.

Elektronisches Zusatzmaterial
- Videos zur Schulung koordinativer Fähigkeiten,
- Übungssammlung zu den verschiedenen koordinativen Fähigkeiten „DORF-KRUG".

Das elektronische Zusatzmaterial finden Sie auf https://link.springer.com/10.1007/978-3-662-67198-6_6.

Literatur

Bissig M, Gröbli C (2008) SchwimmWelt. Schwimmen lernen – Schwimmtechnik optimieren (S 280). Schulverlag. Blmv, Bern
Eich HJ, Stut F (1995) Grundlagentraining im Schwimmen. Schulung koordinativer Fähigkeiten. In: Deutsche Schwimmtrainervereinigung Freitag W (Hrsg.) Schwimmen, lernen und Optimieren (Bd. 10, S 33).

Elbracht M (1996–1999) Schwimmen. In: Sahre E (Hrsg.) Fertig ausgearbeitete Unterrichtsbausteine für das Fach Sport. Eine Ideenbörse für alle Pflicht- und Wahlthemen in der Sekundarstufe I und II, Kapitel 4/4. Losebl.-Ausg. Weka Verlag, Kissing

Elbracht M (2003) Koordinative Fähigkeiten. Bewegen im Wasser – Schwimmen. Sport unterrichten: motivierend, lebendig, methodisch vielfältig! (Kapitel 4/2). Sekundarstufe I und II. Grundwerk. Weka Verlag, Kissing

Elbracht M (2006) Kleine Spielformen – Spielerisch Koordination schulen. Sport & Spiel 21(1):4–9

Frank G (2019) Koordinative Fähigkeiten im Schwimmen. 7, überarbeitete Auflage. Hofmann-Verlag, Schorndorf

Graumann D, Weitendorff A (1999) Entwicklung koordinativer Fähigkeiten durch Aktivitäten im Wasser. Sportbuch-Verlag Wolf Pflesser, Flintbek

Hollmann W, Hettinger (2000) Sportmedizin. Arbeits- und Trainingsgrundlagen. Springer, Stuttgart

Kent K, Kent R, Rost M (1996) Wörterbuch Sport und Sportmedizin. Limpert Verlag, Wiesbaden

Komar I (1994) Hurra, ich kann schwimmen, was nun? Pool 3:22/23

Rudolph K (2008) Lexikon des Schwimmtrainings. Präzi-Druck, Hamburg

Schramm E (1987) Sportschwimmen. Sportverlag, Berlin

Weineck J (2010) Optimales Training. Leistungsphysiologische Trainingslehre unter besonderer Berücksichtigung des Kinder- und Jugendtrainings. 16, durchgesehene Auflage. Spitta Verlag, Balingen

Konditionelle Fähigkeiten

7

Konditionelle Fähigkeiten setzten sich zusammen aus Ausdauer, Kraft, Schnelligkeit und Beweglichkeit, in Kombination mit den koordinativen Fähigkeiten bilden sie die Grundlage für die sportliche Leistung.

Wie im Schwimmen trainiert werden kann, zeigen die beiden unten stehenden Tabellen 7.1 und 7.2. Sie geben eine erste Orientierung in Bezug zur Grundschnelligkeit und zur Grundlagenausdauer I.

Die Auswahl dieser Trainingsmethoden wird hier nur dargestellt, da sie für das Schwimmtraining zu Beginn vorrangig sind und für die hier angesprochene Zielgruppe angemessen erscheint.

Um sich intensiver mit Trainingswissenschaft zu befassen, stellt die Literatur von Hohmann et al. (2022) eine sehr gute Grundlage dar. Für das Schwimmtraining und deren Aufbau bietet die Literatur von Wilke und Madsen (2015) sehr gute Hinweise.

7.1 Schnelligkeit

Unter Schnelligkeit versteht man die Fähigkeit, Bewegungshandlungen in kürzester Zeit zu vollziehen und/oder schnellstens zu reagieren. Man unterscheidet zwischen Bewegungsschnelligkeit und Reaktionsschnelligkeit, wobei Reaktionsschnelligkeit nach einfacher und komplexer Reaktionsfähigkeit getrennt wird. Bewegungsschnelligkeit wird zwischen zyklischer und azyklischer Bewegungsschnelligkeit im Einfachen wie im Komplexen unterschieden. Nach Hohmann et al. (2022, S. 102) stellt „die Handlungsschnelligkeit die komplexeste Form der Schnelligkeit dar und geht über die Bewegungsschnelligkeit hinaus. Sie ist nicht nur konditionell und koordinativ, sondern zudem auch kognitiv- und perzeptiv-taktisch determiniert. Die Handlungsschnelligkeit ist speziell in Sportarten mit hohen Anforderungen an die situative Entscheidungsschnelligkeit (z. B. Alpiner

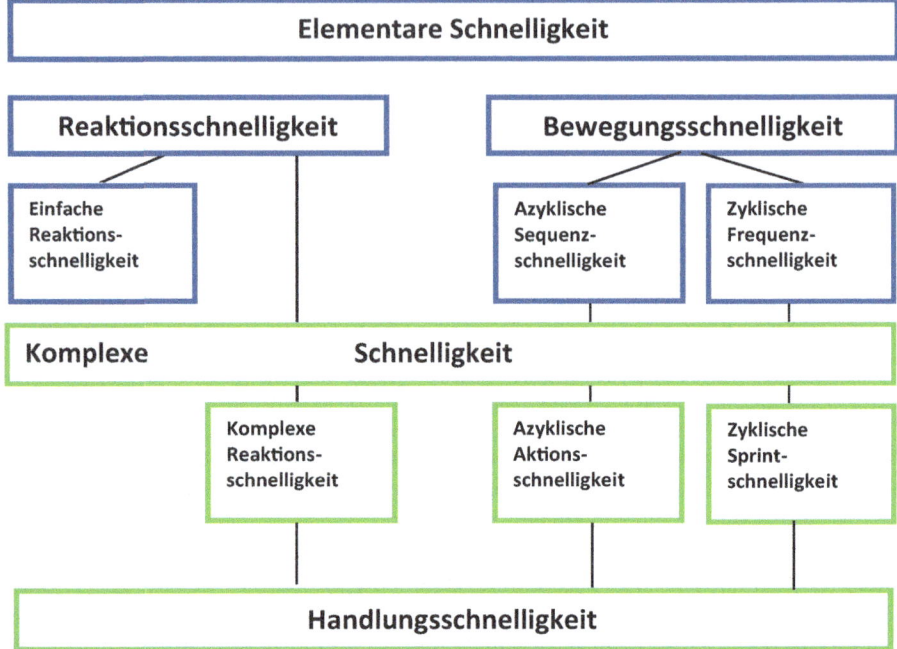

Abb. 7.1 Allgemeine Struktur der Schnelligkeit. (Eigene Darstellung in Anlehnung an Hohmann et al. (2022, S. 102))

Skisport, Motorsport, Kampfsport, Spielsport) für den Erfolg entscheidend." (Abb. 7.1).

Bezieht man dies nun auf das Schwimmen, bedeutet das, dass beim Schwimmen zum auf ein Startsignal hin reagiert werden muss (Reaktionsschnelligkeit); hierbei stellt der eigentliche Startsprung eine azyklische Bewegung dar (Aktionsschnelligkeit) und das anschließende schnelle, technisch saubere Schwimmen über eine Strecke von 15–20 m gehört zur Sprintschnelligkeit (zyklisch). Somit setzt sich das Schwimmen aus azyklischer (Start/Wende) und zyklischer Bewegungsschnelligkeit (Schwimmtechnik) sowie der Reaktionsschnelligkeit zusammen.

Bei der Schulung (Tab. 7.1) der genannten Bereiche sollte auf folgende Aspekte geachtet werden (vgl. Elbracht 2009, S. 31):

- Die technisch saubere Ausführung der Schwimmtechnik sollte auch bei maximaler Geschwindigkeit möglichst über eine Strecke von 8–15 m erhalten bleiben. Dies ist abhängig von einer guten Koordination der Bewegungsabläufe (Kontraktionsgeschwindigkeit und rascher Wechsel von Spannung und Entspannung der Muskulatur) und den konditionellen Fähigkeiten (Abstimmung von Krafteinsätzen).

Tab. 7.1 Übersicht der Belastungsnormativen zur Schulung der Grundschnelligkeit (vgl. Elbracht 2009)

Dauer der Belastung	Umfang	Teilstrecken	Pause	Intensität
10–30 min inkl. Pausen	60–200 m	8–15 m bzw. 8–12 s	1–3 min	Maximal

- Die Anzahl der Wiederholungen sollte 4–12 betragen, mit einer Pause von 1–3 min (subjektive Erholung, ruhige Atmung und Herzfrequenz unter 100 Schläge/min).
- Die Sprintstrecke sollte zwischen 8–15 m (max. 20 m) liegen oder abhängig von der Belastungszeit 8–12 s nicht überschreiten. Der Sprint sollte mal aus dem ruhigen Schwimmen, mal aus der Ruhesituation am Ort, wie z. B. beim Start, erfolgen.
- Zur Schulung der Reaktionszeit sollte man mit verschiedenen Reizgebern arbeiten (z. B. akustisch durch Pfiff; visuell durch Fallenlassen eines Balles; durch Heben eines Armes bzw. von Farb- und Bilderkarten oder taktil beim Abschlagen in einer Staffel).

7.2 Ausdauer

Die Grundlagenausdauerfähigkeit ermöglicht das Durchhalten längerer Schwimmstrecken in aerober Stoffwechsellage. Das Entwicklungsniveau dieser Fähigkeit wird sportmethodisch als Grundlagenausdauer bezeichnet. Man unterscheidet zwischen der Grundlagenausdauer I und der Grundlagenausdauer II, wobei für die hier angesprochene Zielgruppe nur die Trainingsmethoden zur Schulung der Grundlagenausdauer I interessant sind. Die Ausdauerbereiche werden zudem in 3 Unterbereiche gegliedert: Kurz-, Mittel- und Langzeitausdauer. Für die hier angesprochene Zielgruppe (vgl. Beck et al. 2007, S.117) ist insbesondere die Kurzzeitausdauer (entspricht den 50- bzw. 100-m-Schwimmstrecken) von Bedeutung.

Zu Beginn mit einer Belastungsdauer von 10–15 min und einem Umfang zwischen 200–800 m starten und dies entsprechend steigern. Die Tab. 7.2 zeigt eine Übersicht der Belastungsnormativen zur Schulung der Grundlagenausdauer I. Als Trainingsmethoden hierfür können das **Dauerschwimmen** (geringe Intensität), das **Fahrtspiel** (zufällige oder systematische Veränderung der Geschwindigkeit im Verhältnis der Intensität (gering/hoch 4:1 bis 2:1) oder die **extensive Intervallmethode** (z. B. mittlere Geschwindigkeit mit kurzen Pausen nach Teilstrecken) eingesetzt werden.

Im Prozess des Erlernens und der Vervollkommnung, also im Übergang zum Schwimmer, bietet es sich an, sowohl spielerisch die Grundlagenausdauer I als auch die Grundschnelligkeit zu schulen bzw. zu trainieren (Beispiele hierfür siehe Elbracht 2009 und 2015).

Tab. 7.2 Übersicht der Belastungsnormativen zur Schulung der Grundlagenausdauer I (vgl. Elbracht 2009)

Dauer der Belastung	Umfang	Teilstrecken	Pause	Intensität
20–45 min	Bis 2000 m	50–800 m	Je nach Teil-streckenlänge: 15 s bis 1 min	70 % der Bestzeit (100/50 m) HF/min 130–140

7.3 Kraft und Beweglichkeit

Im Rahmen des Krafttrainings sollten die Hauptantriebsmuskeln trainiert werden, aber die durch die Sportart zur Abschwächung neigenden Muskeln nicht vernachlässigt werden bzw. ein Ausgleichtraining erfahren (Tab. 7.3).

Um muskulären Dysbalancen entgegenzuwirken, sollte die zur Verkürzung neigende Muskulatur gedehnt werden.

Ebenso ist das passende Maß an Beweglichkeit wichtig, denn sowohl Hypo- als auch Hypermobilität haben den Nachteil, dass die Strukturen um das Gelenk im Ungleichgewicht stehen und damit eine optimale muskuläre Leistung nicht generiert werden kann.

Tab. 7.3 Hauptantriebsmuskulatur und zur Abschwächung neigende Muskulatur beim Schwimmen (Eigene Darstellung; in Anlehnung an Wilke/Madsen 1997, S. 185–188)

Muskelgruppen	Hauptantriebsmuskulatur	Abgeschwächte Muskulatur
Hand- und Armmuskulatur	**M. biceps brachii** **M. triceps brachii** Mm. flexores carpi Mm. flexores digiti Mm. extensores	
Schultergürtelmuskulatur	**M. pectoralis major** **M. deltoideus** **M. trapezius (oberer Anteil)** **M. latissimus dorsi** M. serratus anterior M. teres major	Außenrotatoren: M. infraspinatus M. deltoideus (hinterer Anteil) M. teres minor Schulterblattfixierende Muskulatur: M. trapezius (mittlerer/unterer Anteil) Mm. rhomboideen
Rumpfmuskulatur	M. erector spinae M. rectus abdominis (gerade) M. obliqui abdominis (schräge)	M. rectus abdominis
Hüft- und Oberschenkel-muskulatur	M. gluteus maximus **M. iliopsoas** M. quadriceps femoris Mm. ischiocrurales Adduktorengruppe	M. gluteus maximus

Literatur

Beck C et al (2007) Schwimmen unterrichten. Grundwissen Praxisbausteine (S 116–128). Bayerische Landesstelle für den Schulsport, Donauwörth

Elbracht M (2009) Grundschnelligkeit & Grundlagenausdauer. Spielerische Trainingsformen im Schwimmen. Sport & Spiel 33(1):30–39

Elbracht M (2015) Ausdauerndes Bewegen erleben – zu Land und zu Wasser. Betrifft Sport 37(1):26–32

Hohmann A, Lames M, Letzelter M, Pfeiffer M (2022) Einführung in die Trainingswissenschaft, 7. Aufl. Limpert, Wiebelsheim

Wilke K, Madsen O (1997) Das Training des jugendlichen Schwimmers. Praxis der Leibeserziehungen, Bd. 171.3. Erw. u. ver. Aufl. Hofmann-Verlag, Schorndorf

Wilke K, Madsen O (2015) Aufbau- und Anschlusstraining. In: Madsen, Reischle, Rudolph & Wilke K (Hrsg.) Wege zum Topschwimmer, Bd. 2. Hofmann-Verlag, Schorndorf

GPSR Compliance

The European Union's (EU) General Product Safety Regulation (GPSR) is a set of rules that requires consumer products to be safe and our obligations to ensure this.

If you have any concerns about our products, you can contact us on ProductSafety@springernature.com

In case Publisher is established outside the EU, the EU authorized representative is:

Springer Nature Customer Service Center GmbH
Europaplatz 3
69115 Heidelberg, Germany

The manufacturer's authorised representative in the EU is Springer
Nature Customer Service Centre GmbH, Europaplatz 3, 69115 Heidelberg,
Germany. If you have any concerns regarding our products, please
contact ProductSafety@springernature.com

Printed and bound by CPI Group (UK) Ltd, Croydon, CR0 4YY
28/04/2026
02098509-0007